经济与管理类应用型精品课程系列教材

现代物流管理

Modern Logistics Management

● 主编 张建明 副主编 郑宁

WUHAN UNIVERSITY PRESS
武汉大学出版社

前言

伴随着现代物流在我国的快速发展，高级物流人才缺乏，物流从业人员素质较低等问题日益凸现。为了提高物流从业人员素质，培养物流人才，促进物流业健康、快速发展，急需编写科学、系统的现代物流管理教材。

本书立足于理论与实际相结合，使学习者在了解现代物流基本理论的同时，掌握从事物流工作所需要的基本知识和技能。本书参考吸收了国内外最新物流实践经验和理论研究成果，并对供应链管理、物流成本、物流服务、物流技术及相关领域的新进展、新观点、新技术进行了论述，具有内容精练、资料真实、文字简洁、脉络清晰和操作性强等特点。

为方便读者学习和认识物流管理，书中还运用了大量的图表、案例进行说明。本书既可作为高等院校物流管理专业和相关经济管理专业的教学用书，也可供广大物流企业从业人员作为学习参考用书。

本书共十一章，由张建明任主编，郑宁任副主编。第一章由程艳霞编写，第二章由李琼、刘芬编写，第三、六、七章由张建明编写，第四、八章由郑宁编写，第五章由郑宁、周振坤编写，第九章由周振坤编写，第十章由奚祥英编写，第十一章由李琼、张建明编写。全书由张建明、郑宁统稿，最后由张建明总纂定稿。

在编写过程中，我们参考了许多物流管理学界专家、学者的著作、教材及研究成果，并尽量在参考文献中列出，在此向他们表示真诚的感谢。若有文献引用疏漏望来信告知，我们将予以纠正并表示万分歉意。由于现代物流业在我国正处于成长发展阶段，各种论断、见解和理论层出不穷。尽管我们在编写过程中作了许多努力，但是由于时间仓促，加之作者水平有限，本书难免会有不妥或纰漏之处，敬请广大读者批评指正。

编　者

2013 年 6 月

目 录

第一章 绪论

学习目的和要求

- 了解现代物流的起源和发展趋势。
- 理解现代物流管理的内容与任务。
- 重点掌握现代物流的概念、内涵和特征，以及现代物流活动的构成要素，包括主要构成要素和辅助性构成要素。

引 例

在我们的周围，有很多与物流活动和物流问题紧密相关的事例，比如：

(1)交作业。同学们交作业有多种交法。如果作业做在练习本上，练习本可以由每个同学交到老师的办公室，也可以由班级学习委员集中收取，再由学习委员交到老师的办公室。如果是两个班或更多的班，某个班的学习委员可以将其他班的练习本一并带到老师的办公室。如果是在电脑上做作业，就可以通过网络，将作业发送到老师指定的某个邮箱。那么，还有没有其他的交作业的方式？以上交作业的方式，哪一种相对合理一些？我们判断合理性的标准是什么？为什么说交作业也是一项物流活动？从交作业这项活动中，我们能够得到哪些启示？

(2)课本保管。大学四年期间，我们大概会学五六十门课程，那么就有五六十本课本。如果集中存放在某个地方，它们要多大的空间？应该如何陈列？如何分类？保管对象(课本)具有什么特征？保管期间，应该注意什么问题？如何方便查找？为什么说课本保管也是一项物流活动？从课本保管这项活动中，我们能够得到哪些启示？

(3)网上购物。很多同学都有网上购物的经验。网上购物的作业流程是什么？商品是如何送达购买者手上的？在接收商品的时候，你们会做哪些工作？在网上购物过程中，你最满意的和最不满意的是什么？你们如何看待电子商务与物流的关系？

请大家讨论，物流是什么？物流活动是什么？

第一节 现代物流的概念、内涵与特征

物流是国民经济的动脉系统，物流业正在成为各企业、各地区乃至国家的新的经济增长点。随着资源领域和人力领域的利润呈递减趋势，人们开始将目光投向物流领域。美国著名的管理学家彼得·德鲁克认为，物流领域是“一块未被发掘的黑土地”，是“降低成本的最后边界”，是“企业脚下的金矿”。因此，物流领域被称为“第三利润源”。世界经济飞速增长，经济全球化、市场国际化的进程加快，与此相应，现代物流越来越受到世人的瞩目和认同。随着我国社会主义市场经济体制的建立和完善，物流业作为国民经济中一个重要的新兴产业，已成为国民经济新的利润增长点。

一、现代物流的概念、内涵

“物流”(Physical Distribution，PD)一词最早出现于美国，1915 年阿奇·萧(Arch Shaw)在《市场流通中的若干问题》一书中提到“物流”一词，指出“物流是与创造需要不同的一个问题”，并提出物资在时间或空间上的转移会产生附加值。第二次世界大战期间，美国从军事需要出发，在军火战时供应中首次采用了“物流管理”(logistics management)这一名词。第二次世界大战后，“物流”一词被美国人借用到企业管理中，出现了“物资管理”(materials management)、“配送工程”(distribution engineering)、“企业后勤”(business logistics)、“市场供应”(market supply)等术语来表述物流的内涵，现在多以 logistics 表示。日本于 20 世纪 60 年代正式引进了“物流”概念，并将其解释为“物的流动”、“实物流动”。此后，物流概念在全世界得到了广泛应用和发展。20 世纪 80 年代初，我国从日本直接引入“物流”这一概念。

随着物流科学的迅速发展，世界上许多国家的研究机构、管理机构以及物流研究专家对物流概念给出了各种定义，但是迄今为止没有哪个定义是天衣无缝的，各有各的侧重，因此，关于物流的定义尚无统一定论。比较有代表性的物流定义有以下几个：

(1)美国学者、组织的诠释。美国著名的物流学者查尔斯·A. 塔夫将物流定义为：物流是对到达以及离开生产线的原料、在制品和产成品的运动、存储与保护活动的管理，包括运输、物料搬运、包装、仓储、库存控制、订货销售、选址分析和有效管理所必需的通信网络。

美国物流管理权威机构——美国物流管理协会对物流的定义是：物流是供应链过程的一个组成部分，是对商品、服务以及相关信息从起源地到消费地之间有效率、有效益的正向和反向移动与存储进行的计划、执行、控制，其目的是满足客户要求。

(2)日本学者、组织的诠释。日本早稻田大学教授西泽修认为，物流是指包装、输送、保管、装卸工作，主要以有形物资为中心，所以称之为物流。

日本工业标准的物流定义是：物流是将实物从供给者物理性移动到用户这一过程的活动，一般包括输送、保管、装卸以及与其有关的情报等各种活动。

(3)我国学者、组织的诠释。我国著名物流学专家王之泰认为，物流是物质资料从供给者到需求者的物理性运动，主要是创造时间价值和场所价值，有时也创造一定加工价值

的活动。

2001年8月1日起正式实施的由国家质量技术监督局发布的国家标准《物流术语》中规定："物流是物品从供应地向接受地实体流动过程。根据实际需要，将运输、储存、装卸、搬运、包装、加工、配送、信息处理等基本功能实施有机结合。"

不论国内外各学者、组织对物流概念的具体理解有何差异，都认同以下几点：

第一，物流不仅包括原材料、产成品等从生产者到消费者的实物流动过程，还包括伴随这一过程的信息流动。

第二，物流的作用是将物资由供应主体向需求主体转移(包括物资的废弃与还原)，创造时间价值和空间价值，并且创造部分形质效果。

第三，物流的活动包括运输、保管、包装、装卸搬运、流通加工以及有关的信息活动等。

综上所述，现代物流的目的是提高企业收益(增加利润)，即通过经营时间(快速送达)、物流质量(优良和无差错运送)、备货(所需商品及其数量)、信息(在库、缺货、运送中及到达信息)等物流品质的提高，降低从物料调运开始到商品的生产以及最终顾客的让渡整个过程的物流成本，实现企业的高收益。因此，我们认为：现代物流是联结供给主体和需求主体，克服空间和时间阻碍的有效、快速的商品流动并提供增值服务的经济活动过程。具体包括运输、保管、包装、装卸搬运、流通加工、配送以及信息处理活动。

二、现代物流的特征

现代物流是与现代社会大生产紧密联系在一起的，体现了现代企业经营和社会经济发展的需要。现代物流管理和运作广泛采用了先进的管理技术、工程技术和信息技术等。随着时代的进步，物流管理和物流活动现代化水平也在不断提高。因此，现代物流在不同时期有不同的内涵。现代物流的特征可概括为以下几个方面：

(1)目标系统化。现代物流从系统的角度统筹规划一个公司整体的各种物流活动，通过物流功能的最佳组合力求实现物流整体的最优化目标。物流系统化是现代物流最主要的特征之一。

(2)手段现代化。随着科学技术的发展与应用，物流活动及其管理由手工作业到半自动化、自动化直至智能化，这是一个渐进的发展过程。在现代物流活动中，运输手段的大型化、高速化、专用化，装卸搬运机械的自动化，包装单元化，仓库立体化、自动化以及信息处理和传输计算机化、电子化、网络化等，为开展现代物流提供了物质保证。

(3)物流标准化。物流业的社会化和国际化趋势要求物流设备、物流系统的设计与制造必须满足统一的国际标准，以适应各国各地区之间实现高效率物流运作的要求。物流标准化是以物流为一个大系统，制定系统内部设施、机械装备包括专用工具等的技术标准，包装、仓储、装卸、运输等各类作业标准，以及作为现代物流突出特征的物流信息标准，并形成全国以及和国际接轨的标准化体系。实现物流标准化是发展物流技术、实施大系统物流管理的有效保证。

(4)服务社会化。在现代物流时代，物流业已得到充分发展，企业物流需求通过社会化物流服务满足的比重在不断提高，第三方物流将成为现代物流的主体，物流产业在国民经济中的作用越来越大。

(5)物流网络化。这里，网络化有两层含义：一是指各个物流企业之间，物流企业与生产企业、商业企业之间，甚至全社会之间均通过信息网络连接在一起。二是指物流组织的网络化，即所谓的组织内部网(Intranet)。物流网络化是物流信息化的必然，是现代物流的主要特征之一。当今世界 Internet 等全球网络资源的可用性及网络技术的普及为物流网络化提供了良好的外部环境，物流网络化不可阻挡。

(6)物流可视化。随着现代物流技术特别是电子信息技术和光电技术的发展与应用，无论是用户，还是供应商，不再为看不到货物而担心或烦恼。他们可以在办公室通过网络了解货物的存储、运输状况，并以文字、数字、图片等信息形式，看见反映货物的物流、商流、资金流和信息流的各种情况，物流管理不再是“看不见的手”。例如，库存可视化，可通过多重定位提供当前库存的实时资料，用户可以用获得的信息来控制和管理库存。货运可视化，可以提供网站访问，以获取货运的具体情况，包括发货人、运货人、收货人、货物的详细信息以及基于事件的状态或区域更新的信息等。

(7)物流信息化。物流信息化是现代物流发展的必然要求。物流信息化表现为物流信息的商品化、物流信息收集的数据库化和条形码化、物流信息处理的电子化和计算机化、物流信息传递的标准化和实时化、物流信息存储的数字化等。物流信息化是现代物流的基础，没有物流信息化，任何先进的技术设备都不可能应用于物流领域。

(8)反应快速化。在现代物流信息系统、作业系统和物流网络的支持下，为满足用户多样化、个性化、小批量、多品种、高频次的需求，物流对于需求的反应速度在加快，可以实现“今日订货，明日交货，上午订货，下午交货”的理想物流，快速反应是当今物流的重要特征。同时，物流企业及时配送、快速补充订货、迅速调整库存结构的能力正在加强。

(9)功能集成化。现代物流从传统的仓储、运输延伸到采购、生产、分销等诸多环节，通过集成，可以优化物流管理，降低运营成本，提高物品价值。另外，由于科学技术的发展和在物流领域的广泛运用，在提高物流管理水平的同时，大量高新技术的采用，也使企业面临着各项技术高度集成的问题。

(10)物流国际化。在国际经济技术合作过程中，产生了货物和商品的转移，从而带动了国际运输和国际物流的产生与发展。物流国际化主要表现为两个方面：一是其他领域的国际化产生了对国际物流的需求，即国际化物流；二是物流本身的国际化，主要表现为国际物流贸易、国际物流合作、国际物流投资、国际物流交流。

(11)智能化。这是物流自动化、信息化的一种高层次应用，物流作业过程包含大量的运筹和决策，如库存水平的确定、自动导向车的运行轨迹和作业控制、自动分拣机的运行、物流配送中心经营管理的决策支持等问题都需要借助于大量的知识才能解决。为了提高物流现代化的水平，物流的智能化已成为现代物流发展的一个趋势。

(12)柔性化。柔性化本来是为实现“以顾客为中心”理念而在生产领域提出的，但需要真正做到柔性化，即真正地能根据消费者需求的变化来灵活调节生产工艺，没有配套的柔性化的物流系统是不可能达到目的的。柔性化的物流正是适应生产、流通与消费的需求而发展起来的一种新型物流模式。这就要求物流配送中心要根据消费需求"多品种、小批量、多批次、短周期"的特色，灵活组织和实施物流作业。

未来的物流正如捷克著名物流专家诺瓦克博士所说："在物流中，到处是自动化商店，它们可以自动为你提供你要的东西。仓库全成了自动的。机器人可听懂人话，随时为人取货、存货。你可以通过电话等远程控制它们。送货服务时间以最佳方式排列，生产、包装、运输协调一致。一切机器都自动工作。产品按消费和运输需要包装，然后装上托盘，运输一律使用托盘和集装箱……这便是未来的物流。"

三、现代物流的分类

在社会领域中，物流活动是普遍存在的，对于各个领域的物流，虽然其基本要素是相同的，但是由于物流的对象、目的、范围和范畴的不同，形成了不同的物流类型。按照物流系统涉及的领域、物流活动覆盖的范围、物流的作用、物流的性质、物流活动的主体和物流的特殊性可以从不同角度对物流进行分类。

(一)按物流系统涉及的领域可以将物流分为宏观物流和微观物流

宏观物流(macroscopical logistics)，是指社会再生产总体的物流活动，是从社会再生产总体角度认识和研究的物流活动。宏观物流主要研究社会再生产过程中物流活动的运行规律以及物流活动的总体行为。这种物流活动的参与者是构成社会总体的大产业、大集团。宏观物流还可以从空间范畴来理解，在很大空间范畴的物流活动，往往带有宏观性，如社会物流、国民经济物流以及国际物流都属于宏观物流。宏观物流研究的主要特点是综观性和全局性。宏观物流主要研究内容是物流总体构成、物流与社会的关系、物流在社会中的地位、物流与经济发展的关系、社会物流系统和国际物流系统的建立和运作等。

微观物流(microcosmic logistics)，是指消费者、生产者企业所从事的实际的、具体的物流活动。在整个物流活动过程中，微观物流仅涉及系统中的一个局部、一个环节或一个地区。其特点是具体性和局部性。企业经常涉及的物流活动一般都属于微观物流，如企业物流、生产物流、供应物流、销售物流、回收物流、废弃物流、生活物流等。

(二)按物流活动的空间范围可以将物流分为国际物流、国内物流和区域物流

国际物流(international logistics)，是指国与国之间、洲与洲之间开展的物流活动。这种物流是国际贸易的一个必然组成部分，各国之间的相互贸易最终通过国际物流来实现。跨国公司的发展使得企业经济活动范围遍布世界各国，经济全球化、市场国际化进程随之加快，国际物流的重要性更为突出。国际物流是现代物流系统中重要的物流领域，也是一种新的物流形态。只有广泛开展国际物流合作，才能促进世界经济繁荣，物流无国界。

国内物流(national logistics)，是指一个国家内发生的物流活动，物流活动的空间范围局限在一个国家的领土、领空和领海内。国内物流就其地理概念而言，较国际物流的范围要小，较地区物流的范围要大，并且包括地区物流。

区域物流(regional logistics)，是相对于国内物流而言的概念，指一个国家某一个区域内的物流。一个城市的物流、一个经济区域的物流都处于同一法律、规章、制度之下，都

受相同文化及社会因素影响，都处于基本相同的科技水平和装备水平，因而都有其独特的特点，都有区域的特点。对于区域物流的划分有不同的原则，如按行政区域可划分为西南地区、西北地区等，按所处地理位置可划分为长江三角洲地区、河套地区等，按经济圈可划分为沿海经济贸易区、边境贸易区等。区域物流对于提高该区域企业物流活动的效率以及保障当地居民的生活福利环境具有重要的作用。

(三)按照物流在整个生产中所起的作用可将物流分为供应物流、生产物流、销售物流、回收物流、废弃物物流

这种分类详见图1-1。

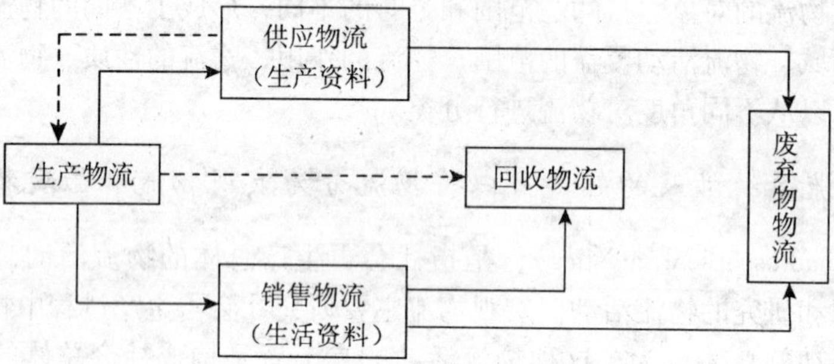

图1-1 按物流的作用对物流的划分

供应物流(supply logistics)，是指为生产企业、流通企业或消费者提供原材料、零部件、燃料或商品时，物品在提供者与需求者之间的实体流动。这一物流不畅或中断便会影响生产的正常运行，而这一物流费用太高，又会使企业的经济效益下降。因此，供应物流的目标是不仅要保证供应，而且还要以最少消耗、最低成本和最大保证度来组织好物品的供应活动。

生产物流(production logistics)，是指从生产厂的原材料购进入库到成品库发送这一全过程的物流活动。它也是企业生产工艺中的物流活动，这种物流活动是与整个生产工艺过程伴生的，实际上已构成生产工艺过程的一部分。生产物流均衡稳定，可以保证在制品顺畅流转，缩短生产周期，压缩库存，降低生产成本。

销售物流(distribution logistics)，是指生产企业、流通企业售出产品或商品时，货物的空间和时间的转移过程。它是将产品或商品所有权转让给用户的物流活动。销售物流的特点是通过包装、配货、送货一系列物流活动实现销售，因而要求企业认真研究送货方式、包装水平、运输路线等，并采取各种诸如少批量、多批次、定时、定量配送的特殊物流方式达到目的。

回收物流(returned logistics)，是指不合格物品的返退货以及周转使用的包装容器从需方返回到供方所形成的物品实体流动，同时也指对企业在生产、供应和销售活动中所产生的边角料、废料、残损品等进行回收的活动。在一些企业中，如果回收物品处理不当或不及时，往往会影响整个生产环境，甚至影响产品质量，还会占用很大空间，造成浪费。

废弃物物流(waste material logistics)，是指对企业排放的无用物(如废气、污水、废渣等)进行运输、装卸、处理等的物流活动。废弃物流虽然没有经济效益，但是具有不可忽视的社会效益。企业对这类废弃物如不及时进行合理的物流处理，便会造成公害并直接损害企业的形象和声誉。

(四)按物流系统的性质可将物流划分为社会物流、行业物流和企业物流

社会物流(external logistics)，是指全社会范围内，企业外部及企业相互之间错综复杂的物流活动的总称。它是超越一家一户的以一个社会为范畴、面向社会的物流。这种社会性很强的物流往往是由专门的物流承担人承担的。社会物流研究再生产过程中随之发生的物流活动，研究国民经济中的物流活动，研究如何形成服务于社会、面向社会又在社会环境中运行的物流，研究社会中物流系统的结构和运行，因此带有综合性和广泛性。社会物流网络是国民经济的命脉，而网络分布是否合理、渠道是否畅通是关键。

行业物流(industrial logistics)，是指同一行业，为了本行业的整体利益或共同目标，而形成的行业内部物流网络。为了某一行业的发展，同行内各企业在行业物流大领域中，常常需要相互合作，共同促进行业物流系统的合理化。行业物流系统化，既能使参与的各物流企业都获得相应的经济利益，又为全社会节约人力、物力资源。

企业物流(internal logistics)，是指在企业经营范围内由生产或服务活动所形成的物流系统。它以营利为目的，运用生产要素，为各类用户从事各种后勤保障活动，即流通和服务活动。从企业角度描述与之有关的物流活动是具体的、微观的物流活动的典型领域。

第二节　现代物流的产生与发展

一、现代物流的起源

物，指一切可以进行物理性位置移动的物质资料，这类物质资料可以是有形的，也可以是无形的，有形的如商品、原材料、零部件、半成品等，无形的如煤气、天然气、沼气等。

流，泛指物质的一切运动形式。既包括空间的位移，又包括时间的延续。可以是宏观的流动，如洲际、国际的流动；也可以是同一地域、同一单位中的微观运动，如一个生产车间内部物质资料的流动。

如果从“物质资料的流动”来理解，物流是一种古老又平常的现象。自从人类社会有了商品交换，就有了物流活动(如运输、仓储、装卸搬运等)。而如果将物流作为一门科学，从系统的角度和观点来研究，它却仅有几十年的历史。因此说物流是一门新兴的学科。

物流(logistics)的起源和发展与后勤管理有着不可忽视的联系，而后勤管理最初起源于战时军事物资的供应管理。因此，物流学在欧美还广泛使用“后勤学”这个名称。在第二次世界大战末期，由于前方战线变动很快，如何组织军需品的供给，在各供应基地、中间基地、前线供应点之间进行合理配置，如何确定最佳的运输路线来最大限度地减少浪

费、降低军费开支，形成了一系列综合性的研究课题。军需品供应不足将不利于取得战争的胜利，而供应过量又会造成浪费。美国军事部门运用运筹学和电子计算机技术进行了科学研究，较好地解决了这些问题。这就是物流科学的萌芽阶段。20 世纪 50 年代，随着经济的复苏和生产的发展，产品数量急剧增长，生产成本相对下降，而流通成本有相对上升的趋势。于是，人们开始对各种物流活动的规律进行认真的研究，从而找出降低流通费用的途径。由于目标是降低整个流通过程的费用，所以，必须考察和研究物流的全过程，即整个物流系统。研究物流系统内各个环节之间的相互关系，从而使原来处于潜隐状态的流通系统显现出来，并开始以物流系统为中心开展研究活动，从而形成了现代物流科学。

集成物流的概念出现于 20 世纪 80 年代，它把企业的输入与输出物流管理以及部分市场和制造功能集成在一起。紧接着，90 年代出现了新的管理模式——供应链管理，并随之出现了集成供应链(integrated supply chain)概念。此时，企业的目光由企业内转向了企业外，试图通过和其他的供应链成员进行物流的协调而寻找更新的商业机会。目前，物流管理已经扩展到包括上游供应链的企业之间的物资管理。从这个意义上讲，物流指的是供应链范围内企业之间物资转移活动(不包括企业内部的生产活动)。现代的企业物流管理已经把采购与分销两个为生产服务的领域统一在一起，形成所谓的物流供应链，这就是现代物流管理的含义。

综上所述，物流是以供应链管理思想为出发点，以集成思想、系统理论为指导原则。物流具有三种表现形式，即物流的物质表现形式、价值表现形式和信息表现形式。物流的物质表现形式为企业之间物质资源的转移(包括时间、空间和形态的转移)；物流的价值表现形式为物流过程是一个价值增值过程，是一个能够创造时间价值和空间价值的过程；物流的信息表现形式为物流过程是一个信息采集、传递与加工的过程。

二、现代物流的发展

物流是随着一个国家或地区的经济发展而发展的，从 20 世纪 50 年代至今，物流管理经历了多次变革，有了很大的发展。由于各国的社会经济环境不同，其物流发展进程也有所差异。

(一)美国物流的发展

(1)实物配送阶段(physical distribution)。实物配送阶段指从第二次世界大战后到 20 世纪 70 年代，以实物配送理论与实践的发展为特征的时期。第二次世界大战以后，世界经济环境发生了深刻变化，技术革新层出不穷，管理科学飞速发展，买方市场的局面导致企业竞争加剧，而以顾客需求为中心的市场营销观念的形成，使物流(被认为是为顾客服务的重要手段)逐渐引起企业界、学术界乃至整个社会的重视。1962 年美国著名的管理学家彼得·德鲁克在《财富》杂志上发表文章，提出物流领域是企业重要的利润源泉等观点，对物流的发展产生了重大的推动作用。在这一背景下，1963 年成立了美国物流管理协会，这是世界上第一个物流专业人员组织，这在一定程度上标志着物流无论是作为一门学科还是一种职业，已从市场营销中分离出来，取得了独立的地位。然而，这一阶段对物流的研究仍以分销过程为主，即产品从制造商成品库到用户这一阶段。企业内部物流通常被称为物料管理(Material Management，MM)，并不包含在物流管理之中。美国物流管理协会的英文名称此时为 National Council of Physical Distribution Management，简称 NCPDM。因此，这一阶段的物流管理被称为实物配送阶段。

(2)综合物流管理阶段(intergrated logistics management)。综合物流管理阶段指从 20 世纪 70 年代后期至 80 年代末，以综合物流的形成为标志的阶段。当时，企业界及学术界越来越认识到把物料管理与实物配送综合起来管理可以大大提高物流效率与效果，而环境、制度、技术等的一系列变化使之可成为现实，见图 1-2。首先，跨国公司的兴起导致全球性竞争加剧，使企业采用新的物流管理技术、改进物流系统、提高服务水平成为必要。其次，20 世纪 70 年代后，美国首先实行了运输自由化，放松了对运输业的管制，承运人和货主能自由定价，服务的地理范围也扩大了，承运人与货主之间建立紧密、长期的合作关系，增加了企业系统地分析物流过程、降低物流成本和改进服务的可能。再次，一些先进管理技术与理念，如 MRP、MRPⅡ、DRP、DRPⅡ、TQM、JIT 的产生及在物流管理中的应用，使人们逐渐认识到需要从生产流通消费的全过程把握物流管理，而微型计算机的商业化及相关信息技术的发展，为物流的一体化管理提供了物质基础和技术手段。1985 年美国物流管理协会的名称从 National Council of Physical Distribution Management 改为 National Council of Logistics Management，标志着综合物流观念的确立。书中也普遍以 logistics(直译为后勤，但由于习惯仍译为物流)取代 phy-sical distribution。为了区别军事后勤，也常使用企业物流(business logistics)一词。

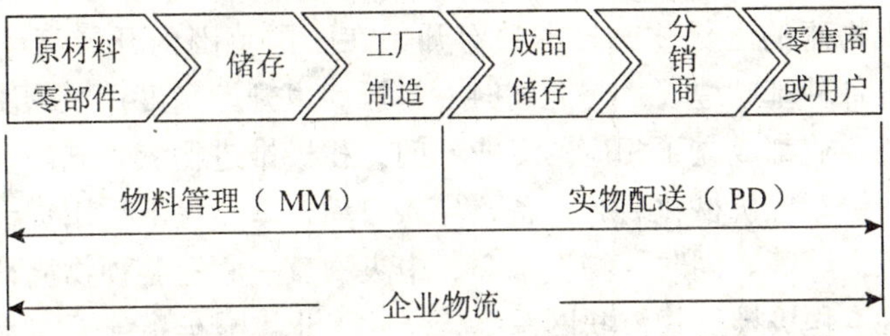

图 1-2　综合物流管理

(3)供应链管理阶段(supply chain management)。供应链管理阶段指从 20 世纪 80 年代后期至今，以供应链管理的产生为标志的阶段。供应链管理是指从初始供应一直到最终用户，向客户提供增值的产品、服务和信息的商务过程的一体化管理。综合物流管理阶段的一体化管理只限于企业内部，受企业内部资源和活动范围的限制；而供应链一体化是超越企业边界的外部一体化，覆盖从原材料的供应商到制造商、经销商、零售商、顾客的整个过程(见图 1-3)。这一概念同时基于制造商与分销商、零售商及物流服务供应商的战略合作伙伴关系的趋势，强调供应链的整体效率与市场竞争力，以期实现供应链合作伙伴的双赢。

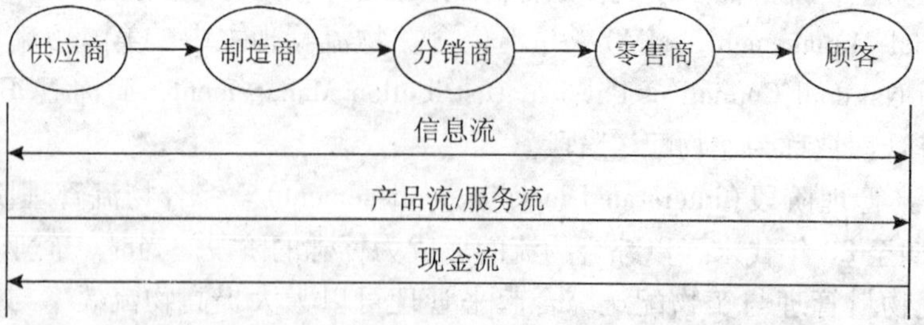

图 1-3 供应链管理

(二)日本物流的发展

日本物流发展的历史虽然不长，但其发展速度之快，经营规模之大，整体现代化程度之高，令世界瞩目。总体来看，日本物流的发展经历了五个阶段：

(1)经济复兴阶段(1945—1953 年)。当时日本战后百废待兴，急需恢复经济。国内商品流通主要靠铁路运输，物流渠道尚未理顺，这一时期的物流主要指运输。

(2)以生产为主导的阶段(1954—1963 年)。其经济高速增长，进入以生产为主导的时代。1956 年日本企业界引进了“物流”新概念，开始重视物流管理工作，强化了物流职能的作用，如加强运输、储存、包装、装卸搬运等物流过程各环节和管理工作。

(3)以流通为主导的阶段(1964—1973 年)。这是日本大量物流设施建设的时代，同时也是日本经济高速增长、大量生产、大量销售的时代。1965 年日本政府中期 5 年经济计划，强调要实现物流的近代化，日本政府开始在全国范围内开展高速道路网、港湾设施、流通聚集地等各种基础建设。与此同时，各厂商也开始高度重视物流，并积极投资物流体系的建设。各企业都成立了相应的专业部门，积极推进物流基础建设。另一方面，开始广泛推广货台、铲车等机械化装卸设备，导入自动仓库，灵活运用货台和集装箱，采用单位货物装卸系统，等等。同时，物流中心、中央物流中心等各种物流管理系统也不断增加。除此之外，日本积极推行物流联网系统，开发 VSP、配车系统等物流软件。这一时期是日本物流建设的大发展时期。

(4)以消费(生活)为主导的阶段(1974—1983 年)。日本经济发展突飞猛进，已经进入成熟期。社会物流的发展，开始注意环境问题，特别提出了节约资源的问题；开发物流服务新项目，重点是为了方便居民生活，如开展城市之间和市内的送货、路线配送、集中配送、取送货到家等，大大提高了物流企业的服务水平，并使物流工作渗透到社会的各个方面。

(5)物流国际化时代(1984 年至今)。20 世纪 80 年代以后，日本的生产经营发生了重大的变革，消费需求差异化的发展，尤其是 90 年代日本泡沫经济的崩溃，使以前那种大量生产、大量销售的生产经营体系出现了问题，生产的多品种化和少量化成为新时期的生产经营主流，其结果是整个流通体系的物流管理发生了变化，即从集货物流向多品种、多频度、数量少、时间快发展。依靠计算机网络技术，谋求全程物流整体优化和合理化。

(三)我国物流的发展

我国物流业与发达国家相比还有相当大的差距，其发展过程也不是非常连续，不断出现新的问题。1949 年新中国成立以来，我国物流的发展大体可分为如下五个阶段：

(1)创建阶段(1949—1952 年)。这个阶段为中国国民经济恢复时期。新中国成立不久，百废待兴，物流的发展刚刚起步，只是在一些生产和流通部门开始建立数量不多的储运公司和功能单一的仓库，运输业无论是铁路、公路、水路还是航空运输等，都处于初步发展时期，搬运和仓储环节比较落后，物流业远远不能适应工农业生产和人们生活的需要。这一时期物流业的特点是：多数是商物合一型、兼营型的物流企业，附属于各专业公司或批发站(一些大城市除外)。

(2)发展时期(1953—1965 年)。这个阶段，我国开始实施第一个五年计划(1953—1957 年)。国民经济发展迅速，交通运输建设也有较大进展，通车里程大为增加，因此物流业也得到了相应的发展。在物资、商业、供销、粮食、外贸等流通部门相继成立了商物分离型、专业型的物流企业、如储运公司、仓储公司、中转站等，以及附属于各专业公司、批发站的商物合一型、兼营型的物流企业，初步形成了物流业。

(3)停滞阶段(1966—1977 年)。1966 年开始的持续十年的“文化大革命”，对中国的经济、政治及其他方面都造成了严重破坏，物流的发展也一样。在此期间，物流渠道单一化，整体上看我国的物流基础设施基本上没有新的发展，甚至连原来的一些物流设施也遭到了不同程度的破坏。在这一时期，我国的物流理论和物流实践基本上处于停顿状态。

(4)改革开放阶段(1978—1990 年)。我国实行改革开放以后，物流业得到了较快发展，取得了显著的成绩，尤其是物流业中的运输业、仓储业、包装业的发展较快，新建了大量的铁路、公路、港口、机场等，不仅增加了物流基础设施，而且提高了物流技术装备水平，同时开展了水泥、粮食散装运输、集装箱运输，开始投资建设立体自动化仓库。有关物流学术团体在此期间也相继成立，积极有效地组织开展国内国际的物流学术交流活动，了解和学习国外先进的物流管理经验。物流学作为一门独立的学科正式确立，一些物流学的专著和译著出版发行。对物流的研究开始被企业界重视，在管理观念上人们逐步改变了孤立地对待包装、装卸、运输、保管、信息情报等物流职能，开始以系统的观点对它们的作用进行研究，从而在对物流的认识上前进了一大步。

(5)大发展和国际化阶段(1991 年至今)。我国进入“八五”计划建设时期，国民经济开始高速发展，1992 年国内生产总值增长 12.8%。国民经济的高速发展必然要求物流体系迅速发展并与之相适应。正因如此，国家为高速发展的物流业采取了一系列重要的措施。在“八五”计划中明确地把发展第三产业，特别是物流业作为重点。在此期间，由于引进了不少家用电器生产线和汽车生产线，国外先进的物流技术在我国得到了广泛的传播，有力地推动了物流技术水平的提高。尽管如此，我们也应清醒地认识到，同发达国家的相比，无论从企业内部物流管理的水平还是从社会物流标准化和国际化作业的效率来看，我国目前的物流状况总体还处于发展过程的起步阶段，我国物流与全球物流的联结和融合，还有相当长的路要走。

三、现代物流的未来

随着经济全球化步伐的加快，科学技术尤其是通信技术的发展，以及跨国公司本土化生产、全球采购、全球消费趋势的加强，现代物流未来的发展趋势如下：

(一)物流技术高速发展，物流管理水平不断提高

国外物流企业的技术装备目前已达到相当高的水平，已经形成以信息技术为核心，以运输技术、配送技术、装卸搬运技术、自动化仓储技术、库存控制技术、包装技术等专业技术为支撑的现代化物流装备技术的格局。其发展趋势表现为：信息化，广泛采用无线互联网技术、卫星定位技术(GPS)、地理信息系统(GIS)和射频标识技术(RF)、条形码技术等；自动化，采用自动引导小车(AGV)技术、搬运机器人技术等；智能化，采用电子识别和电子跟踪技术、智能交通与运输系统(ITS)；集成化，集信息化、机械化、自动化和智能化于一体。

(二)物流一体化

物流一体化(integrated logistics)是指以物流系统为核心，由生产企业经物流企业、销售企业直到消费者的供应链的整体化和系统化的过程。物流一体化是物流业发展的高级、成熟阶段，物流业高度发达，物流系统完善，物流业成为社会生产链的领导者和协调者，并为社会提供全方位的物流服务。

物流一体化的发展可进一步分为三个层次：物流自身一体化、微观物流一体化和宏观物流一体化。物流自身一体化是指物流系统的观念逐渐确立，运输、仓储和其他物流要素趋向完备，子系统协调运作，系统化发展。微观物流一体化是指作为市场主体的企业将物流提高到企业战略的高度，形成以物流作为纽带的企业联盟。宏观物流一体化是指物流业发展到这样的水平：物流业占到一国国民总产值的一定比例，处于社会经济生活的主导地位，它使跨国公司从内部职能专业化和国际分工程度的提高中获得规模经济效益。物流一体化的实质是一个物流管理的问题，即专业化物流管理人员和技术人员，充分利用专业化物流设备、设施，发挥专业化物流运作的管理经验，以取得整体最优的效果。物流一体化实现的基础是现代物流技术的成熟和广泛应用，以及现代化的信息管理和信息交换。物流一体化是21世纪最有影响的物流趋势之一。

(三)专业物流形成规模，共同配送成为主导

国外专业物流企业是伴随制造厂商经营取向的变革应运而生的。制造厂商为迎合消费者日益细化、个性化的产品需求，而采取多样、少量的生产方式，因而高频度、小批量的配送需求也随之产生。目前，在美国、日本和欧洲等经济发达国家和地区，专业物流服务已形成规模，它有利于制造商降低流通成本，提高运营效率，并将有限的资源和精力集中于自身的核心业务上。

共同配送是经长期的发展和探索优化出的一种追求合理化的配送形式，也是美国、日本等一些发达国家采用较广泛、影响面较大的一种先进的物流方式，它对提高物流效率、

降低物流成本具有重要意义。从整个社会的角度来讲，实现共同配送主要有以下好处：减少社会车流总量，减少闹市卸货妨碍交通的现象，改善交通运输状态；通过集中化处理，有效提高车辆的装载率，节省物流处理空间和人力资源，提升商业物流环境进而改善整体社会生活品质。总而言之，共同配送可以最大限度地提高人员、物资、金钱、时间等物流资源的使用效率，取得最大经济效益，还可以去除多余的交错运输，取得缓解交通、保护环境等社会效益。

(四)物流企业向集约化、协同化发展

主要表现在两个方面：一是大力建设物流园区，二是物流企业兼并与合作。

物流园区是多种物流设施和不同类型的物流企业在空间上集中布局的场所，是具有一定规模和综合服务功能的物流集结点。日本是最早建立物流园区的国家，至今已建立 20 个大规模的物流园区，平均占地面积约 74 万平方米；荷兰的 14 个物流园区，平均占地面积 4.5 平方千米；德国不来梅的货运中心占地 100 万平方米以上，纽伦堡物流园区占地已达 7 平方千米。物流园区的建设有利于实现物流企业的专业化和规模化，发挥它们的整体优势和互补优势。

世界上各行业大型企业之间的并购浪潮和网上贸易的迅速发展，使国际贸易的货物流动加速全球化。为适应这一发展趋势，欧美的一些大型物流企业跨越国境，展开横向和纵向的并购，大力拓展国际物流市场，以争取更大的市场份额。国际物流市场专家们认为，世界上各行业企业间的国际联合与并购，必然带动国际物流业加速向全球化方向发展，而物流业全球化的发展走势，又必然推动和促进各国物流企业的联合和并购活动。新组成的物流联合企业、跨国公司将充分发挥互联网的优势，及时准确地掌握全球的物流动态信息，调动自己在世界各地的物流网点，构筑起本公司全球一体化的物流网络，节省时间和费用，将空载率压缩到最低限度，战胜竞争对手，为货主提供优质物流服务。除了并购之外，另一种集约化方式是物流企业之间进行合作并建立战略联盟。

(五)物流电子化

物流电子化是物流产业本身应用电子化的手段，实现物流运作的过程，包含了物流的运输、仓储、配送等各业务流程中组织方式、交易方式、服务方式的电子化，通过对物流业务实现电子化，可以改革现行物流体系的组织结构；通过规范、有序的电子化物流程序，可以使物流进入一个充分利用现有资源、降低物流成本、提高物流运行效率的良性轨道。可以把这一以电子化为主要特征的物流系统称为电子物流(electronic logistics)。无疑，物流电子化充分运用了以信息技术为代表的现代科技手段，适应了现代社会对物流速度、安全、可靠、低费用的需求，可以说，物流电子化已成为 21 世纪物流发展的大趋势。

(六)第三方物流快速发展

第三方物流(third party logistics)是在物流渠道中由中间商提供的服务，中间商以合同的形式在一定期限内，提供企业所需的全部或部分物流服务。第三方物流提供者是一个为

外部客户管理、控制和提供物流服务作业的公司，并不在供应链中占有一席之地，仅是第三方，但通过提供一整套物流活动来服务于供应链。第三方物流公司提供的服务范围很广：它可以简单到只是帮助客户安排一批货物的运输，也可以复杂到设计、实施和运作一个公司的整个分销和物流系统。第三方物流有时也被称为“承包物流”、“第三方供应链管理”。第三方物流企业和典型的运输或其他供应链服务公司的关键区别在于：第三方物流最大的附加值是基于信息和知识，而不是靠提供低价的一般性、无差异的服务。

（七）绿色物流将成为新增长点

物流虽然促进了经济的发展，但是物流在发展的同时也会给城市环境带来负面的影响，如运输工具的噪声、污染排放、对交通的阻塞等，以及生产和生活中的废弃物的不当处理所造成的对环境的影响。为此，21 世纪对物流提出了新的要求，即绿色物流。

绿色物流(environmental logistics)是指在物流过程中抑制物流对环境造成危害的同时，实现对物流环境的净化，使物流资源得到最充分合理的利用。绿色物流主要包含两个方面的内容：一是对物流系统污染进行控制，即在物流系统和物流活动的规划与决策中尽量采用对环境污染小的方案，如采用排污量小的货车车型、近距离配送、夜间运货(以减少交通阻塞、节省燃料和降低排放)等。发达国家在污染发生源、交通量、交通流等三个方面制定了相关政策。二是建立工业和生活废料处理的物流系统。

第三节　现代物流管理的目标和内容

根据现代管理理论，管理是人们为了实现特定目标，对各种有限的资源进行培育、发掘、利用和协调等活动的总称。所谓物流管理，就是运用管理的基本原理和方法，研究现代物流活动中的技术和经济问题，以充分发挥物流的功能，实现物流的最优经济效益。企业物流管理则是现代物流管理的一个领域，它以企业物流为研究对象。

一、现代物流管理的目标

实施物流管理的目的就是要在尽可能低的总成本条件下实现既定的客户服务水平，即寻求服务优势和成本优势的一种动态平衡，并由此创造企业在竞争中的战略优势。根据这个目标，物流管理要解决的基本问题，简单地说，就是把合适的产品以合适的数量和合适的价格在合适的时间和合适的地点提供给客户。

物流管理强调运用系统方法解决问题。现代物流通常由运输、存储、包装、装卸、流通加工、配送和信息诸环节构成。各环节原本都有各自的功能、利益和观念。系统方法就是利用现代管理方法和现代技术，使各个环节共享总体信息，把所有环节作为一个一体化的系统来进行组织和管理，以使系统在尽可能低的总成本条件下，提供有竞争优势的客户服务。系统方法认为，系统的效益并不是各个局部环节效益的简单相加。系统方法意味着，对于出现的某一个方面的问题，要对全部的影响因素进行分析和评价。从这一思想出发，物流系统并不是简单地追求各个环节上各自的最低成本，因为物流各环节的效益之间存在相互影响、相互制约的倾向，存在着交替易损的关系。比如过分强调包装材料的节约，就可能因其易于破损造成运输和装卸费用的上升。因此，系统方法强调要进行总成本分析，以及避免次佳效应和成本权衡应用的分析，以达到总成本最低，同时满足既定的客户服务水平的目的。

二、现代物流管理的内容

物流管理的内容包括三个方面的内容，即对物流活动诸要素的管理，包括运输、储存等环节的管理；对物流系统诸要素的管理，即对其中人、财、物、设备、方法和信息等六大要素的管理；对物流活动具体职能的管理，主要包括物流计划、质量、技术、经济等职能的管理。

物流管理科学是近一二十年以来在国外兴起的一门新学科，它是管理科学新的重要分支。随着生产技术和管理技术的提高，企业之间的竞争日趋激烈，人们逐渐发现，企业在降低生产成本方面的竞争似乎已经走到了尽头，产品质量的好坏也仅仅是一个企业能否进入市场参与竞争的敲门砖。这时，竞争的焦点开始从生产领域转向非生产领域，转向过去那些分散、孤立的被视为辅助环节而不被重视的领域，诸如运输、存储、包装、装卸、流通加工等物流活动领域。人们开始研究如何在这些领域降低物流成本，提高服务质量，创造“第三利润源”。物流管理从此从企业传统的生产和销售活动中分离出来，成为独立的研究领域和学科范围。物流管理科学的诞生使得原来在经济活动中处于潜隐状态的物流系统显现出来，它揭示了物流活动的各个环节的内在联系，它的发展和日臻完善，是现代企业在市场竞争中制胜的法宝。

物流管理的内容包括服务对象管理、控制要素管理和职能管理。物流服务对象管理分为物流客户管理和物流服务管理；物流控制要素管理分为物流信息管理、物流成本管理和物流质量管理；物流职能管理分为物流组织管理和物流战略管理，见图1-4。

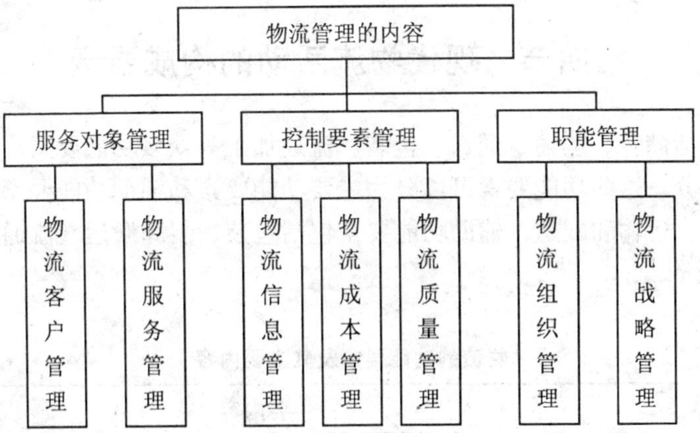

图1-4　物流管理的内容

物流管理按管理的顺序可以划分为三个阶段，即计划阶段、实施阶段和评价阶段。

(1)物流计划阶段的管理。计划是作为行动基础的某些事先的考虑。物流计划是为了实现物流预期达到的目标所做的准备性工作。物流计划首先要确定物流所要达到的目标，以及为实现这个目标所进行的各项工作的先后次序。其次，要分析研究在物流目标实现的过程中可能发生的任何外界影响，尤其是不利因素，并确定对这些不利因素的对策。再次，明确实现物流目标的人力、物力、财力的具体措施。

(2)物流实施阶段的管理。物流实施阶段的管理就是对正在进行的各项物流活动进行管理。它在物流各阶段的管理中具有最突出的地位。这是因为在这个阶段，各项计划将通过具体的执行而受到检验。同时，它将物流管理与物流各项具体活动进行紧密的结合，具体包括三个方面的内容：一是对物流活动的组织和指挥。物流的组织是指在物流活动中把各个相互关联的环节合理地结合起来，而形成一个有机的整体，以便充分发挥物流中每个部门、每个工作人员的作用。物流的指挥是指在物流过程中对各个物流环节、部门、机构进行统一调度。二是对物流活动的监督和检查。通过监督和检查可以了解物流的实施情况，揭露物流活动中的矛盾，找出存在的问题，分析问题发生的原因，提出克服的方法。三是对物流活动的调节。在执行物流计划的过程中，物流的各部门、各环节总会出现不平衡的情况。遇到上述问题，就需要根据物流的影响因素，对物流各部门、各个环节的能力做出新的综合平衡，重新布置实现物流目标的力量。这就是对物流活动的调节。

(3)物流评价阶段的管理。在一定时期内，人们对物流实施后的结果与原计划的物流目标进行对照、分析，这便是物流的评价。通过对物流活动的全面剖析，人们可以确定物流计划的科学性、合理性如何，确认物流实施阶段的成果与不足，从而为今后制订新的计划、组织新的物流提供宝贵的经验和资料。

按照对物流评价的范围不同，物流评价可分为专门性评价和综合性评价。按照物流各部门之间的关系，物流评价又可分为物流纵向评价和横向评价。应当指出无论采取什么评价方法，其评价手段都要借助于具体的评价指标。这种指标通常为实物指标和综合指标。

第四节　现代物流活动的构成要素

物流活动包括储存、运输、配送、包装、流通加工等众多功能要素。按照其在物流活动中的重要性划分，这些功能要素可以分为主要功能要素和辅助功能要素两大类，主要功能要素包括仓储、运输和配送，辅助功能要素包括包装、装卸搬运、流通加工和信息处理(见表1-1)。

表1-1　**物流的功能要素及其主要内容**

物流功能要素	主要内容
仓储	长时间存储：存储中心型仓库 短时间存储：流通中心型仓库
运输	长距离，线性机能，物流的交通机能

续表

物流功能要素	主要内容
配送	短距离，面的机能，物流的准入机能
包装	输送包装、保管包装、外部包装、内部包装、品质保证为主体包装、市场营销为主体包装等
装卸搬运	从物流设施到运输设备的活动 从运输设备到物流设施的活动
流通加工	商品检验、分拣、放置、备货、分配组装、细分、切断、规格化、贴价格标签、单位化、商品组合等
信息处理	数量管理：运行、货物追踪、入库、在库、出库管理等 品质管理：温度、湿度管理等 作业管理：自动分拣、数码备货等 订货、发货管理：POS、EOS、VAN、EDI 等 金融：银行联网等

一、物流活动的主要功能要素

物流活动的主要功能要素包括仓储、运输和配送。

(一)仓储

所谓仓储是利用仓库及相关设施设备进行物品的入库、存储、出库的活动。仓储是物流体系中唯一的静态环节，相当于物流体系中的一个节点，起着缓冲和调节的作用，其主要的载体是仓库。

在物流系统中，仓储和运输是同样重要的构成因素。仓储功能包括对进入物流系统的货物进行堆存、管理、保存、保养、维护等一系列活动。仓储的作用主要表现在两个方面：一是完好地保证货物的使用价值；二是为将货物配送给用户，在物流中心进行必要的加工活动。随着经济的发展，物流由少品种、大批量物流进入到多品种、小批量或多批次、小批量物流时代，仓储功能从重视保管效率逐渐变为重视发货和配送效率。

(二)运输

运输是用专业运输设备将物品从一个地点向另一个地点运送，其中包括集货、分配、搬运、中转、装入、卸下、分散等一系列操作。运输包括厂内运输、城市之间运输、市内运输、国际运输等。一般把厂内运输划入生产物流范畴，把厂外运送称为运输。运输的方式主要有铁路运输、汽车运输、船舶运输、航空运输和管道运输等。运输不改变物品的实物形态，也不增加其数量，但它解决了物品在生产地点和需要地点之间的空间距离而带来的供销矛盾，创造了商品的空间效用，满足了社会需要。

在物流的诸多环节中，运输环节具有中心的地位。运输虽然不产生新的物质产品，但能实现产品在空间上的转移或时间上的转移，创造场所性与时间性的价值，所以说运输是物流过程中最主要的组成部分，也是物流系统的一个重要功能。选择何种运输手段对物流效率具有十分重要的影响，选择时必须权衡运输服务和运输成本，可以用运输设备的服务特性作为判断的基准，如运费、运输时间、频度、运输能力、货物的安全性、时间的准确性、适用性、伸缩性等。

(三)配送

配送是指在经济合理区域范围内，根据用户要求，对物品进行拣选、加工、包装、分割、组配等作业，并按时送达指定地点的物流活动。应从以下几个方面来理解配送的属性：配送是流通加工、整理、拣选、分类、配货、配装、末端运输等一系列活动的集合；配送是按用户的要求进行的，主要包括数量、品种、规格、供货周期、供货时间等；配送在将货物送交收货人后即告完成；配送是由物流节点完成的，物流节点可以是物品配送中心、物资仓库，也可以是商店或其他物资集散地；配送是实现产品价值的最后一道工序，关系到客户对物流服务的感受以及对商品价值的完整体验。

配送是物流中一种特殊的、综合的活动形式，是商流与物流的紧密结合。配送几乎包括了所有的物流功能要素，是物流的一个缩影或在某个小范围物流全部活动的体现。一般的配送集装卸、包装、保管、运输于一身，通过这一系列活动完成将货物送达的目的。特殊的配送则以加工活动为支撑，所以包括的内容更广。但是，配送的主体活动与一般物流有所不同，一般物流是运输及保管，而配送是运输及分拣配货。分拣配货是配送的独特要求，也是配送中有特点的活动，以送货为目的的运输则是最后实现配送的主要手段，从这一主要手段出发，常常将配送简化地看成运输的一种。

二、物流活动的辅助功能要素

物流活动的辅助功能要素包括包装、装卸搬运、流通加工和信息处理。

(一)包装

我国国家标准《包装术语》(GB/T 4122.1—1996)对包装(package/packaging)的定义为在流通过程中保护产品、方便储运、促进销售，按一定技术方法而采用的容器、材料和辅助物等的总体名称；也指为了达到上述目的而采用容器、材料和辅助物的过程中施加一定技术方法等的操作活动。包装分工业包装和商品包装两种。工业包装的作用是按单位分开产品，便于运输，并保护在途货物。商品包装的目的是便于消费者购买，也有利于在消费地点按单位把商品分开销售，并能显示商品特点，吸引购买者的注意和引起他们的喜爱，以扩大商品的销售。以商业包装为主还是以工业包装为主，要全面考虑包装对产品的保护作用、促进销售作用、包拆装的便利性以及废包装的回收及处理等因素。另外，还要根据全物流过程的经济效果具体决定包装材料、强度、尺寸以及包装方式。包装的功能体现在保护商品、传递信息、便于处理、促进销售等几个方面。包装是物流系统的构成要素之一，它既是生产的终点，又是物流的始点，与运输、保管、搬运、流通加工均有十分密切的关系。合理的包装能提高服务水平、降低费用、改善物料搬运和储运的效率。物流系统的所有构成要素均与包装有关，同时也受包装的制约。

(二)装卸搬运

装卸是指物品在指定地点以人力或机械装入或卸下运输设备。搬运是指在同一场所内，对物品进行水平移动为主的物流作业。在实际操作中，装卸与搬运往往密不可分，两者是伴随在一起发生的，因此，在物流科学中往往将两者作为一种活动来对待。装卸搬运是为了加快商品在物流过程中的流通速度必须具备的功能，包括对运输、储存、包装、流通加工等物流活动进行衔接的中间环节，以及在保管等活动中为进行检验、维护、保养所进行的有关活动，如货物的装上卸下、移送、拣选、分类等。专业物流中心往往配有专业化的装载、卸载、提升、运送和码垛等装卸搬运机械，以提高装卸搬运作业的效率，减少作业对商品造成的损毁。在物流活动的全过程中，装卸搬运活动频繁发生，因而是产品损坏的重要原因之一。装卸作业的代表形式是集装箱化和托盘化，使用的装卸机械设备有吊车、叉车、传送带和各种台车等。对装卸搬运的管理，主要是对装卸搬运方式、装卸搬运机械设备的选择和合理配置，尽可能减少装卸搬运次数，做到节能、省力、减少损失和加快速度，以获得较好的经济效果。

(三)流通加工

流通加工是根据顾客的需要，在流通过程中对产品实施的简单加工作业活动(如包装、分割、计量、栓标签、配货、挑选、组装、刷标志等)的总称。它使物品发生物理、化学或形状的变化，通过改变物品的形态或性质而创造价值。流通加工功能的主要作用表现在：进行初级加工，方便用户；提高原材料利用率；提高加工效率及设备利用率；充分发挥各种运输手段的最高效率；改变品质，提高收益。这种流通加工功能不仅存在于社会流通过程中，也存在于企业内部流通过程中，它可以弥补企业、物资部门、商业部门生产过程中加工程度的不足，更有效地满足用户的需求，更好地衔接生产和需求环节，使流通过程更加合理化，是物流活动中的一项重要增值服务，也是现代物流发展的一个重要趋势。

(四)信息处理

物流系统的信息处理功能包括处理与上述各项功能有关的计划、预测、动态(运量、收、发、存数)的信息及有关的费用信息、生产信息、市场信息的活动。物流信息的管理，要求建立信息系统和信息渠道，正确选定信息类别和信息的收集、汇总、统计、使用方式，以保证其可靠性和及时性。

从信息的载体及服务的对象来看，信息处理功能还可分成物流信息服务功能和商流信息服务功能。商流信息主要包括进行交易的有关信息，如货源信息、物价信息、市场信息、资金信息、合同信息、付款结算信息等。商流中交易、合同等信息，不但提供了交易的结果，也提供了物流的依据，是两种信息流主要的交汇处。物流信息主要是物流数量、物流地区、物流费用等信息。物流中库存量等信息，不但是物流的结果，也是商流的依据。

物流系统的信息处理功能必须建立在计算机网络技术和国际通用的 EDI 信息技术基础之上，这样才能高效地实现物流活动一系列环节的准确对接，真正创造“场所效用”及“时间效用”。可以说，信息处理是物流活动的中枢神经，该功能在物流系统中处于不可或缺的重要地位。信息处理功能的主要作用表现为：缩短从接受订货到发货的时间；库存适量化；提高搬运作业效率；提高运输效率；使接受订货和发出订货更为省力；提高订单处理的精度；防止发货、配送出现差错；调整需求和供给；提供信息咨询等。

本章小结

现代物流是联结供给主体和需求主体，克服空间和时间阻碍的有效、快速的商品流动并提供增值服务的经济活动过程，具体包括运输、保管、包装、装卸搬运、流通加工、配送以及信息处理活动，具有目标系统化、手段现代化、物流标准化、服务社会化、物流网络化、物流可视化、物流信息化、反应快速化、功能集成化、物流国际化、智能化、柔性化的特征。

在社会领域中，物流活动是普遍存在的，对于各个领域的物流，虽然其基本要素是相同的，但是由于物流的对象、目的、范围和范畴的不同，形成了不同的物流类型。从 20 世纪初以来，物流在各国都得到不同程度的发展，经历了不同的发展阶段，部分国家已经达到了相当高的物流水平，其中以美国和日本最为突出。

现代物流活动的内容很多，按照它们在物流活动中的重要性划分，可以分为主要功能要素和辅助功能要素。主要功能要素包括仓储、运输和配送；辅助功能要素包括包装、装卸搬运、流通加工和信息处理。这些活动要素共同作用着物流活动的始终。现代物流管理通过运用管理的基本原理和方法，研究现代物流活动中的技术和经济问题，创造物品的空间效用和时间效用，以实现物流的最优经济效益。

关键概念

传统物流(traditional logistics)
现代物流(modern logistics)
物流管理(logistics management)
实物配送(physical distribution)
供应链管理(supply chain management)
集成物流(integrated logistics)
电子物流(electronic logistics)
绿色物流(environmental logistics)

复习思考题

1. 什么是物流？简述现代物流活动的构成要素。
2. 什么是物流管理？简述现代物流管理的主要内容。
3. 简述日本物流发展过程。
4. 简述现代物流的发展趋势。
5. 选择自己熟悉的一家企业，画出该企业物流活动分布图。

6. 调查一家生产企业的物流部门，描述该部门的主要工作职能。

☞ 案例分析

海尔物流的订单经济

海尔现代物流的起点是订单。企业把订单作为企业运营的驱动力，作为业务流程的源头，完全按订单组织采购、生产、销售等全部经营活动。从接到订单时起，就开始了采购、配送和分拨的同步流程，现代物流过程也就同时开始。由于物流技术和计算机管理的支持，海尔物流通过三个 JIT，即 JIT 采购、JIT 配送、JIT 分拨来实现同步流程。这样的运营速度为海尔赢得了源源不断的订单。目前，海尔集团平均每天接到 200 多个销售订单，每个月平均接到 6000 多个销售订单，定制产品达 7000 多个规格品种，需要采购的物料品种达 15 万种。由于所有的采购基于订单，采购周期减到 3 天；所有的生产基于订单，生产过程降到一周之内；所有的配送基于订单，产品一下线，中心城市在 8 小时内、辐射区域在 24 小时内、全国在 4 天之内即能送达。总体而言，海尔完成客户订单的全过程仅为 10 天时间，资金回笼一年 15 次（同期我国工业企业流动资本周转速度年均只有 1.2 次），呆滞物资降低 73.8%。张瑞敏认为，订单是企业建立现代物流的基础。如果没有订单，现代物流就无物可流，现代企业就不可能运作。没有订单的采购，意味着采购回来就是库存；没有订单的生产，就等于制造库存；没有订单的销售，就不外乎是处理库存。抓住了订单，就抓住了满足即期消费需求、开发潜在消费需求、创造新消费需求这个牛鼻子。但如果没有现代物流保障流通的速度，到手的订单也会失去。

资料来源：中国物流与采购网（http：//www.chinawuliu.com.cn/xsyj/200801/25/138806.shtml）。

案例思考：

1. 订单和物流是什么关系？
2. JIT 采购、JIT 配送、JIT 分拨物流如何实现同步流程？

第二章 仓储管理

学习目的和要求

- 了解仓储的概念、作用和分类，理解仓储管理的内容和基本原则。
- 掌握物流节点的选址和规划，掌握仓储管理中的入库作业流程和出库作业流程。
- 理解商品养护的基本方法，重点掌握仓储合理化的途径和方法。

引 例

L公司的主打产品是面粉，每年从加拿大进口小麦，散装船海运进港，装袋，用汽车运进工厂仓库内存放。每天加工面粉10吨，送到粮食批发市场。为防止受潮，采用双层塑料复合袋包装，50斤一袋，如果面粉超过一个月没卖掉，就低价处理给饲料厂。

请分析该物流过程，提出改进意见。

第一节 仓储管理概述

一、仓储的概念和作用

（一）仓储的概念

仓储是基于社会产品出现剩余和产品流通的需要而产生的。当产品不能被马上消耗掉，需要专门的地方储存时，就产生了静态的仓储。而将物品存入仓库以及对存放在仓库里的物品进行必要的管理，这样就形成了动态仓储。仓储活动发生在仓库等特定的场所，仓储的对象可以是一切生产、生活资料，但必须是实物动产。

仓储管理是现代物流管理的重要内容，是向物品提供存放场所、进行物品的存取和对存放的物品进行保养、控制监督与核算等服务的统称。现代仓储与传统仓储之间的区别在于：传统仓储管理主要是对物品的管理，体现出静态的特性；而现代仓储管理更注重满足客户需求、高动态响应和低成本等。

(二)仓储的作用

仓储的作用主要分为以下几个方面:

(1)产生时间效用。仓储能克服生产和消费在时间上的间隔，产生时间效用。为了均衡地消费那些集中生产的物资或为了集中地消费均衡生产的物资，调整生产和消费之间的时间差，就需要用仓库进行仓储。

(2)克服供求矛盾。仓储能克服生产旺季与淡季和消费之间的供求矛盾，如果集中生产的产品立刻进入市场进行销售，必然造成市场短期内的产品供给远远大于需求，造成产品价格大幅降低，甚至因无法消费而被废弃。相反，在非供应季节，市场上的相应产品供不应求而提价，通过仓储均衡地向市场供给，就能稳定市场，有利于生产的持续进行。

(3)提供服务项目。通过进行备货、分拣、再包装等流通加工作业，以及库存控制等物流服务业务，现代仓储为物流管理提供了更多的服务项目。开展物流管理必须重视仓储管理，有效的仓储管理有助于实现物流管理的目的。

二、仓储的种类

仓储的本质虽然是物品的储藏和保管，但由于经营主体、功能的不同，不同的仓储活动有着不同的特点。

(一)按经营主体划分

(1)企业自营仓储，可分为生产企业自营仓储和流通企业自营仓储。生产企业自营仓储是指生产企业使用自有的仓库对原材料、中间产品及最终产品实施储存保管的行为，其储存物品种类较为单一，主要是为了满足生产的需要。流通企业自营仓储则是流通企业以其拥有的仓储设施对其经营的商品进行仓储保管的行为，仓储对象种类较多，其目的为支持销售。企业自营仓储行为不具有独立性，仅仅是为企业的产品生产或商品经营活动服务，相对来说规模小，数量多，专用性强，而仓储专业化程度低，设施简单。企业自营仓储为自用仓储，一般不开展商业性仓储经营。

(2)商业营业仓储，是指仓储经营者以其拥有的仓储设施向社会提供商业性仓储服务的仓储行为。仓储经营者与存货人通过订立仓储合同的方式建立仓储关系，并且依据合同约定提供服务和收取仓储费。商业营业仓储的目的是在仓储活动中获得盈利，实现经营利润最大化，包括提供货物仓储服务和提供仓储场地服务。

(3)公共仓储，一般为车站、码头等公用事业提供仓储配套服务。其运作的主要目的是保证车站、码头的货物作业，具有内部服务的性质，处于从属地位。但对于存货人而言，公共仓储也适用营业仓储的关系，只是不独立订立仓储合同，而是将仓储关系列在作业合同之中。

(4)战略储备仓储，是基于国防安全、社会稳定的需要而建立的，是对国家战略物资进行储备的仓储。战略储备由国家政府进行控制，通过立法、行政命令的方式进行。战略储备仓储特别重视储备品的安全性，且储备时间较长。战略储备物资主要有粮食、油料、能源、有色金属、淡水等。

(二)按功能划分

(1)储存型仓储，为物资较长时期存放的仓储。由于物资存放时间长，存储费用低廉，存储的场所一般在较为偏远的地区。储存型仓储的物资较为单一，品种少，但存量较大。储存型仓储要特别注重对物资的质量保管，以满足物资的长期存放。

(2)配送型仓储，也称为配送中心仓储，是商品即将交付消费者之前所进行的短期仓储，是商品在完成销售过程或使用前的最后储存，并在该环节进行销售或使用的前期处理。配送仓储一般在商品的消费地区内进行，能迅速地送达消费和销售。配送型仓储物品品种多，批量少，需要一定量进库、分批少量出库，往往需要进行拆包、分拣、组配等作业，主要目的是支持销售，注重对物品存量的控制。

(3)中转型仓储，是指在不同运输方式之间对物品进行过渡储存的短期仓储，在不同运输方式的衔接处进行(如港口、车站库场)，应保证不同运输方式的高效衔接，减少运输工具的装卸和停留时间。中转型仓储具有小进大出的特性，货物存期短，注重货物的周转作业效率和周转率。

三、仓储的任务

仓储的重要任务是保管好准备出库或将要配送的商品，主要包括物资存储、数量质量管理、流通加工、配送等。

(1)物资存储，是指在特定的场所保存物品并进行妥善保管，确保物品不受损害。物资存储可以是长期的存储，也可以是短时间的周转存储。物资存储是仓储活动的基本任务。

(2)数量质量管理。仓储的数量管理包括：存货人交付保管的仓储物品的数量和提取的仓储物品的数量必须一致，保管人可以按照存货人的要求分批收货和分批出货，对仓储物品的数量进行控制。仓储的质量管理是指保管人应采取先进的技术、合理的保管措施保管仓储物品，当仓储物品发生货损、货差时，应采取有效措施，减小损失，并及时通知存货人。

(3)流通加工，是指将产品的分装、组装等工序留至仓储过程进行的产品加工，在最接近销售的环节进行加工，目的是满足消费多样化需要。

(4)配送，是指设置在生产和消费集中地区的原材料或产成品的仓储，根据委托人的要求从仓库将仓储物品配送至目的地的业务。仓储配送业务的发展有利于企业减少存货，节省流动资金，保证销售。

四、仓储管理内容和原则

仓储管理就是对仓库及库内的物资所进行的管理，是仓储机构充分利用仓储资源，进行计划、组织、控制和协调等工作，从而提供高效的仓储服务。具体来说，仓储管理包括仓储资源的获得、经营决策、商务管理、作业管理、仓储保管、安全管理、人事劳动管理、经济管理等一系列管理工作。

(一)仓储管理的内容

仓储管理是指服务于一切库存物资的经济技术方法与活动。管理的手段既有经济的又有纯技术的，具体包括如下几个方面：

(1)仓库的选址与建设问题，如仓库的选址、仓库面积的确定、库内运输道路与作业的规划等。

(2)仓库机械作业的选择与配置问题。例如，如何根据仓库作业特点和所储存物资的种类以及其理化特性，选择机械装备以及应配备的数量，如何对这些机械进行管理等。

(3)仓库的业务管理问题。例如，如何组织物资入库前的验收，如何存放入库物资，如何对在库物资进行保管保养、发放出库等。

(4)仓库的库存管理问题。例如，如何根据企业生产需求状况，储存合理数量的物资，既不会因为储存过少引起生产中断造成损失，又不会因为储存过多而占用过多的流动资金等。

此外，仓库作业考核问题，新技术、新方法在仓库管理中的运用问题，仓库安全与消防问题等，都是仓储管理所涉及的内容。

(二)仓储管理的基本原则

(1)经济效益原则。作为市场主体之一的仓储企业，其生产经营活动应以经济效益最大化为目标，但同时也应兼顾其应承担的社会责任，履行环保等社会义务，实现生产经营的社会效益。

(2)效率原则。仓储效率表现在仓容利用率、货物周转率、货物进出库时间、货物装卸时间等指标上。仓储的效率原则就是指以最少的劳动量的投入，获得最大的产出。劳动量包括仓储设施、劳动力等方面。高效率要通过准确的核算、科学的组织、场所的合理安排、空间的优化、机械设备的合理使用以及各部门人员的合作来实现。仓储作业现场的组织、规章制度的制定与执行、完善的约束机制是实现高效率的保证。

(3)服务原则。仓储就是向其客户提供服务，仓储管理需要围绕服务定位，其具体工作应围绕如何提供服务、改善服务、提高服务质量展开。仓储的服务水平与仓储经营成本存在一定程度的对立，服务好，成本往往高，收费也随之增高。仓储管理就是在降低成本和提高服务水平两者之间保持平衡。

第二节　物流节点的选址

物流节点包括仓库、配送中心、物流中心、物流园区和物流基地。物流节点是仓储活动所依赖的物流设施。由于物流节点的建设投资大、周期长、回收缓慢，且一经选定就将长期运营，所以物流节点的规划建设是物流运营的首要问题。因此，企业在决定物流节点的位置时，必须谨慎参考相关因素，并按适当步骤进行。

一、物流节点选址的程序和步骤

在进行物流节点选址时，可以按照图 2-1 所示的程序进行：

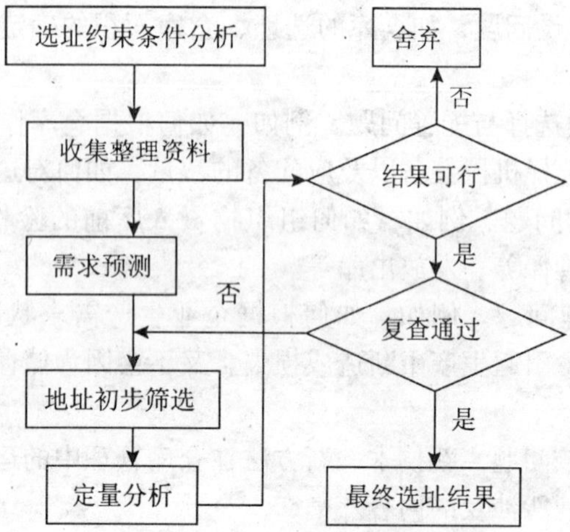

图 2-1　物流节点选址程序图

具体来说，可以分为以下几个步骤：

(1)选址约束条件分析。首先要明确物流节点的必要性、目的和意义。然后根据物流系统的现状进行分析，确定需要了解的基本条件。一般包括需求条件、运输条件、配送服务条件、用地条件、法规制度等。

(2)收集整理资料。主要是要掌握业务量(包括工厂到物流节点之间的运输量、向顾客配送的货物数量、物流节点的保管数量、配送路线的业务量)和费用(包括运输费、配送费、可变费用、固定费用等)及工厂方位、各候选地址的配送路线及距离等。

(3)需求预测。因为物流节点一旦建成将运行多年，但是企业的运营环境和客户需求是在不断变化的，所以应该根据收集整理的资料预测以后的业务量状况，以便灵活应对日后的需求变化。

(4)地址初步筛选。对收集的资料进行充分的整理和分析，考虑主要的影响因素、约束条件和需求预测情况，初步确定选址范围，即初始候选地点。

(5)定量分析。针对不同的情况选用不同的选址模型进行精确计算，对候选地点进一步筛选，得出结论。

(6)结果评价。结合市场适应性、服务质量、经济性等，对计算结果进行评价，看是否具有可行性。

(7)复查。对其他影响因素赋予一定的权重，采用加权法对结果进行复查，如果复查通过，则原计算结果即为最终结果，否则对地址做重新初步筛选。

(8)确定最终选址结果。如果第七步复查通过，则原计算所得的结果就为最终的选址结果。但是要注意的是所得的解有可能只是满意解，而不是最优解。

二、物流节点选址的影响因素

物流节点位置的影响因素很多，既有微观的，又有宏观的；既有定量的，又有定性的。归纳起来应该考虑的因素大致可分为以下几种：

- 配送中心选址的影响因素
  - 自然环境因素
    - 气象条件
    - 地理条件
    - 水文条件
  - 经济环境因素
    - 商品特性
    - 服务水平
    - 物流费用
    - 人力资源条件
  - 基础设施因素
    - 交通条件
    - 公共设施状况
  - 社会环境因素
    - 政策环境
    - 环境保护要求
    - 国土资源利用情况

(一)自然环境因素

(1)气象条件：主要考虑自然环境中的湿度、盐分、降雨量、降雪量、风向、风力等。特别要考虑地震、山洪、泥石流、台风等自然灾害对物流节点的影响，必须特别留意并避免被损害。选址时还要避开风口以避免加速露天堆放商品的老化。

(2)地理条件：物流节点应选择地势较高、地形平坦之处，且应具有适当的面积与外形。地形坡度应在1%～4%，在外形上可选择长方形，不宜选择狭长或不规则形状。另外还要考虑地质情况，土壤承载力要高。

(3)水文条件：物流节点应远离容易泛滥的河川流域与地下水上溢的区域。洪泛区、内涝区、故河道、干河滩等区域绝对禁止选择。

(二)经济环境因素

(1)商品特性：经营不同类型商品的物流节点需结合商品所属的产业结构和产业布局来考虑，分布在不同的地域。

(2)服务水平：在物流节点选址时，应考虑保证客户在任何时候向物流节点提出需求时，都能获得快速满意的服务。能否实现准时正确的运送是物流节点服务水平高低的重要指标。

(3)物流费用：物流费用是物流节点选址的重要考虑因素之一。大多数物流节点选择接近物流服务需求地，如接近大型工业、商业区，以便缩短运距、降低运费等物流费用。

(4)人力资源条件：在高效的配送作业中，数量充足和素质较高的劳动力也是很重要的因素。因此物流节点选址时必须考虑专业技术工人、熟练工人和其他劳动力的来源及数量、质量能否满足物流节点的需求。

（三）基础设施因素

（1）交通条件：交通条件是影响物流配送成本及效率的重要因素之一，交通不便将直接影响车辆配送的进行。因此一般物流节点应尽量选择靠近交通枢纽的位置，如紧邻港口、交通主干道、铁路编组站或机场等，而且要便于两种或两种以上的交通方式联运。

（2）公共设施状况：物流节点所在地要求城市道路、通信等公共设施齐备，有充足的动力、能源供应条件，且周边要有污水、废物处理能力。

（四）社会环境因素

（1）政策环境：政策环境是物流节点选址评估的重点之一。如果有政府的政策支持，更有助于物流节点的发展。政策环境条件包括企业优惠措施、城市规划、地区产业政策等。

（2）环境保护要求：物流节点选址既要考虑保护自然环境与人文环境等因素，还要尽可能降低对城市生活的干扰。

（3）国土资源利用情况：我国国土资源相对紧张，因此物流节点的选址应注意节约用地，充分利用土地资源。此外应该在考虑现有地价及未来增值状况下，配合未来可能扩充的需求程度，决定最合适的面积，并且兼顾区域与城市规划用地的因素。

三、物流节点选址的方法

物流节点选址的方法很多，既有定性的方法，如专家选择法、头脑风暴法、PERT 法等；也有定量的方法，如重心法、线性规划模型、整数规划模型、混合整数规划模型、动态模型等；还有定性与定量相结合的方法，如层次分析法、模糊评价法等。这里主要介绍重心法。

重心法是单物流节点选址模型中普遍采用的一种基本的解析方法。这种方法考虑现有设施之间的距离和运输的货物量，根据给定的供给点与需求点的坐标以及节点之间的运输量，将运输成本最低作为选址决策的唯一目标，见图 2-2。

（一）重心法模型

设有 n 个客户，各自的坐标点为 (x_i, y_i)，$i=1,2,\cdots,n$，物流节点的坐标点为 (x_0, y_0)，用 a_i 表示从物流节点到客户 i 的单位运输费，w_i 表示到客户 i 的运输量，d_i 表示从物流节点到客户的直线距离，即：

$$d_i=\sqrt{(x_0-x_i)^2+(y_0-y_i)^2} \tag{2.1}$$

则运输费总额为：

$$H=\sum_{i=1}^{n} a_i w_i d_i=\sum_{i=1}^{n} a_i w_i \sqrt{(x_0-x_i)^2+(y_0-y_i)^2} \tag{2.2}$$

要求 H 值最小的物流节点位置，对 x_0、y_0 分别求偏微分，令 $\frac{\partial H}{\partial x_0}=0$，$\frac{\partial H}{\partial y_0}=0$，得到 x_0、y_0 的最佳位置为：

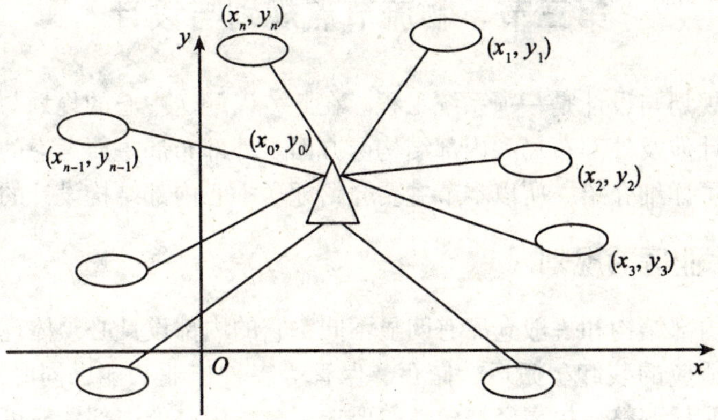

图 2-2　重心法选址图

$$x_0^* = \sum_{i=1}^{n} \frac{a_i w_i x_i}{d_i} \Bigg/ \sum_{i=1}^{n} \frac{a_i w_i}{d_i} \tag{2.3}$$

$$y_0^* = \sum_{i=1}^{n} \frac{a_i w_i y_i}{d_i} \Bigg/ \sum_{i=1}^{n} \frac{a_i w_i}{d_i} \tag{2.4}$$

上述两式中仍含有未知数 d_i，所以一次不能求出 x_0^*、y_0^*。实际上可以设定初始值，通过反复迭代收敛的方法求得运输费用最小值。

(二)迭代法的计算步骤

(1)忽略距离 d_i，根据重心公式求得待选址设施的初始坐标(x_0, y_0)：

$$x_0 = \sum_{i=1}^{n} a_i w_i x_i \Bigg/ \sum_{i=1}^{n} a_i w_i$$

$$y_0 = \sum_{i=1}^{n} a_i w_i y_i \Bigg/ \sum_{i=1}^{n} a_i w_i$$

(2)根据第一步求得的(x_0, y_0)计算出 d_i。

(3)将 d_i 代入式(2-2)、式(2-3)和式(2-4)，求出 H^0 和修正的(x_1, y_1)。

(4)根据修正的(x_1, y_1)重新计算 d_i。

(5)重复第四步与第五步，求出 H^1 和修正的(x_2, y_2)。

(6)把 H^0 和 H^1 进行比较，直到 H 的变动小于理想的精度。

(7)根据求得的最佳选址结果计算运输总成本。

重心法模型是连续型模型，相对于离散型模型来说，物流节点地点的选择是不加特定限制的，可以自由选择。但是重心法模型也有缺点，它的自由度过多，迭代计算就会非常复杂，由迭代法求得的最佳地点往往在实际中很难找到，并且有的地点可能不符合实际情况，比如在河流湖泊上或街道中间。

第三节 物流节点规划与设计

物流节点的规划与设计是一项系统工程。在此，以配送中心的规划与设计为例。配送中心的规划与设计涉及外部布局和内部结构两方面。外部布局主要考虑的是物流节点的选址，上一节已做了详细介绍，所以本节主要介绍配送中心内部结构设计的相关内容。

一、基本作业区的规划

配送中心的内部结构和一般仓库有明显不同，它的内部设计必须体现其职能要求，具有与商品流动相适应的装卸、搬运、储存、保管等多种作业功能，同时还应满足易于管理、灵活应对作业量调整、提高经济效益等要求。配送中心的内部一般可划分为以下作业区域类型：

(1)进货区。该区域完成接货及入库前的工作，如接货、卸货、清点、检验、分类等各项准备工作。接货区的主要设施包括进货铁路或公路、装卸货站台、暂存验收检查区域。

(2)储存区。该区域储存或分类储存所进的物资，属于静态区域。该区域所占面积较大，在许多配送中心往往占总面积的一半左右。在存储区建有专门的仓库，在这个区域内一般都建有专用仓库(包括现代化的立体仓库)，并且配置着各种设备，包括各种货架、叉车和吊车等起重设备。从位置上看，储存区多设在紧靠接货站台的地方，也有的设在加工区的后面。

(3)理货区。该区域是配送中心的核心作业区，主要进行分货、拣货、配货作业，目的是为送货作准备。区域面积随配送中心的类型不同而有所差别。一般而言，拣选货和配货工作量比较大的配送中心，其理货区的面积比较大。在理货区内也配置着许多专用设备和设施，包括手推载货车、重力式货架和回转式货架、升降机、传送装置、自动分拣棚等。

(4)配装区。该区域主要用来放置和处理待发送的货物。在配装区内，工作人员要根据每个货主的货物数量进行分放、配车和选择装运方式(单独装运或混载同运)。因在配装区内货物转瞬即出、停留的时间不长，所以，货位所占的面积不大。另外，有一些配送中心的配装区是并入理货区或发货区的。在配装区内一般配置一些计算工具(微机)、小型装卸机械和运输工具。

(5)出货区。该区域主要用来将组配好的货物装车外运，和进货区类似，也是由运输货物的线路和接靠载货车辆的站台、场地等组成的。

(6)流通加工区。该区域是根据客户要求或为装运方便对货物进行流通加工的区域。该区域配备有加工设备(如剪床、锯床、打包机等)。因为加工工艺有别，各个配送中心的加工区所配置的设备也不完全相同。和储存区一样，加工区所占的面积也比较大，尤其是煤炭、水泥、木材等生产资料加工区，所占面积更大。

除了以上主要的作业区域外，配送中心还设有管理区、退货处理区、废弃物处理区等。

二、物流节点整体布局设计

根据规划资料完成各作业程序及作业区域规划后，就可进行空间区域的布局规划。配送中心整体布局的程序如图 2-3 所示：

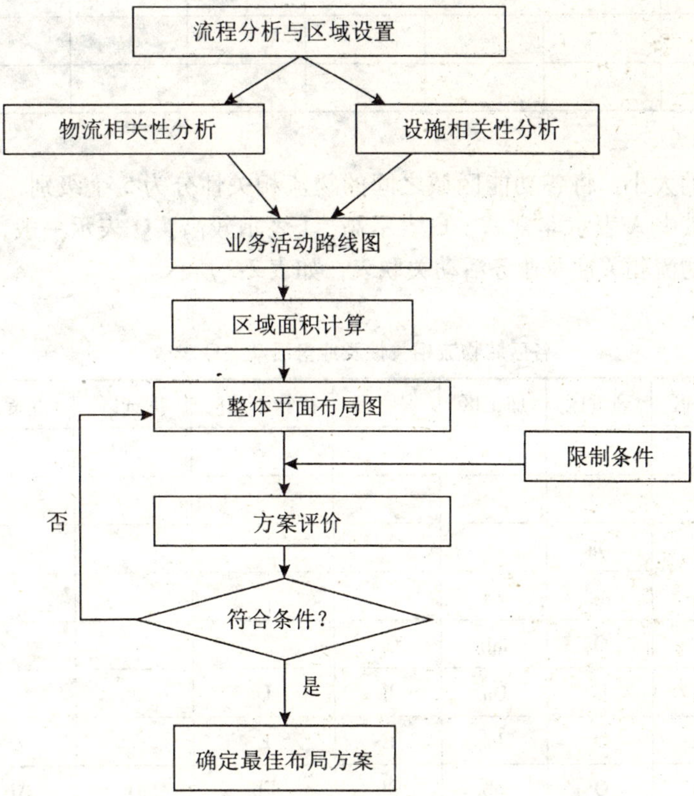

图 2-3　配送中心布局流程图

(一)物流相关性分析

首先汇总各项物流作业活动从某区域至另一区域的物流量(单位需统一，单位不同的必须换算成同一单位)，再计算其物流量的总和。物流量分析如表 2-1 所示：

表 2-1　　配送中心物流量分析表

	进货	分类	流通加工	仓储	分拣	配货	发货	合计
进货								
分类								
流通加工								

续表

	进货	分类	流通加工	仓储	分拣	配货	发货	合计
仓储								
分拣								
配货								
发货								
合计								

根据物流量的大小，将各功能区域之间的物流相关性分为5个级别，分别用A、E、I、O、U表示，其中A表示非常高，E表示高，I表示较高，O表示一般，U表示不高。由此得到各区域物流相关性及业务活动关联表，如表2-2所示。

表2-2 各区域物流相关性及业务活动关联表

	进货区	理货区	加工区	保管区	特殊商品区	拣选区	发货区	办公室
进货区								
理货区	Aa							
加工区	Ua	Oa						
保管区	Ua	Aa	Ea					
特殊商品区	U	O	Iab	Oa				
拣选区	Ua	U	Oa	B	O			
发货区	Ua	U	Ia	E	E			
办公室	Ab	O	Ob	Ob	Eb	Ab	Ab	

注：a表示对商品流程方便，b表示对票据流程方便。

（二）设施相关性分析

在对配送中心内部进行设计时，除了与物流有关的功能区域外，还有许多管理或辅助性的功能区域，如办公室、道路等。这些区域与物流功能区域有密切的业务关系，因此有必要对所有区域进行业务活动相关性分析，分析顺序如下：

（1）列举必要的设施，如办公室、绿化地、仓库、正门等，包括配送中心的建筑物及具体的各项内部设施。

（2）编制业务活动关联表。对各项业务活动做靠近性分析。不仅要分析商品的流程、票据的流程、作业人员的管理范围，还要考虑以下因素：组织与管理框架、是否使用共享设备和相同空间区域、工作环境改善、提升工作效率及人员作业区域分布等，从不同角度进行合理判断。确定各区域接近程度的等级后，基于不同的关系程度加以分析，作为布置参考的依据。

(三)业务活动路线图

根据上面分析的结果得出各业务活动相互位置的关系图，如图2-4所示，以粗线(表示关联程度非常重要)、细线(表示关联程度重要)表示相互关系的强度。

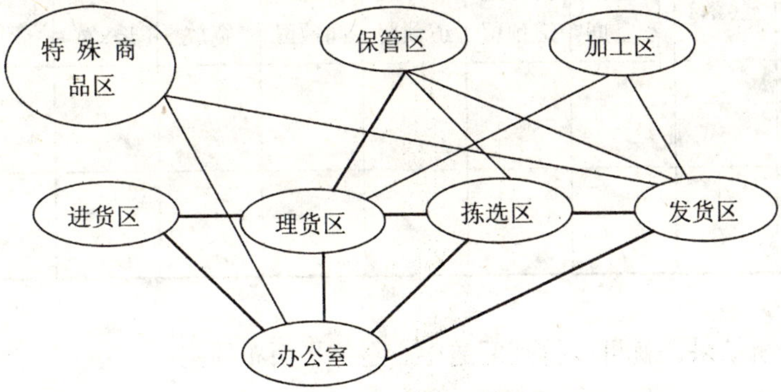

图2-4 业务活动关系图

(四)区域面积计算

按上述方法设计出设施关联方案后，再计算这些设施所需面积。可以先按作业量算出基本预估面积，然后再根据实际情况加以调整。

假设单位面积作业量为：保管设施：1吨/米^2；处理货物的其他设施：0.2吨/米^2。

假如每天处理货物100吨，入库量为50吨，出库量为50吨，每天需求量为5吨/日，仓库通常储备一个星期的需求量，则面积估算如表2-3所示：

表2-3 设施面积估算表

序号	设施名称	每日作业量(吨)	单位面积作业量(吨/米^2)	设施面积(米^2)
1	进货区	50	0.2	250
2	理货区	30	0.2	150
3	加工区	5	0.2	25
4	保管区	70	1.0	70
5	特殊商品区	5	0.2	25
6	拣选区、发货区	50	0.2	250
7	办公室			50
合计				820

得到估算面积后，对作业区域面积作进一步的分析，以确定最终合理面积。作业区域面积分析表如表 2-4 所示：

表 2-4　　作业区域面积分析表

作业区域	基本预估面积		区域面积调整比例						调整后的面积	
	长（米）	宽（米）	作业活动空间	内部通道预留	外部通道预留	扩充空间预留	事项宽放	大小（长×宽）	长（米）	宽（米）

综合上述分析结果，就可以得到配送中心整体平面布局图。

（五）方案评价

这一阶段主要是根据规划的基本原则和预算等对方案进行评估，最常用的评估法是计算方案的投资金额以及经济效益，如果都达到预算要求，就可以确定最佳方案，否则要对方案做适当的调整。

总之，配送中心的规划与设计是一项复杂的系统工程，需要考虑的因素非常多，在进行规划时，要各部门的人员密切配合，同时也需要多方面的人才，如管理、物流、建筑、机电、计算机等。在规划过程中，不仅要按照理论的程序进行，而且要结合实际情况做适当的调整，以得到最佳的设计方案。

第四节　仓储主要作业流程

一、入库作业流程

（一）商品入库准备

仓库应根据仓储合同、商品入库凭证等文件及时地进行库场准备。做好入库前的准备工作，可以保证货物准确、迅速、安全入库。货物入库前的准备工作需要由仓库的管理、业务、设备作业等部门分工合作，共同完成。主要包括以下几方面的工作：

（1）编制仓储计划。首先，仓库管理人员应通过查阅货物资料、询问存货人等途径了解入库商品的具体情况，如品种、规格、数量、包装、单件体积、重量、确切的到库时间、商品存期、商品的物理化学特征、保管要求；其次，仓库管理人员应动态地掌握仓库货位的使用情况、机械设备条件、劳动力情况等；最后，仓库业务部门根据掌握的详细信息，制订仓储计划，并将各项具体任务下达给各个相应的作业单位。

(2)货位准备。仓库管理人员根据入库商品的类别、性能、数量、包装、存放时间等情况，结合仓库分区、分类、定位保管的要求，核算占用货位大小，根据货位使用原则，妥善安排货位。仓库员负责具体的货位准备工作，比如腾仓、清洁货位、清理排水系统、消毒除虫等。

(3)苫垫材料准备。根据入库货物的性能、保管要求、数量及库场的具体条件确定堆垛方法，制订苫垫方案，准备好苫垫物料，以确保入库货物的安全。

(4)设备器具准备。大批量或大型货物入库，必须有装卸搬运机械的配合。仓库应事先设计好装卸搬运工艺，做好设备的申请调用工作；准备好验收用的检验工具，如衡具、量具等，并检测准确。

(5)资料准备。仓库员对货物入库所需的各种报表、单证、记录簿(如入库记录、理货检验记录、料卡、残损单等)按要求准备妥当，以备使用。

(二)货位安排

(1)货位规划。货位是指货物在仓库中存放的具体位置。货位规划要充分满足货物的保管要求和作业的方便。货位安排应该注意以下几项规则：根据货物的货量、尺度、特性、保管要求选择货位；根据商品周转情况安排货位；根据储存商品的作业要求合理选择货位；根据作业分布安排货位；预留一定的储备货位，以便物品大量入库时可以有货位进行调剂。

(2)货位使用方式。在实际操作中，仓库货位的使用主要有以下三种方式：固定货物的货位、不固定货物的货位、分区分类固定货物的货位。

(3)货位编号。货位编号就是将物品存放场所按照位置的排列，采用规定的货位编号方法，对每一个货位进行编号，以便存取货物速度的提高。货位编号通常采用四号(位)定位法。例如，在仓库四号定位法中，四组数字依次代表仓库编号、库门编号、库内柱子编号、库内货位编号。

(三)仓储能力的确定

在确定单位货位具体能够储存多少物品时，要以该物品所占用的单位仓容定额作为统计基础。单位仓容定额是指在一定的条件下，单位面积允许合理储存的货物的最高数量。在实践中，单位仓容定额通常是由库场单位面积技术定额和货物单位面积堆存定额两项指标取最小值来确定的。单位面积技术定额是指库场地面设计和建造所达到的强度。货物单位面积堆存定额一般是由货物本身的性质及其包装强度所决定的。

(四)物品验收入库

物品验收是指按照验收业务流程，通过核对凭证等规定的程序和手续，对入库物品进行数量和质量检验的经济技术作业的总称。所有到库物品，在入库前必须进行检验，验收合格后填写入库验收单(见表2-5)，方可正式入库。

表 2-5 入库验收单

编号：　　　　　　　　　　　　　　　　　　　　　　　　日期：　　年　月　日

入库名称		数量	
验收部门		验收人员	
验收记录		结果	□合格 □不合格
入库记录	入库单位	入库部门	
	主管经办	主管入库人	

物品查验方式分为全验和抽验。物品检验包括：

(1)数量检验。数量检验一般包括称重、计件、检尺求积等过程。称重，即对以重量为计量单位的物品，进行称重检验，所有经数量检验的物品都应填写数量检验单。计件，即对以件数为单位的物品进行件数的理算。一般情况下，固定包装物的小件物品，如果外包装完好，则无需开包验数，进口物品按合同或惯例办事。检尺求积，即对以体积为计量单位的物品所作的检尺、求积的数量检验，如木材、轻泡货物等。检尺求积的货物应根据实际检验结果填写数量检验单。

(2)质量检验。质量检验包括外观质量检验和内在质量检验。外观质量检验包括：包装外观检验，即通过人的感觉器官，检查物品的外包装或装饰有无被撬开、开缝、污染、破损、水渍等不良情况，检查外包装的牢固程度；物品外观检验，即对无包装的物品，直接查看其表面，检查是否有撞击、变形、生锈、破碎等损害；标签、标志检验，即检查物品是否有标签、标志，是否完整、清晰，标签、标志与物品内容是否一致；气味、颜色、手感检验，即对某些特定的物品必须通过物品的气味、颜色、手感来判定其是否新鲜，有无变质，是否有干涸、结块、融化等现象。内在质量检验是对物品内在质量和物理化学性质所进行的检验。对物品内在质量的检验需要一定的技术支持和检验手段。由于目前大多数仓库并不具备这些条件，所以，一般内在质量检验均由专业技术检验单位进行，经检验后出具检验报告。

(3)物品重量、尺寸检验。对入库物品的单件重量、货物尺寸进行测量。

(4)日期检验。对物品的生产日期、出厂日期、保质期进行检查，看物品是否在有效日期的范围之内。

(5)开包检验。外观或包装损坏的物品，有时可能影响其质量，检验人员判定物品内容有受损可能时，就应该开包检验。开包检验必须有两人以上在场。检验后，根据实际情况及时封存或更换新包装，并印贴已验收的标志。

(五)物品入库的交接手续

入库物品在检验合格后由仓库管理部门签收方可入库，并留存相应单证。同时，仓库应在入库单证上生成该批货物的货位编号，以便仓库管理。对验收过程中发现差错、破损等不良情况的物品，仓库必须在单证上详细注明情况，并由双方当事人签字，以便与供货方、承运方分清责任。

(1)登账。即建立入库货物明细账。该明细账动态地反映货物进库、出库、结存等详细情况。该明细账的主要内容有：货物名称、数量、规格、累计数或结存数、存货人或提货人、批次、单价、金额、货物的具体存放位置等。仓库物资保管部门负责该明细账的登记和管理，凭此进行货物的进出业务活动。

(2)立卡。物品入库后，仓库保管员要将商品的名称、数量、规格、质量状况等详细信息编制成一张储位登记卡(见表2-6)，即物资的保管卡片，并将卡插放在存放相应货物的货架上或货垛的显著位置。这个过程即为立卡。

表2-6 **储位登记卡**

登记卡编号：

储位条码		(粘贴储位条码处)	物品条码	(粘贴物品条码处)	
储位标志			储位管理对象		
序号	时间	入库数量	出库数量	结存数量	备注
1					
2					
3					
…		…	…	…	
合计					/

(3)建档。这是将货物入库作业全过程的相关资料进行整理、核对，建立档案，为物资的保管及出库业务创造良好条件。

二、出库作业管理

(一)催提

催提是指仓库通过传真、电话、信件、EDI等方式向提货人或存货人发出提货通知的行为。

催提工作应该在存货到期日的前一段时间进行。如果仓储合同中约定了催提时限，则应根据合同约定的期限催提；如果合同没有约定，仓库应该在合理的提前时间内催提，保证提货人有足够的准备时间。

(二)核单备货

货物出库必须根据货主出具的“提货单”或“物品调拨单”(见表2-7)等正式出库凭证进行，严禁无单或白条发料。仓库接到出库凭证后，应交由业务部门进行仔细审核。核对的主要内容包括：审核出库凭证上的印鉴是否齐全、相符、有无涂改，以判断其真实性、合法性；核对出库物品的品名、规格、型号、数量、收货单位、银行账号等具体项目；审核出库凭证的有效期。审核无误后，业务部门将出库凭证移交给仓库保管人员，保管员复核无误后，应该根据出库凭证备货。备货应该遵循“先进先出、易霉易坏先出、不利保管先出、零数先出”的原则。

表 2-7 物品调拨单

从　　仓至　　仓　　　编号：　　　　　　　　　　日期：　　年　月　日

序号	料号	品号	单位	调拨数量	实收数量	备注

发料员：　　　　仓库主管：　　　　调拨部门主管：　　　　收料人：

备注：本单一式三联：第一联：仓库；第二联：会计；第三联：调拨部门。

备货的主要任务包括：

(1)根据出库凭证所列的货物的品名、规格、数量等要求备货。同时，准备好随货出库的货物技术资料、合格证、质量检验书等资料。

(2)检查和整理出库物品的包装及标志。出库物品的包装应符合运输方式的要求。发现残损、潮湿、松散的不良包装时，应该负责更换和加固处理。标志模糊或脱落的，要进行补刷或补贴。

(3)有装箱、拼箱、改装等业务的仓库，在发货前，应根据货物的性质和运输部门的要求进行组合配装，准备各种包装材料、衬垫物以及刷写包装标志的各种用具和材料。

(4)复核出库凭证所列物品的名称、规格、数量、包装、重量等与实物是否相符。

(5)将出库物品搬运到备货区，以便及时装运。

(三)物品出库的形式

(1)自提出库。即由收货人或其委托人持“提货单”或“物品调拨通知单”直接到仓库提货。

(2)送货出库。即仓库保管部门根据货主提交的“提货单”或“物品调拨通知单”备货，然后把应发物品送交运输部门，送达收货单位。

(3)移库出库。即货主单位由于业务上的需要或保管条件的要求，将某批物品从 A 仓库转移到 B 仓库的一种发货形式，对于 A 仓库来说是出库。仓库必须根据货主单位开出的正式移库单，办理移库手续。

(4)过户出库。即仓库储存物品的所有权转移，物品不出库。仓库必须根据原货主单位开出的正式过户凭证办理过户手续。

(5)取样。即提货单位出于了解物品质量以及其他业务的需要，到仓库提取货样。仓库同样必须根据货主的取样凭证发出样品，并做好相应的账务处理。

(四)出库交接

无论是哪一种出库方式，仓库都应该仔细核对提货凭证，认真核实提货人身份，避免出现多发货、错发货等情况。经全面复核无误后，即可办理清点交接手续。

仓库与运输部门或提货人的出库交接应在仓库现场办理交接手续，以此划清责任。运输部门则需根据货主指定的地点，送货并办理交接手续，明确责任。在自提方式下，仓库发货人与提货人在仓库现场当场交接清楚，并办理签收手续。

(五)货损货差

货物在仓库保管过程中发生的损耗，应该控制在仓储合同规定的合理范围之内。一般情况下，合理损耗应由货主单位承担，超过合理范围的损耗则应由仓储部门承担，并追究相关的责任人。如果是运输过程中发生的货损货差，则应由承运人负责赔偿。

第五节 商品养护与仓储合理化

一、商品养护

(一)温湿度控制

温度和湿度是影响物品质量变化的主要外界因素，库存物品发生变化，大部分与空气的温度和湿度有关。不同的物品要求一定的温度和湿度，为了满足各种物品所要求的温湿度，必须对库内温湿度进行有效的控制。库内温湿度的变化直接受库外气候条件的影响。因此，应了解各种物品最适宜的温湿度范围，掌握库内外温湿度变化的客观规律，以便采取相应的措施把库内温湿度控制在一定的范围内。

(二)金属的锈蚀与防护

金属由于周围介质的化学作用或电化学作用而发生的损坏叫做金属的腐蚀。习惯上金属在大气中的腐蚀称为锈蚀或生锈。据统计，全世界每年因腐蚀而损耗的金属占全年金属总产量的十分之一，而每年由于腐蚀和报废的金属材料或设备相当于金属年产量的三分之一。

金属锈蚀主要是由于电化学腐蚀而引起的，所以，金属防锈主要是破坏形成电化学腐蚀的条件，抑制电化学腐蚀的进行。金属锈蚀的内在因素无法改变和控制，所以只能根据影响金属锈蚀的外在因素采取相应的措施。

(1)防水、防潮，保持干燥。在露天存放的金属材料和设备，主要应预防大气降水的直接侵蚀，做好下垫上苫，存入料棚的金属材料应主要防止漏雨和潲雨；金属库房应保持干燥，其相对湿度应控制在临界湿度以下，为此可综合采用通风、密封、吸湿等方法。

(2)避免库内温度急剧变化。温度的变化直接影响库内空气的饱和湿度。如果库内温度骤然下降就有可能在存放的金属表面出现结露现象。应尽量缩小库内外的温差和库房内昼夜温差。特别是在冬季，白天供暖时室温较高，夜间不供暖时温度下降，很容易产生结露现象。另外，在冬季，库外的金属材料和设备应选择库内外温差小的时机入库。不然，温度很低的金属材料入库后与温度比较高的空气接触，也有可能出现结露现象。对于有包装的仪器设备，入库后可先放置一段时间，待设备的温度与库内气温相接近时再进行拆装。

(3)尽量避免有害气体的影响。有害气体对金属锈蚀产生直接影响。有害气体主要是工业废气，在城市的仓库中很难加以避免，但可以采取一些措施减小其危害程度。例如，物品仓库特别是露天料场，应与产生工业废气的工厂、车间、铁路干线、锅炉房、浴池等保持一定的距离，库房则应具有较好的密封性，物品保管场所应处于有害气体源的上风向等。

(4)防尘、除尘，搞好卫生。金属材料上落有灰尘，将加速金属的锈蚀，所以库房、料棚、料场都应注意防尘和除尘。防尘主要是通过对物品的苫盖和密封，而除尘则应使用除尘器。另外，应使物品仓库远离储灰场、储煤场和储沙场，材料场范围内应硬化地面和绿化库区，防止起尘。库区内不应堆放垃圾及杂物，保持库区的清洁卫生。

(5)文明装卸，防止机械损伤。新出厂的金属材料，特别是新轧制的钢材，表面有一层氧化膜，有一定的防护作用；有些金属材料及制品，出厂前已经进行了表面钝化处理，有较好的防腐蚀性能。在物品的装卸搬运过程中，应注意文明装卸，保持其防护膜不受损坏。

(三)霉变防治

某些库存物品如纤维制品、竹木制品、橡胶塑料制品、皮革制品等，在夏季常会发生霉变，俗称发霉。物品的霉变是由霉菌引起的，所以为了防止物品发霉，必须了解霉菌生长繁殖的条件及规律，以便采取相应的措施，有效抑制霉菌的生长和繁殖，从而达到物品防霉变的目的。主要方法有：

(1)恶化霉菌生长繁殖的条件。霉菌的生长和繁殖需要一定的温度、湿度、营养物质、氧气等，库存的某些物品本身就是霉菌的营养物质，这是不能改变的；氧气就体积来说占空气的21%，充满任何一个角落，这种客观存在也是不能改变的，因而，恶化霉菌生长繁殖的条件只能从控制温湿度方面来考虑。

霉菌要求的相对湿度为75%～90%，在干燥的环境中，霉菌缺少水分，新陈代谢活动就会停止，导致死亡。实践经验表明，如果相对湿度在70%以下，霉菌就不能生长和繁殖，物品也就不会发霉，所以控制库内湿度是防止物品发霉的最根本最有效的措施，也可以说防霉的最根本措施就是防潮，同时，由于大多数物品怕潮湿，所以防潮防霉结合起来进行是最合理的。

(2)使用化学药剂防霉。为了防止库存物品发生霉变，所使用的化学药品称为防霉剂，防霉剂对霉菌的生长和繁殖有很强的抑制作用，它可以造成新陈代谢的停止和菌体的死亡。常用的防霉剂有五氯酚钠、水杨酰苯胺、多菌灵、多聚甲醛等。

用化学药剂防霉应与生产部门密切配合，在产品生产过程中就加入适量的防霉药剂，这样既方便，效果又好。

(四)物品霉变后的救治

对库存物品的霉变应以预防为主，但一经发现某种物品已发霉，就应及时采取救治措施，以防进一步发展蔓延，造成更大的损失。通常多采用下列一些救治方法：

(1)晾晒。对于不怕太阳光暴晒的发霉物品，可直接放在太阳光下暴晒，一方面可提高温度，另一方面可使物品中的水分散发，在高温干燥的环境下使霉菌死亡。对于不适宜暴晒的物品，不要用阳光直接照射，可在通风的条件下，拆垛摊晾，使水分蒸发，慢慢干燥，使霉菌在缺水的情况下死亡。经过晾晒的物品，应将霉菌残体刷除干净，并待其温度降至室温后方可包装归垛。

(2)烘烤。烘烤一般在密闭的烘箱或烘房内进行，热源可以是电阻丝加热或红外线照射。烘烤时要用温火，接近烘烤物的温度不宜超过45℃，并应经常翻动，烘烤能使物品干燥，使霉菌因缺水而致死。

(3)熏蒸。在密封的条件下，利用熏蒸药剂进行熏蒸。常用的熏蒸剂主要有溴甲烷、环氧乙烷等。霉菌的不同发育阶段对熏蒸气体的抵抗力不同，孢子刚萌发的菌丝抗药力最弱，这是熏蒸的最好时机。

(4)照射。照射是利用紫外线直接照射发霉的物品，因为紫外线具有很强的杀菌能力，杀菌效力最高，霉菌吸收紫外线后，蛋白质和核酸发生变异，导致菌体死亡。通常是在库内、货架内或料垛周围安装紫外光灯，进行定期照射，每次照射时间一般为20～50分钟。

二、仓储管理合理化

(一)仓储合理化的概念

仓储合理化的含义是用最经济的办法实现仓储的功能。仓储的功能是对需要的满足，这是合理化的前提和本质。仓储的不合理往往表现在对仓储功能实现的过分强调，因而是过分投入仓储力量和其他仓储劳动所造成的。所以，合理仓储的实质是，在保证仓储功能前提下实现尽量少的投入，也是一个投入产出的关系问题。

合理仓储，就是要保证货畅其流，要以满足市场供应不间断为依据，以此确定恰当的仓储定额和物品品种结构，实现仓储的合理化。如果仓储过多，就会造成物品的积压，增加资金占用，使仓储保管费用增加，形成物品在库损失，造成巨大的浪费。如果仓储过少，又会造成市场脱销，影响社会消费，最终也会影响国民经济的发展。因此，仓储的合理化具有很重要的意义。

(二)仓储合理化的途径和方法

(1)科学选址。仓库设置的位置，对于物品流通速度的快慢和流通费用的大小有着直接的影响。仓库选址要考虑临近的交通运输条件；宜建于中心地，与各销售单位呈辐射状；应掌握物流距离最短的原则；尽可能避免物品运输的迂回倒流；大型仓库的地址要具备铺设铁路专用线或兴建水运码头的条件；考虑到集装箱运输的发展，还应具有大型集装箱运输车进出的条件，附近的道路和桥梁要有相应的通过能力。

(2)设置合理的物品存储数量和品种结构。影响合理的储存数量和品种结构的因素很多，首先取决于社会需求量，社会需求量越大，库存储备量就越多；其次是运输条件，运输条件好，运输时间短，则仓储数量可以相应减少；再次是物流管理水平和技术装备条件，如进货渠道、中间环节、仓库技术作业等，都将直接或间接地影响物品库存量的水平。

(3)控制物品的周转天数。每类物品要有恰当的储备保管天数。合理的仓储时间要求储备天数不能太长也不能太短，储备天数过长就会造成资金占用，储备天数过短就不能保证供应。仓储时间主要应根据流通销售速度来确定，其他如运输时间、验收时间等也是应考虑的影响因素。此外，某些物品的仓储时间还受该物品的性质和特点影响。

(4)科学进行仓储网络分布。仓储网络分布指不同地区仓储的数量比例关系。仓储网络分布可用于判断仓储数量与当地需求比，对需求的保障程度，也可以由此判断对整个物流的影响。仓储网点布局直接影响到仓库供货范围，对生产领域和流通领域都有较大的影响。生产系统的企业仓库网点少，储存量相对集中，库存占用资金较少，但要求送货服务质量水平很高，否则，可能延误生产过程。流通系统的批发企业仓储网点相对集中，要考虑相对加大储存量，以起到“蓄水池”的作用；零售企业一般附设小型仓库，储存量较小，应当加快商品周转；采用集中配送货物的连锁店，可将库存降至最低水平甚至是“零库存”。

(5)保护物品质量。保证仓储物的质量，是完善仓储功能的根本要求，只有这样，物品的使用价值才能通过物流之后得以最终实现。在仓储中增加了多少时间价值或是得到了多少利润，都是以保证质量为前提的。所以，仓储合理化的主要标志中，为首的应当是反映使用价值的质量。

此外，运用现代的物流技术和仓储设备，提高仓储管理的信息化程度，提高作业人员的专业技能，运用科学的管理技术和方法，有选择性地进行仓储业务外包，重点降低存货持有成本，等等，都是仓储合理化的途径和方法。

本章小结

仓储是指物品在从生产地向消费地的转移过程中，在一定地点、一定场所的一定时间的停滞。物品在流通领域中暂时的停滞过程，就是物品仓储。仓储是物流的一种运动状态，是物品流转中的一种作业方式，在这里对物品进行检验、保管、加工、集散、转换运输方式等多种作业。仓储是物流的主要职能之一，也是物品流通不可缺少的环节。仓储管理是现代物流创造价值、增加价值的重要环节之一，如果说运输是创造物品的“地点价值”，那么物品仓储则是创造物品的“时间价值”。

仓储管理主要涉及商品的出入库作业管理、储存管理和仓储合理化三个方面。商品的入库作业管理主要包括商品入库准备、货位安排、仓储能力的确定、物品检验和入库交接几个重要部分；商品的出库作业管理主要包括催提、核单备货、出库交接、货损货差的责任归属等几个部分。仓储合理化是用最经济的办法实现仓储的功能。合理仓储，就是要保证货畅其流，要以不间断满足市场供应为依据，以此确定恰当的仓储定额和物品品种结构。

关键概念

堆垛(stacking) 存储(storage)
订货完成率(order shipped complete) 仓库(warehouse)
仓储控制系统(warehouse control system) 现场储备(spot stock)
仓储管理系统(warehouse management system) 叉车(forklift truck)

复习思考题

1. 简述仓储管理的主要内容及基本原则。
2. 简述物流节点选址的主要影响因素。
3. 简述入库作业流程和出库作业流程。
4. 简述入库商品验收的主要内容。
5. 简述仓储合理化的主要途径和方法。
6. 某企业预计年入库量为2000吨，平均库存天数120天，仓库单位面积的货物承载量为1.2吨/米^2，仓库货物实际占地系数为0.4，请计算该企业仓库规划面积。
7. 某企业物流运输变动成本率为160元/(千吨·公里)，企业月度运输固定成本为34万元，1月企业运量为6000千吨·公里，运价为200元/(千吨·公里)，营业税税率为3%，请分析该企业的本量利。
8. 由学生扮演司机、送货方、收货方、叉车司机等角色，模拟入库作业活动，记录入库作业流程的全过程，并分小组讨论作业流程的合理性，引导各小组提出改善的意见。
9. 将学生分成几个小组，每个小组调查和分析一家企业物流节点选址的主要影响因素，再比较分析各家企业选址的主要影响因素的异同。

☞ 案例分析

C医疗设备公司的仓库选址决策

C医疗设备公司生产的电子设备是用于MRI、CAT扫描仪、PET扫描仪及其他医疗诊断设备的零部件。该公司在美国亚利桑那州的菲尼克斯和墨西哥的蒙特雷设有工厂，需要这些零部件的客户位于美国和加拿大。目前，位于堪萨斯州堪萨斯城的一家仓库负责接收工厂生产出来的所有零部件，随后再分拨给客户。

由于竞争加剧和客户销售水平的变化，公司的销售量有所下降，公司管理层开始考虑仓库的选址问题。现有仓库的租赁期即将届满，管理层希望考察一下是续租现有仓库还是另觅租赁地点。仓库所有人已经允诺若再续租约，租金将享受优惠，为每年每平方米2.75美元，仓库面积为20万平方米。据估计若在其他任何地点租同等规模的仓库，租金将为每年每平方米3.25美元。

新租约或续租的期限均为5年。转移库存、主要人员的搬迁费用以及其他选址费用将导致一次性支出30万美元。各地的仓库运营成本估计基本相同。

最近一年，该公司的销售额达到近7000万美元。从各工厂到堪萨斯城仓库的运输费用为2162535美元，从仓库到客户的运输费用为4819569美元。为研究仓库选址问题而收集的数据见表2-8和表2-9。

表2-8　从工厂到堪萨斯城仓库整车(第100级货物)运输的运量、费率、距离及坐标值数据

客户位置	年运量（担）	运输费率（美元/担）	距离（公里）	网格坐标值	
				X	Y
菲尼克斯	61500	16.73	1163	3.60	3.90
蒙特雷	120600	9.40	1183	6.90	1.00
总计	182100				

表2-9　从堪萨斯城仓库到客户用5000磅卡车(第100级货物)运输的运量、费率、距离及坐标值数据

客户位置	年运量（担）	运输费率（美元/担）	距离（公里）	网格坐标值	
				X	Y
西雅图	17000	33.69	1858	0.90	9.10
洛杉矶	32000	30.43	1496	1.95	4.20
丹佛	12500	25.75	598	5.60	6.10
达拉斯	9500	18.32	560	7.80	3.60
芝加哥	29500	25.24	504	10.20	6.90
亚特兰大	21000	19.66	855	11.30	3.95
纽约	41300	26.52	1340	14.00	6.55
多伦多	8600	26.17	1115	12.70	7.80
蒙特利尔	10700	27.98	1495	14.30	8.25
堪萨斯城				8.20	6.00
总计	182100				

已知最近一年的向外运输成本为4819565美元，加权平均运距为1128公里，年运量为182100担，估计以仓库为起点的外向运输平均费率为0.0235美元/担/公里。

资料来源：傅桂林、袁水林：《物流成本管理》，中国物资出版社2007年版。

案例思考：

1. 仓库选址的基本思路是什么？新的仓库应设在哪里？
2. 试比较仓库迁址前后企业年物流总成本的大小。

第三章 采购与库存管理

学习目的和要求

- 了解采购的分类，理解供应商选择、评价和关系管理。
- 理解采购作业流程和作业方法。
- 掌握库存管理的基本方法。

引 例

供应商库存管理和经销商库存管理

对于美的来说，其较为稳定的供应商共有300多家，其零配件加起来一共有3万多种。目前，美的集团利用信息系统在全国范围内实现了产销信息的共享。有了信息平台做保障，美的原有的100多个仓库精简为8个区域仓，在8小时可以运到的地方，全靠配送。这样一来美的集团流通环节的成本降低了15%～20%。运输距离长(运货时间3～5天)的外地供应商，一般都会在美的的仓库里租一个片区(仓库所有权归美的)，把其零配件放到片区里储备。

在美的需要用到这些零配件的时候，它就会通知供应商，然后进行资金划拨、取货等工作。这时，零配件的产权，才由供应商转移到美的。而在此之前，所有的库存成本都由供应商承担。此外，美的在ERP(Enterprise Resource Planning，企业资源计划)基础上与供应商建立了直接的交货平台。供应商在自己的办公地点，通过互联网就可登录美的公司的页面，看到美的的订单内容，包括品种、型号、数量和交货时间等，然后由供应商确认信息，这样一张采购订单就具有法律效力。

实施供应商库存管理后，供应商不需要像以前一样疲于应付美的的订单，而只需保持适当的库存即可。供应商不用备很多货，一般能满足3天的需求即可。美的零配件库存周转率上升到70～80次/年，其零配件库存也由原来平均5～7天的存货水平，大幅降低为3天左右，而且这三天的库存是由供应商管理并承担相应成本。

在业务链后端的供应体系进行优化的同时，美的也加紧对前端销售体系的管理进行渗透。在经销商库存管理环节上，美的利用销售管理系统可以统计经销商的销售信息(分公司、代理商、型号、数量、日期等)，由以前半年一次的手工繁杂对账转变为实时对账和审核。在前端销售环节，美的作为经销商的供应商，也为经销商管理库存。经销商缺货，美的立刻就会自动送过去，而不需经销商提醒。经销商的库存“实际是美的自己的库存”。这种存货管理的前移，美的可以有效地削减销售渠道上昂贵的存货，而不是任其堵塞在渠道中，让其占用经销商的大量资金。目前，美的空调成品的年库存周转率大约是10次，而美的的短期目标是将成品空调的库存周转率提高1.5~2次。库存周转率提高一次，可以直接为美的节省超过2000万元的费用。

资料来源：360doc个人图书馆(http://www.360doc.com/content/13/0323/22/3101757_273509052.shtml)。

根据以上案例，请回答：

1. 与生产商管理库存相比，供应商管理库存在库存管理方面带来了哪些变化？

2. 供应商管理库存与生产商管理经销商库存在实质上是不同的吗？为什么？JIT采购、JIT配送、JIT分拨如何实现同步？

第一节 采购管理

一、采购的分类

采购是指企业根据需求提出采购计划并审核计划，选择供应商，经过商务谈判确定价格、交货及相关条件，最终签订合同并按要求收货付款的过程。这种以货币换取物品的方式，可以说是最普通的采购途径。无论个人还是企业机构，满足消费或者生产的需求都是以购买的方式来进行的。采购可以分为招标采购、询价采购、比价采购和议价采购。

(一)招标采购

招标采购是通过在一定范围内公开购买信息，说明拟采购物品或项目的交易条件，邀请供应商或者承包商在规定的期限内提出报价，经过比较分析后，按既定标准确定最优惠条件的投标人并与其签订采购合同的一种高度组织化的采购方式。由于招标采购体现了公平、公开和公正的原则，所以，招标采购是在众多的供应商中选择最佳供应商的有效方法。它通常用于重大的建设工程项目、新企业寻找长期物资供应商、政府采购或大批量采购等情况。

(二)询价采购

询价采购是采购人员选取信用可靠的供应商，向其讲明采购条件，并询问价格或寄询价单，促请对方报价，比较后采购。询价单上应注明货物的种类、数量以及要求的交货时间和地点。这种方式适于采购小金额的货物、现货或标准规格的商品。

(三)比价采购

比价采购是指在买方市场条件下，在选定两家以上供应商的基础上，由供应商公开报价，最后选择报价最低的为企业供应商的一种采购方式。实质上这是一种有限供应商条件下的招标采购。这种采购方式的公开性和透明性较高，但由于供应商的数量有限，在采购中可能出现恶性抢标。

(四)议价采购

议价采购是指由买卖双方直接讨价还价实现交易的一种采购行为。议价采购一般不进行公开竞标，仅向固定的供应商直接采购。议价采购可节省采购费用和时间，也有利于和供应商建立互惠互利的稳定供需关系。但是，议价采购缺乏公开性，往往价格较高，容易形成不公平竞争。

通常情况下，询价采购、比价采购和议价采购很少单独运用，经常是将它们结合在一起运用。

二、供应商的选择

供应商是指可以为企业生产提供原材料、设备、工具及其他资源的企业。所谓供应商管理，就是对供应商的调查、选择、开发、使用和控制等综合性的管理工作的总称。其中，调查是基础，选择、开发、控制是手段，使用是目的。供应商管理的目的，就是建立起一支稳定可靠的供应商队伍，为企业生产提供可靠的物资供应。

供应商选择过程可以分为如下七个步骤：

(1)确定采购需求。

(2)确定关键的资源需求。明确了采购的内容，确定其中的关键资源需求非常重要。关键资源往往是企业的战略性物资或瓶颈资源，对于关键资源供应商的评价标准(供应品质、成本、交付能力、技术能力等)是企业必须慎重考虑的问题。

(3)确定资源战略。单一的资源战略往往不能满足所有的采购需求，因此企业需要多种资源战略并行，如单点或多点的供应源，短期或长期的采购合同，选择能提供产品设计支持的供应商或缺乏设计支持能力的供应商，联系紧密的采购方式或传统的采购方式等，这些可供选择的资源战略可以作为选择供应商的基础。

(4)确定潜在的供应源。企业确定潜在的供应源需要依赖各种各样的信息。根据企业的采购需求影响战略实现程度的高低(采购的重要性与复杂性程度)，以及市场上现存的供应能力，可将对潜在供应商搜索的强度分为四个象限(如图 3-1 所示)。其中第三象限因为市场上现存供应能力不强，而企业采购需求的战略意义强，因此需要付出很多的搜索努力来找到合适的供应源；相反，第二象限因为市场的供应能力强，而企业对采购的要求并不太高，相对来讲很容易获得供应源；第一、四象限则需要付出低到中等程度的信息搜索努力来满足采购需求。

(5)初步筛选供应商。在初步筛选的过程中常常需要对供应商做初步的财务分析，看是否存在财务不良现象，也需要对先前和现存的供应商绩效做简单的基于经验的评价等。

(6)确定供应商评价和选择的方法。一旦完成了初步筛选的工作，采购人员或商品采购团队必须决定如何评价那些剩余的相对合格的供应商。这涉及很多的评价方法和标准，如技术水平、产品质量、生产能力、价格、服务水平、信誉、结算条件、快速响应能力、

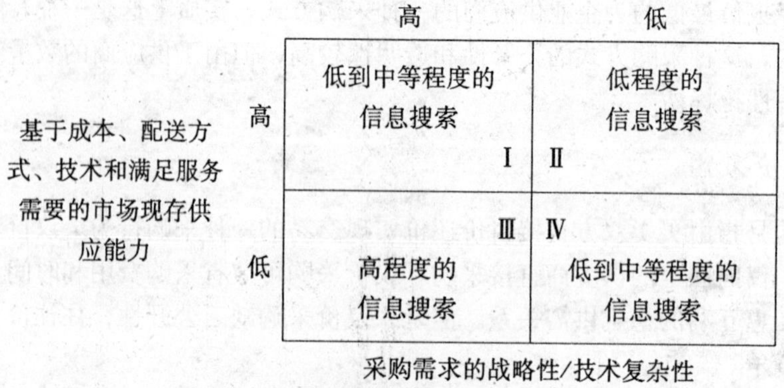

图3-1　潜在供应商搜索

地理位置、交货准确率、提供产品的规格种类是否齐全、同行企业对供应商的评价、供应商的管理水平、供应商是否愿为企业构建库存等。总之，要合理选择供应商，必须综合考虑以上各因素，通过一定的评价方法选择令人满意的供应商。供应商选择的标准见表3-1。

表3-1　　供应商选择的标准

排序	准则	均值	评价	文献数
1	质量	3.51	极端重要	40
2	交货	3.42	相当重要	44
3	历史记录	3.00	相当重要	7
4	供货保证	2.84	相当重要	0
5	生产设施/能力	2.78	相当重要	23
6	价格	2.76	相当重要	61
7	技术能力	2.55	相当重要	15
8	财务管理	2.51	相当重要	7
9	遵循报价系统	2.49	一般重要	2
10	沟通系统	2.43	一般重要	2
11	美誉度	2.41	一般重要	8
12	业绩预期	2.26	一般重要	1
13	管理与组织	2.22	一般重要	10
14	操作控制	2.21	一般重要	3
15	维修服务	2.19	一般重要	7
16	服务态度	2.12	一般重要	6
17	服务形象	2.05	一般重要	2
18	包装能力	2.01	一般重要	3
19	劳工关系记录	2.00	一般重要	2
20	地理位置	1.87	一般重要	16

资料来源：张芮、伍蓓：《采购运作管理》，中国物资出版社2008年版，第45页。

三、供应商的考评

(一)考评指标

供应商的考评分为对现有供应商的考评和对潜在供应商的考评。现有供应商的考评指标包括:

(1)质量指标，是用来衡量供应商的最基本的指标。常用的质量指标有来料批次合格率、来料抽检缺陷率、来料在线报废率、来料免检率。采购质量指标因行业和企业的不同而有所不同。此外，也有一些公司将供应商质量体系、产品的质量控制文件，如过程质量检验报告、出货质量检验报告等纳入考评的指标范围。

(2)供应指标，是同供应商的交货表现以及供应商企划管理水平相关的考核因素。它包括准时交货率、交货提前期、订单变化接受率。

(3)经济指标，主要包括采购价格、报价行为、降低成本的态度与行动、分享降价成果。有些单位还将供应商的财务管理水平与手段、财务状况以及对整体成本的认识也纳入考核范围。

(4)支持、合作与服务指标，通常是定性指标，一般每个季度考核一次。具体指标有投诉灵敏度、沟通、合作态度、共同改进、售后服务、参与开发及其他支持。

(二)现有供应商的考评分析方法

线性权重法是目前供应商定量考评最常使用的方法。其基本原理是给每个指标分配一个权重，每个供应商的定量评价结果为该供应商各项指标的得分与相应权重的乘积之和。通过对各候选供应商加权后结果的比较，进行供应商的考评排名。

例如，需求方按如下评分标准来评价本地的供应商：产品质量占 40 分，价格占 35 分，合同完成率占 25 分。根据上期统计资料(见表 3-2)，对供应商进行考评。

表 3-2　　供应商上期统计资料

供应商	收到的商品量(个)	验收合格量(个)	单价(元)	合同完成率(%)
甲	3000	2920	88	98
乙	3400	3200	86	92
丙	600	480	93	95
丁	1300	1200	90	100

根据表 3-2 的数据，可得出各供应商的综合分数如下:

甲：$(2920\div3000)\times40+(86\div88)\times35+0.98\times25=97.63$

乙：$(3200\div3400)\times40+(86\div86)\times35+0.92\times25=95.65$

丙：$(480\div600)\times40+(86\div93)\times35+0.95\times25=88.12$

丁：$(1200\div1300)\times40+(86\div90)\times35+1\times25=95.37$

如果规定得分在90～100分者为A级，得分在75～90分者为B级，则可知：甲、乙、丁为A级供应商，丙为B级供应商。

实践中，线性权重法可采用表格的形式。具体的考评表见表3-3。

表3-3 供应商考评表

供应商名称			联系人		
地址及邮编			电　话		
项目	配分	考核内容及方法		得分	考核人
质量	40分	以来料批次合格率考核 得分＝30分×来料批次合格率			
价格	30分	根据市场最高价、最低价、平均价，确定标准价格，标准价格对应分数为20分。每高于标准价格1%，标准分扣2分；每低于标准价格1%，标准分加2分。同一供应商供应几种物料，得分按平均计算			
逾期率	20分	以准时交货率考核 得分＝20分×准时交货率			
配合度	10分	①出现问题，不太配合解决，每次扣1分 ②公司会议正式批评或抱怨，每次扣2分 ③客户批评或抱怨，每次扣2分			
总计					
备注	①得分在85～100分者为A级，A级为优秀供应商，可加大采购量 ②得分在70～84分者为B级，B级为合格供应商，可正常采购 ③得分在60～69分者为C级，C级为辅导供应商，需作辅导，减量采购或暂停采购 ④得分在60分以下者为D级，D级为不合格供应商，予以淘汰				

（三）潜在供应商的考评

1. 考评指标

对于潜在的供应商，采购方没有自己积累的能够证明该供应商业绩的资料，因此对潜在供应商的评价主要集中在对其制造条件与技术水平、质量控制与售后服务、生产能力、管理能力和财务实力等条件的评价上。

2. 考评方法

采购方可通过调查表的形式了解供应商的制造条件、技术水平、生产能力等指标。

采购方可分析供应商的长期营业额和利润记录，或对各项管理要素采用评分的方法来分析潜在供应商的管理系统和管理方式，也可通过企业现有的人员水平来判断供应商的管理能力。采购方还可从每年公布的年度报告中了解供应商的资产、负债、利润、亏损等情况，并通过分析了解供应商的清偿能力、资金周转率。

四、供应商的关系管理

随着市场竞争的激烈化，采购活动受市场导向的趋势更加明显，为了控制企业上游资源，采购商不断审视与供应商之间的关系，大多数企业顺应潮流发展的要求，将采购活动由单纯的买卖关系转向了与供应商建立长期关系。在最近几十年，双赢的观念开始在企业中处于上风，而供应伙伴关系的观念也随之出现。

加强供应商管理的方法包括建立供应商管理制度、加强与供应商的沟通、建立供应商激励机制以及防止供应商控制。

(一)建立供应商管理制度

建立良好的供应商关系能确保采购交付时间、质量、数量等采购指标的顺利实现。有效的供应商管理制度能增进采购双方的交流，建立起更有效的合作关系，并且有助于企业改进生产流程，进行更完善的供应商分析与选择。而供应商准入制度的建立，能够提高企业运作效率，其核心是确定供应商的资格要求，包括供应商的产品质量、产品价格、服务水平、技术条件、资信状况、生产能力等。这些因素不仅是供应商供货能力的反映，也是今后履行供货合同的重要保障。

(二)加强与供应商的沟通

(1)合理使用供应商。首先需要签订采购合同，即签订一份与供应商的正式合同。这份合同既是双方合作关系的开始，也是今后双方合作关系的规范。协议生效后，它就成为直接约束双方的法律性文件，买卖双方都必须遵守。其次需要建立良好的合作关系，在建立合作关系初期，采购部门应当与供应商协调，在业务衔接、作业规范等方面建立起一个合作框架，在这个框架基础上开展采购工作。

(2)建立供应商会见机制。为了规范企业与供应商之间的采购工作，企业应建立和完善供应商接待制度。首先，为保证采购人员日常工作的有效进行，企业可以专门设立接待供应商的时间；其次，为提高与供应商洽谈效率和规范采购人员的行为，接待地点一般选在公司设立的供应商接待室；最后，要按照采购物资类别安排洽谈人员，同时规定洽谈内容应围绕采购计划及供应商相关文件进行。

(3)加强与供应商的信息沟通。为建立并完善与供应商的信息交流和共享机制，可以采取以下措施：利用电子数据交换和互联网，进行快速的数据传输，增加双方业务的透明度和信息交流的有效性；加强与供应商就成本、作业计划、质量控制信息的交流与沟通；双方经常进行互访；让供应商参与有关产品开发设计以及经营业务等活动；建立任务小组解决共同关心的问题。

（三）建立供应商激励机制

采购方要想保持与供应商长期的供需合作伙伴关系，就应该建立一套有效的供应商激励与扶持计划，帮助供应商提升业绩，从而促进双方合作关系的发展。

设计供应商激励机制的原则是公平性与一致性。向供应商提供价格折扣和柔性合同及赠送股权等，使供应商分享采购方的经营成果，同时也使其从合作中体会到双赢机制的好处。以下是常用的七种供应商激励的方式：

(1)价格激励。合理的价格能增强企业的积极性，不合理的低价会挫伤企业的积极性。供应链利润的合理分配有利于供应链企业间合作的稳定和顺畅运行。

(2)订单激励。采购方的多个订单会增强供应商的积极性。

(3)淘汰激励。对于优秀的供应商来讲，淘汰弱者能使其获得更大的业绩；而对于业绩较差者，为避免被淘汰的危险，更需要改进自身的绩效。

(4)组织激励。在一个较好的供应链环境下，企业之间的合作愉快，供应链的运作也畅通。与之保持长期稳定的合作关系是企业使用组织激励的主要措施。

(5)信息激励。在信息时代，信息对企业而言意味着生存。企业获得更多的信息意味着企业拥有更多的机会、更多的资源。

(6)新产品或新技术的共同开发。它可以让供应商全面掌握新产品的开发信息，有利于新技术在供应链企业中的推广和开拓供应商的市场。

(7)商誉激励。商誉是一个企业的无形资产，反映了企业的社会地位，它主要来自于供应链内其他企业的评价和在公众中的声誉。

（四）防止供应商控制

企业只有一家供应商或该供应商享有专利保护的情况会导致供应商左右采购价格，从而使采购方落入供应商的垄断供货控制中。面对这种情况，采购人员可根据所处的环境采取以下方法防止供应商控制。

(1)寻找其他供应商。独家供应一般有两种情况。一是供应商不止一家，但只向其中一家采购，这种情况可采用向多家供应商采购的方法规避风险；二是只有一家供应商，这就要开发新的供应商或替代品来防止供应商垄断。

(2)进行一次性采购。采购人员预计采购商品价格可能上涨时，根据相关的支出和库存情况，权衡将来价格上涨的幅度进行一次性采购，可避免供应商垄断。

(3)提高供应商的依赖性。通过多给供应商一些业务，提高供应商对采购方的依赖性。

(4)签订长期合同。当长期需要某种商品时，采购人员可以考虑与供应商订立长期合同，保证供应商持续供应和对其价格的控制，并采取措施预先确定商品的最大需求量以及需求增加的时机。

(5)控制采购成本。采购人员可以说服供应商对采购的非价格条件作出让步来消除其垄断，而采购总成本中的每个因素（如送货的数量和次数、延长保修期、放宽付款条件等）都可能使供应商作出让步。

(6)与其他用户联合采购。与其他具有同样商品需求的公司联合采购，由一方代表所有采购方采购。

(7)让最终客户参与。采购人员与最终客户合作，让其了解只有一家供应商的难处以及可替代产品的信息，摆脱垄断供应商的控制。

(8)全球采购。采购人员进行全球采购，可得到更多供应商的竞价，从而打破供应商的垄断。

第二节　采购作业流程

在企业建立一个高效的采购系统，是保证市场经营活动正常进行的重要环节。因此，采购流程设计一定要科学合理，能够反映采购活动内在的逻辑联系，并且为应用现代计算机系统进行管理奠定基础。

一、发现需求

发现需求是采购活动的前提。企业采购需求通常由物资使用部门提出采购申请单，说明需要什么、需要多少、何时需要。企业内部不同职能部门提出的采购申请各不相同，这里主要指保证生产正常进行的物资采购需要。企业应制作统一规范的“请购单”，以便明确责任，防止出现物料供不应求或库存积压过多的现象。请购单的内容包括：申请部门、编号、预算额、日期、需要数量、规格、需要日期等，具体格式参见表3-4。

表3-4　请　购　单

申请部门：　　　　编号：
预算额：　　　　日期：

需要数量	单位	描述

需要日期：
遇有问题时说明：
特殊发送说明：

申请方：

说明：一式两份，原件送采购部门，申请者保留文件副本。

二、编制需求说明、制订采购计划

物料请购需求确定后，为使采购部门的工作能顺利进行，要求对所申请采购的物品的细节做详细说明，如数量、质量要求、包装、售后服务、运输、检验方式等。在描述时应使用统一术语，以防止理解上的错误。为了保证术语的统一，采购部门应制订一份经常采购物品的目录表，并将其输入计算机进行统一管理。

在需求分析的基础上，应制订一份采购计划，包括市场采购资源分析、物资、价格调查、供应商分析、采购方法、日程计划及运输、交货结算等。

三、选择供应商

选择供应商是采购流程中的关键环节。企业应选择信誉好、产品质量和交货期等有保证的供应商，并与其联系，可派人前去采购看样，也可通过电话、电子邮件联系。对于大宗物品或大型工程项目，可根据实际需要采用公开招标的方式办理。

四、洽谈价格，签订合同

洽谈价格是采购的重要环节。洽谈的过程是一个反复讨价还价的过程，并就质量、数量、交货期、货款支付方式、违约责任等进行洽谈，在互利共赢的基础上，签订采购合同，实现成交。

五、安排采购订单

采购订单是采购方向供应商发出的采购书面通知，在双方洽谈达成采购合约基础上下达，同样具有法律约束力。一般公司都有设计好的采购订单，采购订单的要素主要包括：订单合同编号，发单日期，供应商的名称、地址，采购商品的名称、数量、型号、交货日期、单位、价格、金额等。其具体格式见表3-5。

采购订单适合有长期供货关系的双方，采购方发出的标准采购订单一式两份，供应商确认签字盖章后，留存第一联，作为发货依据；第二联返回采购方作为结算依据，同时表明供应商已正式接受采购订单。

六、跟踪和催货

采购订单得到供应商确认(或签订采购合同)后，采购方的主要任务就是对订单的跟踪及催货。

跟踪是对订单所做的例行追踪，以便确保供应商能够履行其货物发运的承诺。如果发生问题如质量或发运方面的问题，采购方就需要对此尽早了解，以便采取相应的行动。跟踪通常需要经常询问供应商的进度，大型采购可派人员实地跟踪，小额采购可通过电话或网络跟踪。

催货是对供应商施加压力，使其履行最初做出的发运承诺，提前发运货物或是加快已经延误的订单涉及的货物的发运。如果供应商不能合约，采购方将会威胁取消订单或以后可能的交易。催货应仅适用于采购订单的一小部分，因为如果采购方对供应商的能力已经

表 3-5 **采购订单**

发单日期：　　年　月　日　　　　订单合同编号：

企业名称：　　　　地址：　　　　电话：

供应商名称：　　　地址：　　　　电话：

<table>
<tr><td>序号</td><td>物料编码</td><td>名称</td><td>型号</td><td>数量</td><td>单位</td><td>单价</td><td>金额</td><td>交货日期</td><td>备注</td></tr>
<tr><td>1</td><td></td><td></td><td></td><td></td><td></td><td></td><td></td><td></td><td></td></tr>
<tr><td>2</td><td></td><td></td><td></td><td></td><td></td><td></td><td></td><td></td><td></td></tr>
<tr><td>3</td><td></td><td></td><td></td><td></td><td></td><td></td><td></td><td></td><td></td></tr>
<tr><td>4</td><td></td><td></td><td></td><td></td><td></td><td></td><td></td><td></td><td></td></tr>
<tr><td>5</td><td></td><td></td><td></td><td></td><td></td><td></td><td></td><td></td><td></td></tr>
<tr><td>6</td><td></td><td></td><td></td><td></td><td></td><td></td><td></td><td></td><td></td></tr>
<tr><td>7</td><td></td><td></td><td></td><td></td><td></td><td></td><td></td><td></td><td></td></tr>
<tr><td>8</td><td></td><td></td><td></td><td></td><td></td><td></td><td></td><td></td><td></td></tr>
<tr><td colspan="4">合计</td><td></td><td colspan="5">总金额（小写）：</td></tr>
<tr><td colspan="10">总金额（大写）：</td></tr>
<tr><td colspan="10">交货地点：</td></tr>
<tr><td colspan="10">付款方式：</td></tr>
<tr><td colspan="10">包装要求：</td></tr>
<tr><td colspan="10">验收方式：</td></tr>
<tr><td colspan="10">其他说明：</td></tr>
<tr><td colspan="5">买方签字盖章：
业务主办：</td><td colspan="5">供应商签字盖章：
业务主办：</td></tr>
<tr><td>制单</td><td></td><td>日期</td><td></td><td>审核</td><td></td><td>日期</td><td></td><td>批准</td><td></td></tr>
</table>

做过全面分析，那么被选中的供应商就应该是那些能遵守采购合约、可靠的供应商。

七、货物的接收与检验

供应商按承诺发货后，采购方负责接收和验货入库的人员应做好接货准备，一般由仓库管理部负责。接收保管员须填写收货单，上面应载明收货日期、供应商名称、物料数量、规格等主要数据。当发现短缺情况时，应查明原因，写出详细的报告交给运输部门和采购部门。在实施 JIT 库存管理系统的公司，来自已经获得认证的供应商的物料可以完全免除接收和检验这两项程序，并被直接送往使用点。对于小额采购而言，也可以免除接收这一程序。

八、货款结算

结算是指在收到供应商的货物后，验收入库，以“入库单”作为货物结算的依据。保管部门将收货单第一联反馈给采购部门，第二联反馈给财务部门，第三联反馈给供应商以备查询，第四联留存。采购部门依据验收入库单，便可发指令通知财务部门按照合同规定向供应商支付货款。通常情况下以支票通过银行账户进行货款支付。

九、采购档案的管理

经过以上流程，企业完成一次系统的采购活动，当这次采购工作结束后，要进行采购总结及采购文件、资料的分类归档，并做好长期保管的各项工作。通常采购部门的档案管理主要是对采购合同(或采购订单)进行分类编号，验收入库单。

第三节　采购作业方法

随着采购管理水平的提高以及信息技术的发展，采购作业方法日趋多样化。本节将对几种主要的采购作业方法，如订货点采购、JIT 采购、MRP 采购、供应链采购以及电子商务采购进行介绍。

一、订货点采购

(一)订货点采购的概念

订货点采购，是由采购人员根据各个品种的需求量和订货提前期的大小，确定每个品种的订货点、订货批量及最高库存水准等，然后建立起一种库存检查机制，当发现到达订货点时，就要检查库存，发出订货，订货批量的大小由规定的标准确定。

(二)订货点采购的分类

订货点包括两类采购方法，一类是定量订货法，另一类是定期订货法。

1. 定量订货法

定量订货法是预先确定一个订货点和一个订货批量，然后随时检查库存，当库存下降到订货点时，就发出订货信息，订货批量的大小每次都等于规定的订货批量，这样程序化地启动订货，反复运行。

定量订货法的关键是正确确定订货批量和订货点。订货批量一般采用经济订购批量(EOQ)。订货点的正确确定则取决于对备用时间的准确计算和对安全库存量的合理确定。安全库存量是为了应对备运时间需要量的变化而建立的，包括误期到货而增加的需要，也包括备运时间内需求率(物品消耗速度)加大而增加的需要。

2. 定期订货法

定期订货采购法是预先确定一个订货周期和一个最高库存水准，然后以规定的订货周期定期检查库存，发出订货，订货批量的大小每次都不一定相同，订货量的大小等于当时的实际库存量与规定的最高库存水准的差额。这样也是程序化地启动订货，反复运行。

定期订货法的关键在于正确规定订货间隔期。订货间隔期的长短对订货量和库存水平有决定性的影响。一般是预先规定进货时间，由进货时间和备运时间长短来确定订货间隔期。

这种采购模式是以需求分析为依据，以补充库存为目的，采用一些科学方法，兼顾满足需求和库存成本控制，原理比较科学，操作比较简单。但是由于市场的随机因素多，使用该方法同样具有库存量大、市场响应不灵敏的缺陷。

二、JIT 采购

JIT 采购，又叫准时化采购。它由著名的准时化生产管理思想演变而来。准时化(Just In Time，JIT)生产方式是起源于日本丰田汽车公司的一种生产管理方法。它的基本思想是“彻底杜绝浪费”，“只在需要的时候，按需要的量，生产所需要的产品”。这也是 JIT 的基本含义。这种生产方式的核心，是追求一种无库存生产系统，或是库存量最小的生产系统，为此开发了包括“看板”在内的一系列具体方法，并逐渐形成了一套独具特色的生产经营系统。

(一)采购原理

1. 传统采购模式

传统采购，包括前面所说的订货点采购，都是一种基于库存的采购，采购的目的都是补充库存，以一定的库存来应对用户的需求。虽然这种采购方式也极力进行库存控制，想方设法地压缩库存，但是由于机制问题，其压缩库存的能力是有限的。特别是在需求急剧变化的情况下，常常导致既有高库存、又出现缺货的局面。高库存增加了成本，缺货则直接影响生产、降低服务水平。

库存是生产的条件，又是生产的负担。作为生产的条件，它为生产提供物资准备，是生产正常进行的前提条件。所以，为了保证生产正常进行，必须维持一定的库存量。这是一个方面。另一方面，库存又占用资金、仓库以及保管器具，需要花费保管费用。这就增加了生产成本，成为生产的负担，而且库存量越高，需要花费的保管费用也就越高，企业生产的负担就越重。为此，人们在采购中一直在进行一种持续的、无休止的努力，就是要做到既能保证企业生产的物资需要，又使企业库存无限最小化。以计算机技术为核心的信息技术的发展，为彻底改革传统采购模式提供了智力和物质上的支持。受 JIT 生产管理思想的启发，一种既能够满足企业不断发展的采购活动，同时又能节约库存，使其达到最小化的新型采购模式也随之出现。

2. JIT 采购模式

当年，日本丰田公司的大野耐一创造的 JIT 生产模式，是在受到美国超级市场管理模式的启发下而形成的。JIT 生产模式又进一步推广了 JIT 思想在整个物流领域的应用。

在美国的一些超级市场除了货架上的货物以外，不再另外设仓库及库存。超级市场每天晚上都根据当天的销售量来预计第二天的销售量而向供应商发出订货指令，第二天早上，供应商按照预定的数量送货到指定的超级市场，有的供应商一天分两次送货，基本上都是按照用户需要的品种、数量、时间、地点来完成送货，因此大大节约了库存，减少了浪费。事实上，这种超级市场的供应采购模式已经是JIT思想的体现。这种模式的特点是供需直接见面，节约了传统模式中的库存。它的作用有以下几点：其采购送货是直接送到需求点上；用户需要什么，就送什么，品种规格符合客户需要；用户需要什么质量，就送什么质量，品种质量符合客户需要，杜绝次品和废品；用户需要多少，就送多少，不少送，也不多送；用户什么时候需要，就什么时候送货，不晚送，也不早送，非常准时；用户在什么地点需要，就送到什么地点。JIT采购与传统采购的区别见表3-6。

表3-6　　**JIT采购与传统采购的区别**

项目	JIT采购	传统采购
采购数量	小批量，送货频率高	大批量，送货频率低
供应商选择	长期合作，单源供应	短期合作，多源供应
供应商评价	质量、交货期、价格	质量、价格、交货期
检查工作	逐渐减少，最后消除	收货、点货、质量验收
协商内容	长期合作关系、质量和合理价格	获得最低价格
运输	准时送货，卖方安排	较低成本，卖方安排
文书工作	文书工作量小	文书工作量大
产品说明	供应商有创新，强调性能上的要求	买方关心设计，供应商没有创新
包装	小、标准化容器包装	普通包装、无特别说明
信息交流	快速、可靠	一般要求

（二）采购特点

1. 采用较少的供应商，甚至单源供应

单源供应是指对某一种原材料或外购件，仅从一个供应商那里采购。JIT认为，最理想的供应商数目是：对于每一种原材料或外购件，只有一个供应商。因此，单源供应是JIT采购的基本特征之一。传统的采购模式一般是多头采购，供应商的数目相对较多。从理论上讲，采购单源供应比多头供应好。一方面，单源供应使得对供应商的管理比较方便，而且可以使供应商获得内部规模效益和长期订货，从而使购买的原材料和外购件的价格降低，有利于降低采购成本；另一方面，单源供应可以使制造商成为供应商的非常重要的客户，因而加强了制造商与供应商之间的相互依赖关系，有利于供需之间建立长期稳定的合作关系，质量上比较容易保证。但是，采用单源供应也有风险，比如供应商有可能因意外原因中断交货。另外，采取单源供应，使企业不能得到竞争性的价格，对供应商的依赖性过大等。因此，必须与供应商建立长期互利合作的新型伙伴关系。在实际中，一些企业常采用同一原材料或外购件由两个供应商供货的方法，其中一个供应商为主，另一个供应商为辅。

2. 采用小批量采购的策略

小批量采购是 JIT 采购的一个基本特征。JIT 采购和传统采购模式的一个重要不同之处在于，准时生产需要减少生产批量，直到实现“一个流生产”，一次采购的物资也应采用小批量办法。从另一个角度看，由于企业生产对原材料和外购件的需求是不确定的，而 JIT 采购又旨在消除原材料和外购件库存，为了保证准时、按质按量供应所需的原材料和外购件，采购必然是小批量的。但是，小批量采购必然增加运输次数和运输成本，对供应商来说，这是很为难的事情，特别是供应商较远的情形，在这种情况下实施 JIT 采购的难度就很大。

3. 对供应商选择的标准发生变化

由于 JIT 采购采取单源供应，对供应商的合理选择就显得尤其重要，可以说，能否选择到合格的供应商是 JIT 采购成功实施的关键。合格的供应商应具有较好的技术、设备条件和较高的管理水平，可以保障采购的原材料和外购件的质量，保证准时按量交货。在 JIT 采购模式中，由于供应商和用户是长期的合作关系，供应商的合作能力将影响企业的长期经济利益，所以，对供应商的要求就比较高。在选择供应商时，需要对供应商进行综合的评价，而供应商的评价必须依据一定的标准。这些标准应包括产品质量、交货期、价格、技术能力、应变能力、批量柔性、交货期与价格的平衡、价格与批量的均衡、地理位置等，而不像传统采购那样主要依据价格标准。

4. 对交货准时性的要求更加严格

JIT 采购的一个重要特点是要求交货准时，这是实施准时生产的前提条件。交货准时取决于供应商的生产与运输条件。

5. 从根源上保证采购质量

实施 JIT 采购后，企业的原材料和外购件的库存很少以至于为零。因此，为了保证企业生产经营的顺利进行，采购物资的质量必须从根源上抓起。也就是说，购买的原材料和外购件的质量保证，应由供应商负责，而不是企业的物资采购部门。为此，供应商必须参与制造商的产品设计过程，制造商也应帮助供应商提高技术能力和管理水平。

6. 对信息交流的需求加强

JIT 采购要求供应与需求双方的信息能够高度共享，保证供应与需求信息的准确性和实时性。由于双方的战略合作关系，企业的生产计划、库存、质量等各方面的信息都可以及时进行交流，以便出现问题时能够及时处理。只有供需双方进行可靠而快速的双向信息交流，才能保证所需的原材料和外购件的准时按量供应。同时，充分的信息交换可以增加供应商的应变能力。所以，实施 JIT 采购，就要求供应商与制造商之间能够进行有效的信息交换。

7. 可靠的送货和特定的包装要求

由于JIT采购消除了原材料和外购件的缓冲库存，供应商交货的失误和送货的延迟必将导致企业生产线的停工待料。因此，可靠的送货是实施JIT采购的前提条件。而送货的可靠性，常取决于供应商的生产能力和运输条件。当然最理想的送货是直接将货送到生产线上。

JIT采购对原材料和外购件的包装也提出了特定的要求。良好的包装不仅可以减少装货、卸货对人力的需求，而且使原材料和外购件的运输和接收更为便利。

三、MRP采购

所谓MRP采购，就是利用MRP技术所进行的采购。所谓MRP(Materials Resources Planning)，即物料需求计划。MRP的提出是与生产相联系的，但是MRP不仅应用于生产制造过程，也可以应用于采购管理。运用MRP的结果一方面是生成生产计划，另一方面是生成采购计划。生产计划交给生产车间进行生产，而采购计划则交给采购部门进行采购。

(一)采购原理

MRP的基本原理是，由主生产进度计划(MPS)和主产品的层次结构，逐层逐个地求出主产品所有零部件的生产时间和生产数量。这个计划称为物料需求计划。其中，如果零部件由企业内部生产，需要根据各自的生产时间长短来提前安排投产时间，形成零部件投产计划；如果零部件由外部采购，则要根据各自的订货提前期来确定提前发出各自订货的时间、采购的数量，形成采购计划。切实按照这些投产计划进行生产和按照采购计划进行采购，就可以实现所有零部件的生产计划，从而不仅能够保证产品的交货期，而且还能够降低原材料的库存，减少流动资金的占用。

MRP采购，也是以需求分析为依据，以满足库存为目的。由于计划比较精细、严格，所以它的市场响应灵敏度及库存水平都比前述方法有所提高。

(二)采购特点

(1)需求的相关性。同订货点采购不同，MRP采购是针对具有相关需求物资的采购方法，这种采购需求不但同需求品种、需求数量、需求时间相关，而且和生产计划也相关。

(2)需求的确定性。MRP采购计划是根据主生产进度计划、主产品结构文件、库存文件和各种零部件的生产时间或订货、进货时间精确计算出来的，其需要的时间、数量都是确切规定好的，而且不能够改变。

(3)计划的精确性。MRP采购计划有充分的根据，从主产品到零部件，从需求数量到需求时间，从生产先后到装配关系都作了明确的规定，无一遗漏或偏差。不折不扣地按照这个计划执行，就能够保证主产品生产计划的如期实现。

(4)计算的复杂性。MRP采购计划要根据主产品生产计划、主产品结构文件、库存文件、生产时间和采购时间把主产品的所有零部件的需要数量、需要时间、先后关系等准确计算出来，其计算量是非常庞大的。特别是当主产品复杂、零部件数量特别多时，如果用人工计算是无法得到结果的。只有借助计算机，这个工作才有了可以进行的可能性。

MRP 采购的优越性是很明显的，由于进行了精确的计划和计算，所有需要采购的物资能够按时按量到达需要的地方，一般不会产生超量的原材料库存。事实上对于采购品，从经济订货批量角度考虑，没有必要一定要追求零库存，这样可以大大节约订货费用和各种手续费用，从而降低生产成本。

MRP 采购除了能经济有效地采购企业所需的物料外，还有利于促进企业提高管理水平。因为实行 MRP 采购，必然是企业采用了 MRP 系统，而 MRP 系统输入的信息多、操作规范、时间观念强，这些都要求企业加强系统化、信息化、规范化管理，提高企业素质和管理水平。也正因如此，增加了 MRP 采购管理工作的复杂程度，不但加大了工作量，更重要的是工作要求也更为精细。

四、供应链采购

（一）采购原理

供应链采购，准确地说，是一种供应链机制下的采购模式。在供应链机制下，采购不再由采购者操作，而是由供应者操作，被称为供应商管理的库存(Vendor Managed Inventory，VMI)。

供应链采购的原理是，用户只需要把自己的需求信息向供应商连续及时地传递，由供应商根据用户的需求信息，预测用户未来的需求量，并根据这个预测需求量制订自己的生产计划和送货计划，主动小批量、多频次地向用户补充货物库存，用户的库存量大小由供应商自主决策，既保证满足用户需要又使货物量最小、浪费最少。供应链采购的最大受益者是用户，使其摆脱繁琐的采购事务，甚至连库存负担、运输进货等都由供应商承担，服务效率高，同时供应商能够及时掌握市场需求信息，更灵敏地响应市场需求变化，减少生产和库存浪费，减小库存风险，从而提高经济效益。

（二）采购特点

供应链采购与传统采购相比，物资供需关系和采购的概念都是不同的。但是，由于供应链各个企业之间是一种战略伙伴关系，采购在一种非常友好合作的环境中进行，所以采购的观念和采购的操作都发生了很大的变化，供应链采购与传统采购的区别如表 3-7 所示。

表 3-7　　供应链采购与传统采购的区别

项目	供应链采购	传统采购
基本性质	基于需求的采购	基于库存的采购
	供应方主动性、需求方无采购操作的采购方式	需求方主动性、需求方全采购操作的采购方式
	合作型采购	对抗型采购

续表

项目	供应链采购	传统采购
采购环境	友好合作环境	对抗性竞争环境
信息关系	信息传输、信息共享	信息不同、信息保密
库存关系	供应商掌管库存	需求方掌管库存
	需求方可以不设仓库、零库存	需求方设立仓库、高库存
送货方式	供应商小批量多频次连续补充货物	大批量少频次进货
双方关系	供需双方关系友好	供需双方关系敌对
	责任共担、利益共享、协调性配合	责任自负、利益独享、互斥性竞争
货检工作	免检	严格检查

由表 3-7 可以看出供应链采购的特点。

(1)从采购性质看，供应链采购是一种基于需求的采购。需要多少就采购多少，什么时候需要就什么时候采购。采购回来的货物直接送到需求点进入消费。供应链采购在这一点上与 JIT 采购相同。供应链采购是一种供应商主动型采购。由于供应链的需求者的需求信息随时被传送给供应商，所以供应商能够随时掌握用户的需求信息，能根据需求状况、变化趋势，及时调整生产计划，及时补充货物，主动跟踪用户需求，并能适时适量地满足用户需要。因为双方是一个友好合作的利益共同体，所以供应商会主动关心产品质量，自觉把好质量关，保证需求方的产品质量。需求方完全可以不用操心采购的事情，只要到时候支付货款即可，因此它是一种无采购操作的采购方式。供应链采购是一种合作型采购。为了使产品能在市场上占有一席之地、获得更大的经济效益，采购方和供应商分别从不同的角度互相配合、各尽其力，在采购上也是互相配合，努力提高采购工作效率、最大限度地降低采购成本、最好地保证供应。

(2)从采购环境看，供应链采购的根本特征是有一种友好合作的供应链的采购环境。这也是它最大的优点。

(3)从信息情况看，供应链采购的一个重要特点是供应链企业之间实现了信息互通及共享。供应商能随时掌握用户的需求信息及用户需求变化的情况，能根据用户的需求信息和需求变化的情况，主动调整生产计划和送货计划。供应链各个企业可以通过计算机网络进行信息沟通和业务活动。这样即使足不出户，也可以很方便地利用计算机网络协调活动，进行相互之间的业务处理活动。因此，供应链采购的基础就是企业的信息化、企业间的信息共享，也就是要建立企业内部网络(Intranet)、企业外部网络(Extranet)，并且和因特网(Internet)相连，建立起企业管理信息系统。

(4)从库存情况看，供应链采购是由供应商管理用户的库存。用户没有库存，即零库存。这意味着用户无需设库存、无需关心库存。这样做有以下几点好处：第一，用户零库存，可以大大节省费用、降低成本，企业可以专心致志地搞好生产，发挥核心竞争力，提高效率，提高企业的经济效益，也可以提高供应链的整体效益。第二，供应商掌握库存自主权，能够根据需求变化的情况，适时地调整生产计划和送货计划，这样既可以避免盲目生产造成的浪费，也可以避免库存积压所造成的浪费以及风险。

(5)从送货情况看，供应链采购是由供应商负责送货，而且是连续小批量多频次送货。这种送货机制可以大大降低库存，实现零库存。因为送货的目的是直接满足需要，需要多少就送多少，什么时候需要就什么时候送货。这样就没有多余的库存，可以降低库存费用，同时又能保证满足需要，不缺货；可以根据需求的变化，随时调整生产计划，做到不多生产、不早生产，因而节省了原材料费用和加工费用；同时由于紧紧跟踪市场需求的变化，所以能够灵活适应市场变化、避免库存风险。

(6)从双方关系看，供应链采购活动中，买方企业和卖方企业是一种友好合作的战略伙伴关系，它们互相协调、互相配合、互相支持，所以有利于各个方面工作的顺利开展，提高工作效率、实现双赢。

(7)从货检情况看，供应链采购活动中，由于供应商的责任与利润相连，所以必须自我约束、保证质量，从而可实现质量免检。这样就大大节约了费用、降低了成本、保证了质量。

五、电子商务采购

随着科学技术突飞猛进的发展和网络技术的迅速普及，电子商务采购作为一种新型的采购方式，在国际国内采购活动中形成了一道亮丽的风景线。目前，许多企事业单位已在一定范围内和一定程度上进行了电子商务采购。

(一)电子商务采购的概念

电子商务采购是指利用电子商务形式进行的采购活动。因为电子商务主要是在计算机网络上进行的，所以电子商务采购亦称网上采购。

(二)电子商务采购的特点

(1)公开性。既然电子商务采购是在网上进行的，又由于因特网具有公开的特点，全世界都可以看到采购方的招标公告，谁都可以前来投标，因此采购具有公开性。

(2)广泛性。网络没有边界，所有的供应商都可以向采购方投标，采购方也可以调查所有的供应商。

(3)交互性。电子商务采购过程中，采购方与供应商进行网上联系非常方便，可以通过电子邮件或聊天方式进行信息交流，既方便，又迅速，而且成本也较低。

(4)低成本。网上操作可以大量节省人工业务环节，省人、省时间、省工作量，总成本最小。

(5)高速度。网上信息传输速度快。

(6)高效率。由以上几点综合起来，该采购方式显然效率很高。

(三)电子商务采购的形式

电子商务的方式多种多样，因此电子商务采购也有多种形式。目前，国际流行的网上采购数据传送途径主要包括以下几种形式：电子商务网站招标；向供应商发送电子邮件订单；向供应商的网站提交订单；与供应商的 ERP 系统进行集成；电子交易平台等。

（四）电子商务采购的程序

1. 采购前准备

对于采购方来说，采购前的准备过程就是向供应商获取有效信息的过程。在网络环境条件下，将演变成供应商积极把自己产品的信息资源（如产品价格、质量、公司状况、技术支持等）在网上发布，企业则随时上网查询并掌握自己所需要的商品信息资源。双方通过互动，共同完成商品信息的供需对接。在网络环境中，信息的交流通常通过浏览对方的网站完成，其速度和效率是传统方式所无法比拟的。采购前的信息交流主要是企业对供应商的产品价格和质量进行了解。因此，价格在很大程度上决定着采购决策。

2. 供需双方进行磋商

在网络环境下，传统采购磋商的单据交换可以演变为记录、文件或报文在网络中的传输。各种网络工具和专用数据交换协议自动地保证了网络传递的准确性和安全可靠性。企业一旦选择了合适的能保证最佳产品质量、最合理价格、最优质服务的供应商，就可以在网上与其进行磋商、谈判。各种商贸单据、文件（如价目表、报价表、询盘、发盘、订单、订购单应答、订购单变更要求、运输说明、发货通知、付款通知、发票等）在网络交易中都变成了标准的报文形式，减少了漏洞和失误，规范了整个采购过程。

3. 合同的签订与执行

磋商过程完成之后，需要以法律文书的形式将磋商的结果确定下来，以监督合同的履行，因此双方必须以书面形式签订采购合同。这样一方面可以杜绝采购过程中的不规范行为，另一方面也可以避免因无效合同引起的经济纠纷。因为网络协议和网络商务信息工具能够保证所有采购磋商文件的准确性和安全可靠性，所以双方都可以通过磋商文件来约束采购行为和执行磋商的结果。

4. 支付与清算

采购完成以后，货物入库，企业要与供应商进行支付与结算。企业支付供应商采购价款的方式目前主要有两大类：一类是电子货币类，包括电子现金、电子钱包和电子信用卡等；另一类是电子支票类，如电子支票、电子汇款、电子划款等。前者主要用于企业与供应商之间的小额支付，比较简单；后者主要用于企业与供应商之间的大额资金结算，比较复杂。

第四节 库存管理

一、库存管理概述

所谓库存，是指作为今后按预定的目的使用而处于闲置或非生产状态的物料。在生产制造企业，库存品一般包括原材料、产成品、备件、低值易耗品以及在制品；在商品流通企业，库存品一般包括用于销售的商品以及用于管理的低值易耗品。

库存是一种闲置资源，不仅不会在生产经营中创造价值，反而还会因占用资金而增加企业的成本。但是，在实际的生产经营过程中，库存又是不可避免的，有时还是十分必要的。库存管理的核心问题就是如何在满足对库存需要的前提下，保持合理的库存水平。在企业的总资产中，库存资产一般要占 20% ~40%，库存管理不当会造成大量资金的沉淀，影响资金的正常周转，同时还会因库存过多增加市场风险，给企业经营带来负面影响。因此，必须对库存进行有效的管理，消除不必要的库存，提高库存周转率。

库存的类型很多，主要可按以下两种方式进行分类。

(一)按库存的作用分类

(1)周转库存，是为满足日常生产经营需要而保有的库存。周转库存的大小与采购批量直接有关。企业为了降低物流成本或生产成本，需要批量采购、批量运输和批量生产，这样便形成了周期性的周转库存。这种库存随着每日的消耗而减少，当降低到一定水平时需要补充库存。

(2)安全库存，是为了防止不确定因素的发生(如供货时间延迟、库存消耗速度突然加快等)而设置的库存。安全库存的大小与库存安全系数或库存服务水平有关。安全系数应确定在一个合适的水平上。

(3)调节库存，是用于调节需求与供应的不均衡、生产速度与供应的不均衡以及各个生产阶段产出的不均衡而设置的库存。

(4)在途库存，是处于运输以及停放在相邻两个工作地之间或相邻两个组织之间的库存。在途库存的大小取决于运输时间以及该期间内的平均需求。

(二)库存的 ABC 分类

库存物资往往存在这样的现象与规律，即少数库存项目占有大部分的库存资金，相反大多数的库存物资仅占全部库存资金的小部分。根据这一特点，可以将库存物资分为 ABC 三类。在全部库存中，占库存资金 75% 左右，而其品种数却仅占库存项目总数 20% 左右的物资被划分为 A 类物资；把占库存资金 15% 左右，品种数占 30% 左右的物资划分为 B 类物资；把仅占库存资金 10% 左右，而品种数却占 50% 左右的物资划分为 C 类物资(如图 3-2 所示)。ABC 分类意味着对 A 类库存需实行重点管理，对 C 类库存则无须进行精确控制，而对于两者之间的 B 类库存则应视企业的具体情况采用综合控制的方式。需要注意的是，因为 ABC 分类法主要是以库存资金额为基础进行分类的，没有反映库存品种对利润的贡献、供货的紧迫性等其他方面的指标。在某些情况下，因 C 类库存造成的缺货也可能是十分致命的，在应用 ABC 分类法时应给予充分注意。

二、库存控制决策

(一)库存控制决策的目标与内容

库存控制(inventory control)的决策目标是保证生产需要而又不积压过多的物资和资

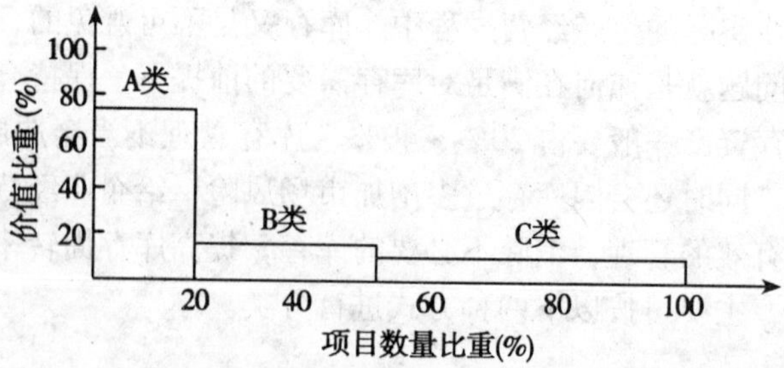

图 3-2 ABC 分类法示意图

金。为此，必须对物资的库存加以控制，而库存中的物资在不断地消耗，又不断地补充，这时要用平均库存水平代表库存量的多少。因此，物资的库存控制就是将物资的库存维持在预期库存水平上的一套管理技术。它的核心是如何确定这个预期的库存水平，以及如何经济而有效地维护这个库存水平。平均储备量又称平均库存水平，它是衡量物资库存量的一种标志。因为物资的库存量是在不断变动着的，需要按平均储备量来比较物资库存量的多少。平均库存水平在需求率一定时，是由进货批量的大小，或进货次数的多少决定的。图 3-3 清楚地说明这二者之间的关系。由图可知，当进货批量大因而进货次数少时，平均库存水平高，即库存量大；当进货批量小因而进货次数多时，平均库存水平低，即库存量小。当然，在实际生产中，需求率不可能固定不变，不过，在一段较短的时间内，只要需求零星发生，即每日的耗用量与库存量相比不是很大时，可近似地看成需求均匀变化而用来计算平均库存水平的变化。

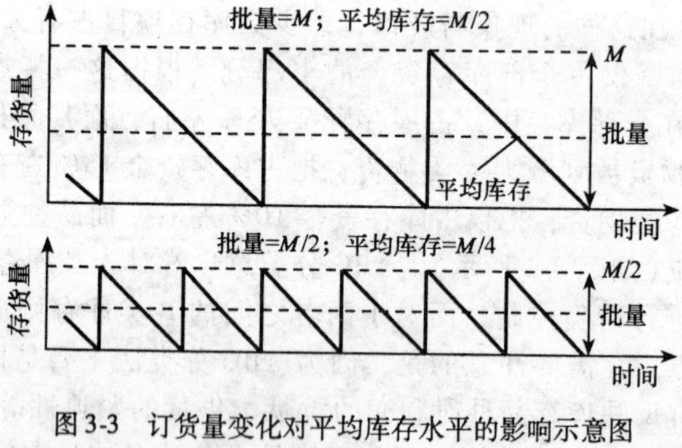

图 3-3 订货量变化对平均库存水平的影响示意图

根据平均库存量与进货批量或进货次数的关系可进一步得到这样的推论：当需求速率一定时，只有通过对进货速率的控制来维持平均库存量。因此，库存控制主要应控制物资的进货批量和进货时间，也就是说，要做好以下的决策：

(1)什么时候提出采购或生产？

(2)每次应采购或生产多少？

(3)应采用什么类型的库存控制系统来支持预期的库存决策?

决策的目标是，在现实的资源(资金、仓库面积、供应者的政策等)约束下满足预期的需求，同时使库存成本达到最低。

(二)库存控制决策的影响因素

要做好上述的库存控制决策，需考虑多方面的因素。

1. 需求的性质

需求性质的不同对库存控制决策有着决定性的影响，主要表现为如下的几种情况:

(1)需求确定或不确定。若需求是确定的，则可只在需求发生时准备库存，库存的数量根据给定的计划确定；若需求是不确定的，则需要保持经常的库存量，以供应随时发生的需求。

(2)需求有规律变化或随机变动。需求虽有变动但其变动存在着规律性，如季节性变动，则可有计划地根据变动规律准备库存。如在旺季到来之前，准备较多的库存储备以备销售增长的需要。若需求变动没有一定规律，呈现为随机性变化，就需设置经常性库存，甚至准备一定的保险库存量来预防突然发生的需求。

(3)独立性需求或相关性需求。所谓需求的独立性或相关性指的是某种物资的需求与其他物资的需求互不相关或相互依赖。相关性需求来自企业的内部，一般根据其母项的需求计划直接推算得到，而且着重考虑产品生产的成套性和生产安排的均衡性来确定供货的数量和时间。独立性需求却是企业所不能控制的，如对产品及销售备件的需求。它们随机发生，只能用预测的方法而无法精确计算，在确定供货数量和时间时主要考虑成本上的经济性。

(4)需求的可代用性。有些物资可由其他物资替代，它们的库存储备可定得少些，万一发生缺货也能用代用物资来满足需求。对于没有代用材料的物资，则必须保持较多的库存才能保证预期的供应要求。

2. 提前期

提前期是指从订购或下达生产指令开始，到物资入库的时间周期。提前期是确定订购的时间或下达生产指令时间的主要考虑因素。在库存控制中，都是根据库存储备将要消耗完的时间，提前一个提前期提出订货，以避免在订货到达之前发生缺货。在提前期内应储备多少存货也是库存控制的一项重要决策。

3. 自制或外购

所需要的物资是自制还是外购，也影响对库存的决策。若从外部采购，应着重从经济性，即节约成本的要求来确定它们的供货数量和供货次数。若属本厂自制，则不但要考虑成本的经济性，还需要考虑生产能力的约束、生产各阶段的节奏性等因素来确定供货的数量和时间。

4. 服务水平

服务水平指的是由库存满足用户需求的百分比。如果库存能满足全部用户的全部订货需要，则其服务水平为100%。若100次订货只能满足95次，则服务水平为95%，相应地，这时的缺货概率为5%。服务水平一般是由企业领导部门根据经营的目标和战略而规定的。服务水平的高低影响到库存储备水平的选择。服务水平要求高，就需要有较多的库存来保证。服务水平的计量方式有若干种，如用户的百分数、订货数量的百分数等，但最常用的是按满足订货次数的百分比来规定服务水平。

（三）库存成本

库存控制的目标之一就是对生产成本进行控制，因此，库存成本是库存控制决策时应主要考虑的内容，与库存控制有关的成本有以下几项。

1. 订购成本或调整成本

为补充库存而订购物资发生的各种费用，属于订购成本（ordering cost）。它包括办理订购手续、物资运输与装卸、验收入库等的费用，以及采购人员的差旅费等。如果库存物资是由本厂自行生产的，则生产中发生的设备调整成本也相当于每次订购时的订购成本。调整成本包括调整工人的工资、设备在调整时间内的停工损失以及在调整中的材料与废品损失等。另外，在更换品种后的初期，生产效率低于正常水平或废品量超出正常水平的损失费用，也都归入调整成本。这部分成本在每次订购或调整过程中基本上是相同的。它们的多少与订购批量或生产批量无关，可以看做固定成本。

2. 保管成本

保管成本（holding cost or carrying cost）即物资在仓库内存放期间发生的成本。它包括仓库管理费用，存放过程中发生变质、损坏、丢失、陈旧、报废等的损失费用，保险金、税金以及占用资金的利息支出等。这部分成本随库存储备的数量与时间的增加而增加，一般先核算出单件的保管成本，再按平均储备量计算出总保管成本。还有一种办法是用保管费用率代表单位保管成本。保管费用率是年保管成本与全年占用资金之比。保管费用率与物资单价的乘积就是该物资的单件保管成本。

3. 购置成本

购置成本即购置物资所花费的成本，按物资的单价与需求量计算。一般物资的购置成本不受批量大小的影响。因此，在库存控制决策中可不考虑这项成本。但当采购批量影响物资价格时，如供应商对购货量大的物资给予优惠价格，则要考虑此项成本。

4. 缺货成本

缺货成本（shortage cost）是指由于不能满足用户需要而产生的成本。它主要来自两方面的费用：一是由于赶工处理这些误期任务而追加的生产与采购费用；二是由于丧失用户而对企业的销售与信誉所造成的损失，包括误期的赔偿费用损失。显然，缺货成本随缺货量的增加而增加。在确定订购批量或生产批量时，需要考虑在不同批量下上述几项成本的变化关系，从而找到能使库存总成本最低的最适当的批量。

（四）经济订货批量模型

订货批量的确定是库存控制决策的重要内容，下面介绍两种使库存总成本最小的订货批量的决定方法，即经济订货批量（Economic Order Quantity，EOQ）模型。

1. 瞬时供货、均匀消耗、不允许缺货的模型

本模型可用来计算经济订货批量和经济生产批量。在不允许缺货，且没有价格折扣的

情况下，每年维持库存的总费用可用式(3.1)表示：

年总费用=购置成本+订购成本+保管成本

$$TC=CD+\left(\frac{D}{Q}\right)S+\left(\frac{Q}{2}\right)H \tag{3.1}$$

式中，TC 为总成本；C 为购买单位货物的成本；D 为年总需求量；Q 为批量或订货量；S 为每次订货发生的费用；H 为单位货物每年的保管成本($H=Ch$，h 为常数)。

为求使得总成本(TC)最小的订货量(Q)，只需对式(3.1)两边对 Q 求一阶导数，并令导数等于零，即：

$$\frac{d(TC)}{dQ}=0-\frac{DS}{Q^2}+\frac{H}{2}=0$$

解方程得 $Q=\sqrt{\frac{2DS}{H}}$，即经济订货批量为：

$$EOQ=\sqrt{\frac{2DS}{H}}=\sqrt{\frac{2DS}{Ch}} \tag{3.2}$$

经济订货批量及库存年总成本如图 3-4 所示。

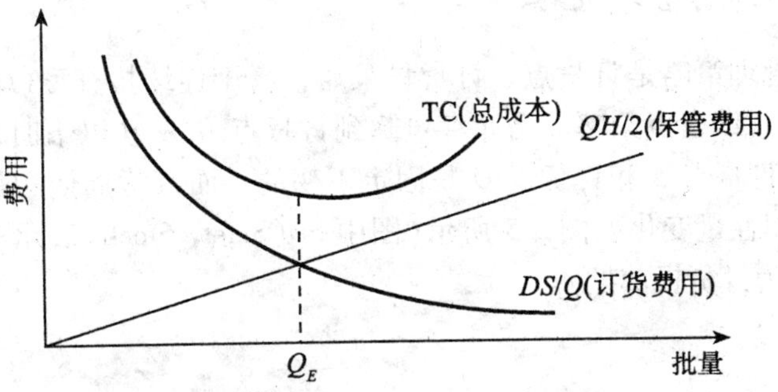

图 3-4 经济订货批量及库存年总成本

从式(3.2)可以看出，单价 C 高的物资应按较小的数量订货，单价 C 低的物资则相反。

在已知经济订货批量和提前期的情况下，其他有关变量如年平均订货次数、两次订货时间间隔、订货点库存量都可以求出。

2. 按时均匀供货、均匀消耗、不允许缺货的模型

上述计算的经济订货批量是整批同时入库的。如果是每天生产出来，陆续入库，而每天仍是逐次耗用，这种订货批量称为经济生产批量，其计算公式如下：

$$EPQ=\sqrt{\frac{2DS}{Ch}}\times\sqrt{\frac{R}{R-r}} \tag{3.3}$$

式中，EPQ 为经济生产批量；R 为每天生产率，即每天入库数量；r 为每天需用量，满足 $R>r$。

【例 3.1】 设某厂预计某产品的年销售量为 8000 件，每次调整品种费用(即订货成

本)为 450 元，每件成本价为 200 元，成品库存保管费用率为 0.1 元。假定每日销售量是固定的，则每次的经济订货批量计算如下：

$$EOQ=\sqrt{\frac{8000\times 450\times 2}{200\times 0.1}}=600(件)$$

年库存总成本为：

$$TC=\frac{8000}{600}\times 450+\frac{600}{2}\times 0.1\times 200=6000+6000=12000(元)$$

本例中，如果 $R=100$ 件，$r=25$ 件，则：

$$EPQ=\sqrt{\frac{8000\times 450\times 2}{200\times 0.1}}\times\sqrt{\frac{100}{(100-25)}}=692.8=693(件)$$

三、库存管理策略

库存管理策略有很多，其中最常用的有 4 种，即 (B, Q) 策略、(B, E) 策略、(t, E) 策略和 (t, B, E) 策略。这里 B 为订货点，E 为最大库存量(包括在途库存量)，t 为检查期。

(一)(B, Q)库存管理策略

(B, Q) 库存管理策略是订货点、订货量策略，属于连续检查型($t=0$)控制方法，又称连续库存策略或永续盘点策略。当库存量降到订货点 B 或 B 以下时，发出订单，订货量为 Q。此策略中订货点 B 和订货量 Q 是固定不变的，而订货周期和最大库存量是变化的。(B, Q) 策略库存量变化如图 3-5 所示(图中 SS(Safety Stock)表示安全库存量，也称为保险库存量，L 为订货提前期)。

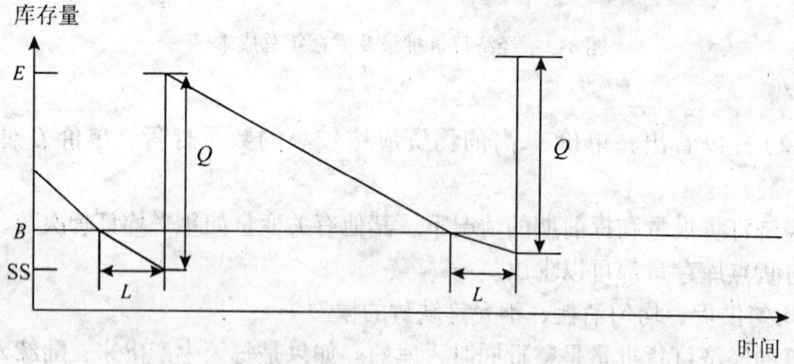

图 3-5 (B, Q) 策略库存量变化图

(B, Q) 库存管理策略具有下列优点：订货量固定不变，不容易出错；安全库存量较少，仅需满足提前期内需求量的变化，因而存储费用较低；由于随时注意各种库存品的库存量，当接连发生大量需求时，可立即订货从而避免缺货。

但这种策略也有一些缺点：检查和记录的工作量大，所需的人力较多；各种物资独立

订货，订货次数多，订货费用和运输费用较高，享受数量折扣的机会较少；由于订货量固定不变，在订货时，若实际库存量大大低于订货点 B，则可能补充进货后需立即再订货，这就增加了订货费用和工作量。

(B, Q)策略适用于下列情况：A 类物资的库存；缺货费用高的物资；需求量波动大且难以预测的物资。

此策略可变化为双仓策略，即将全部库存分两仓存放，第一仓的库存量为总库存量减 B，第二仓的库存量为 B，当第一仓的库存用完后，立即发出订单，订货量为 Q，双仓策略使检查和记录的工作量大大减少。

(二) (B, E)库存管理策略

此策略是最大库存水平不变策略，也属于连续检查型$(t=0)$控制方法。当库存量降到订货点 B 或 B 以下时，发出订单，若发出订单时实际库存量为 I，则订货量为$(E-I)$。此策略中，订货点 B 和最大库存量是固定不变的，而订货时间和订货量则是变化的。(B, E)策略库存量的变化如图 3-6 所示。

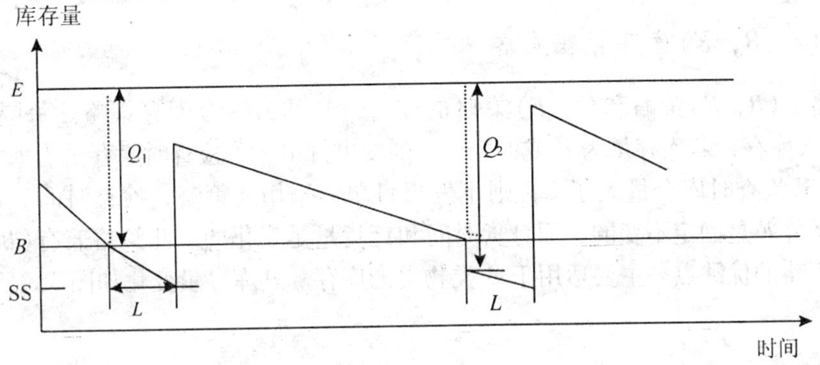

图 3-6 (B, E)策略库存量变化图

此策略不同于(B, Q)策略就在于，订货量按实际库存量确定，能避免(B, Q)策略的第三条缺点，其他同(B, Q)策略的应用范围相似，也可采用双仓策略。

(三) (t, E)库存管理策略

此策略被称为定期检查库存策略，每隔一段时间(t)检查一次库存，并发出订单，若检查时实际库存量为 I，则订货量为$(E-I)$。此策略中，检查周期即订货周期 t 和最大库存量 E 是固定不变的，而订货点和订货量是变化的。(t, E)策略库存量的变化如图 3-7 所示。

此策略具有下列优点：定期检查，检查和记录的工作量少，所需的人力较少；各种库存品能同时定期订货，订货次数较少，订货费用和运输费用可降低，有较多获得数量折扣的机会；订货时间和订货次数固定不变，便于组织。

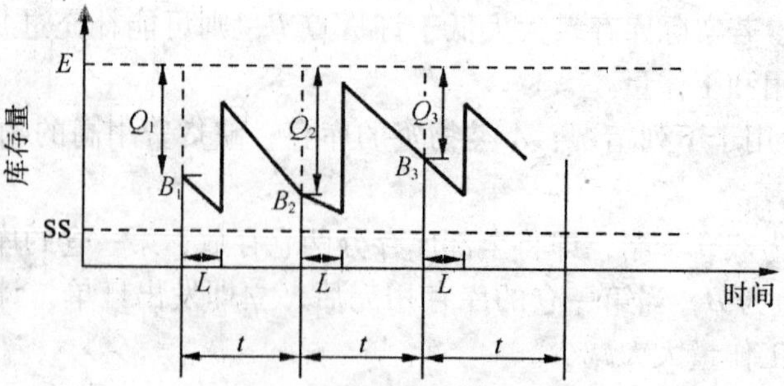

图 3-7 (t, E)策略库存变化图

(t, E)策略存在的缺点是：安全库存较多，需要满足订货周期和提前期内需求的变化，因而存储费用较高；不能随时掌握库存动态，当遇到需求量异常高时，有可能发生缺货；若在订货周期内库存下降很少也要订货，增加了不必要的订货工作量。

(t, E)策略适用于下列情况：C 类物资的库存；可从同一物资供应处订购多种物资，能使订货费用和运输费用有较大下降空间；物资的存储费和缺货费较低。

(四)(t, B, E)库存管理策略

此策略是(B, E)策略和(t, E)策略的综合，又称为综合库存策略。每隔一段时间(t)检查一次库存，若库存量为 B 或低于 B，则发出订单，若检查时库存量为 I，则订货量为(E–I)；若检查时库存量大于 B，则不发出订单。采用此策略，检查时间 t、订货点 B 和最大库存量 E 是固定不变的，而订货时间和订货量是变化的。此策略兼有(B, E)策略和(t, E)策略的优缺点，主要适用于 B 类物资的库存。其库存量变化如图 3-8 所示。

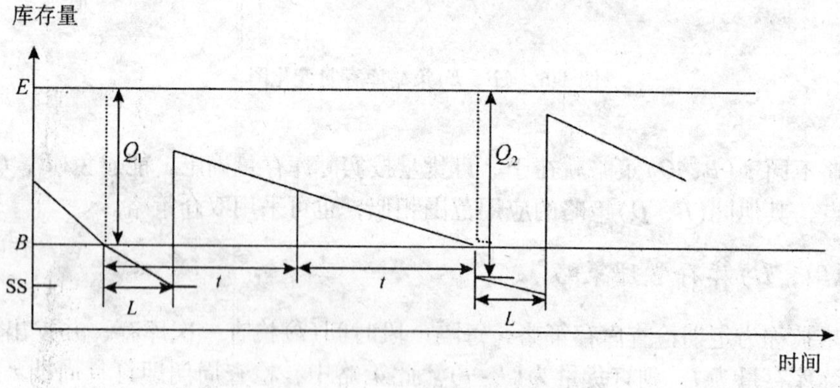

图 3-8 (t, B, E)策略库存量变化图

本章小结

本章首先介绍了采购的基本概念和分类，阐述了采购的过程和供应商选择的步骤，提供了供应商评价的方法及供应商关系管理的关键点。接着介绍了采购作业的方法，包括订货点采购、JIT采购、MRP采购、供应链采购及电子商务采购。最后介绍了库存控制决策的目标与内容、库存控制决策的影响因素，重点对库存成本的构成、经济订货批量模型以及四种常用的库存管理策略进行了阐述。

关键概念

采购(purchase)　供应(supply)
采购管理(procurement management)　供应管理(supply management)
供应商(supplier)　供应链(supply chain)
经济订货批量(economic order quantity)　库存控制(inventory control)

复习思考题

1. 什么是采购管理？简述供应商选择的步骤。
2. 简述JIT采购与传统采购的区别。
3. 简述供应链采购与传统采购的区别。
4. 在采购管理中如何防止发生供应商控制的情况？
5. 与库存控制有关的成本包括哪些项目？
6. (B, Q)库存管理策略有何优缺点？
7. 根据表3-8的资料，试采用ABC分类法进行物资分类管理控制。

表3-8　**各项物资的年均资金占用量**

编号	年均资金占用量(千元)	编号	年均资金占用量(千元)
1	95000	6	225
2	13000	7	1500
3	15000	8	7500
4	7500	9	25000
5	800	10	425
合计		233450	

8. 某公司对产品W的需求如表3-9所示，已知订货成本为80元/次，保管成本为6元/单位·年，试用经济订货批量法确定全年订货计划，使总库存成本最小。

表3-9 产品W的需求情况

月份	1	2	3	4	5	6	7	8	9	10	11	12	总计
月需求	35	87	37	155	179	154	113	77	149	185	263	66	1500

9. 某企业年需要物资量为14400件，该物资的单价为0.4元，保管费率为25%，每次的订货成本为20元，一年工作52周，订货提前期为1周。

要求：(1)经济订货批量为多少？(2)一年应该订几次货？(3)全年的库存总成本是多少？(4)订货点的库存储备量是多少？

10. 已知对某种物料的日需求量为200件/天，如全年按360天计算，年需要量为72000件/年，订货费用为100元/次，库存管理成本为0.5元/(件·年)，订货提前期为7天，保险库存量为300件，求经济订货间隔期与库存控制系统的最大库存量。

11. 某香肠厂以每天800只产量生产热狗，快递公司以每天250只热狗的稳定数量向当地商店与餐馆供货。生产热狗的备货成本为20元/次，年持有成本为1元/只，该厂每年的工作日为300天。

要求：(1)最佳生产规模；(2)最优的生产间隔期(天数)。

12. 参加某生产企业原材料仓库的管理活动，深入了解仓库原材料的品种、价格、入库量、出库量、库存量等，用ABC分类法对其进行分类，并对该原材料仓库的管理提出自己的看法。同时，选出几种原材料，确定合适的库存控制方法。

13. 将学生分为两组，一组整理出实物店的购物流程，另一组整理出网上的购物流程，比较两种购物流程的差异，分析网上购物对消费行为带来的新变化。

☞ 案例分析

案例1

L批发集团的库存管理

布里斯班是澳大利亚昆士兰州的主要城市，它的北部有许多迅速发展的沿海小镇。过去这个偏远地区的药物配送都是直接由生产商运来的，但是人口的增长刺激了批发商的进入，现在已经成为一个成熟的产业，由中心仓库提供有效的配送服务。乔治在当地开了一家配送中心，专门为医药零售商、医院、特许医生和其他渠道供应药物及相关产品。现在，乔治的配送中心已经发展成为L批发集团。L批发集团的主要业务有接收并处理订单、持有存货和存货控制、为客户配送。

为了确保公司能持续成功经营，乔治一直在寻求改进工作状况的途径。不久前他注意到，为客户配送的成本一直在上升。乔治雇了一个管理咨询师，让他对改进配送运营提出建议。这个咨询师对需要改进的方面提出了一些建议，他的最终报告建议公司改进存货政策。

乔治看了一下库存控制系统，这是以某软件公司7年前提供的标准软件为基础建立的。此系统已经升级、扩充过两次，目前看上去运行良好。遗憾的是，一次详细的检查发现，一段时期内存货水平确实一直在上升。采购部解释说，公司成功的原因就在于具有良好的声誉，能提供很好的服务，值得信赖。客户可以通过电子邮件、传真或电话订货，而且在下一个工作日内保证准备好配送。但L批发集团有时会把存货用完，这样就不能满足客户需求(生产的前置期平均是1周)。为了杜绝此类事件再次发生，采购部采取了在仓库保存2周的货物的政策。但是由于某些原因，库存增加到3周的需求。

于是所有的货品都使用同样的采购政策，根据采购部的经验，最重要的因素是过去5周内的平均需求，因为可用它预测未来的需求，那么再订购水平就设为：

再订购水平=平均需求×(前置期+安全库存)×因素

在这里，因素指一个从1到2的变量，它用来客观评价货品的重要性和供应商的可信性。

实际上，订购量由采购部的人员数量来决定。此部门有3个人，每人每天要处理120份订单。在1年的200个工作日中，他们要发出7.2万份订单，即库中有8000种货品，平均每种货品1年要发出9份订单。为了增加另一个安全因素，每份订单的数量要能维持6周或7周。

此系统大部分是自动化的，没有人真正检查过它的运营情况。货品单位成本从一美元到几十美元不等，也没有人核算过持有存货的成本和采购成本。作为试验，乔治收集了9种货品的小样本信息，如表3-10所示。

表3-10 **9种货品的样本信息**

周	1	2	3	4	5	6	7	8	9
1	53	284	252	27	145	1235	567	121	987
2	64	301	260	32	208	1098	664	87	777
3	82	251	189	23	177	987	548	223	743
4	41	333	221	22	195	1154	602	304	680
5	73	276	232	27	211	1559	530	76	634
6	18	259	195	30	179	1209	650	377	655
7	40	242	217	31	205	993	612	156	598
8	53	310	225	23	187	1313	608	198	603
9	52	311	186	28	156	1405	596	94	621
10	21	336	265	23	182	1009	637	355	564
11	67	258	245	25	171	985	555	187	559
12	50	277	212	28	169	1237	589	209	519
13	22	263	224	31	210	1119	601	304	485
再订购水平	302	1220	1050	160	1120	6100	2520	900	4400
订单数量	450	2000	1500	245	1450	7900	4500	1950	6400
单位成本	45.25	10.20	8.75	32.60	12.25	6.50	28.50	36.00	4.20

资料来源：[加]唐纳结·沃特斯著，高咏玲译：《供应链管理概论》(第二版)，电子工业出版社2010年版。

案例思考：你认为现在的库存控制系统运营得如何？其缺陷是什么？如何进行改进？

案例2

某企业生产的机器上有一种零件需要从供应链上的其他企业购进，年需求量为10000件。有3个供应商可以提供该种零件，其价格不同，质量也有所不同。另外，这三个供应商的交货提前期、提前期的安全期及要求的采购批量均不同。详细数据见表3-11。

表3-11　　**3个供应商的比较表(一)**

供应商	单价(元)	合格率(%)	交货提前期(周)	提前期的安全期(周)	采购批量(件)
A	9.50	88	6	2	2500
B	10.00	97	8	3	5000
C	10.50	99	1	1	1200

如果零件出现缺陷，需要进一步处理才能使用。每个有缺陷的零件处理成本为6元，主要用于返工的费用。为了比较分析评价的结果，共分3个级别评价供应商：第一级仅按零件价格排序；第二级按价格+质量水平排序；第三级按价格+质量水平+交货时间排序。按第一个级别即价格水平排序如表3-12所示。

表3-12　　**3个供应商的比较表(二)**

供应商	单价(元)	排序
A	9.50	1
B	10.00	2
C	10.50	3

按第二个级别即价格+质量水平排序，有缺陷零件的处理成本可根据不同供应商的零件质量水平来计算，结果如表3-13所示。

表3-13　　**3个供应商的比较表(三)**

供应商	缺陷率(%)	缺陷费用(元/年)	缺陷处理(元)	质量成本(元)	总成本	排序
A	12	1200	7200	0.72	9.50+0.72=10.22	2
B	3	300	1800	0.18	10.00+0.18=10.18	1
C	1	100	600	0.06	10.50+0.06=10.56	3

最后综合考虑价格、质量水平和交货时间等因素，评价供应商的运作绩效。交货期长短的不同主要导致库存成本的不同。其中主要考虑下列因素：交货提前期、提前期的安全期、允许的最小采购批量、缺陷零件增加的安全量(补偿有缺陷零件的额外库存)。3个供应商的比较见表3-14。

表3-14　　3个供应商的比较表(四)

供应商	提前期引起的库存价值(元)	批量生产引起的库存价值(元)	总库存价值(元)	年缺陷零件造成的费用(元)	实际总库存成本(元)
A	3525	11875	15400	1848	17248
B	4352	25000	29532	881	3023
C	1377	1050	2427	24	2451

与零件库存有关的维持费用，如库房租赁费、货物保险费等，按库存价值的25%计算(这个系数根据企业的不同而不同)。计算结果如表3-15所示。

表3-15　　3个供应商的比较表(五)

供应商	实际总库存价值(元)	维持费用(元)	单位零件成本(元)
A	17148	4312	0.43
B	30233	7558	0.76
C	2451	612	0.06

根据价格、质量成本、交货期的综合评估结果见表3-16。

表3-16　　3个供应商的比较表(六)

供应商	单价(元)	质量成本(元)	交货期成本(元)	总成本(元)	排序
A	9.50	0.72	0.43	10.65	2
B	10.00	0.18	0.76	10.94	3
C	10.50	0.06	0.06	10.62	1

结论：通过对3家供应商的供货运作绩效的综合评估，在价格、质量水平、交货时间及订货批量方面，供应商C最有优势，最后选择供应商C为供应链的合作伙伴。

资料来源：程艳霞：《现代物流管理概论》，华中科技大学出版社2009年版。

案例思考：

1. 该企业选择供应商的标准是什么？
2. 供应商绩效评估的作业流程是什么？

第四章 运输与配送管理

学习目的和要求

- 了解运输和配送的概念及其功能。
- 理解运输与配送作业流程，理解不同运输方式的优缺点。
- 掌握运输合理化和配送合理化的途径和方法。

引 例

幸福乐器厂生产各类中外弦乐器，每年采购长白山红松木，加工成提琴、吉他、胡琴等乐器，采用人造革琴盒包装。乐器通过在汽车运输公司雇车运到乐器店，运输损坏率高。因为乐器的形状不规则，运输工具的空间利用率低，致使运输费高昂。

请大家分析该物流过程，提出改进意见。

第一节 运输与配送管理概述

一、运输的概念和功能

(一)运输的概念

运输是指利用运输工具和运输设施，实现物资长距离空间位置转移的活动。其中包括集货、分配、搬运、中转、装入、卸下、分散等一系列操作。运输是社会经济的纽带，是物流的核心功能之一。运输通过解决物品在生产地点和需要地点之间的空间距离问题，从而创造商品的空间效益，实现其使用价值，满足社会需要。

(二)运输的功能

1. 产品转移

运输的主要目的是以最少的费用，将恰当的产品在恰当的时间运往恰当的地点，并留下良好的印象。只有通过运输将商品从生产地运往消费地，使商品的交易过程能顺利完成，从而实现物质产品的使用价值，社会各种需求才能得到满足。运输使商品发生转移，改变了产品的地点和位置，增加了产品的价值，创造了产品的空间效用。运输还使产品在规定的时间到达目的地，或者说在需要的时候发生，因而，也创造了产品的时间效用。

运输、配送、搬运等环节都有改变物品空间位移的作用，但在物流运作过程中，它们还是有区别的。一般来说，运输主要指在一个较大范围内，对物品进行较长距离的空间移动，可以使用车、船、飞机等多种运输方式；配送属于运输中的末端运输，主要指在一个较小范围内对物品进行较短距离的空间移动，一般使用汽车作为运输工具；而搬运则指在同一场所内，对物品进行水平移动为主的物流作业，一般使用叉车、牵引车等搬运工具。

2. 产品临时储存

将产品进行临时储存是运输的次要职能之一，即将运输工具作为暂时的储存场所。在运输期间对产品进行临时储存的原因有两个：一是运输中的产品需要储运，但在短时间内又将再次运输，并且装卸货物的费用超过储存在运输工具中的费用；二是仓库空间有限，无法储存产品。这样，企业可以将货物装载于运输工具中，采用迂回路径或间接路径运往目的地。显然，运输工具在迂回路径上所用的时间要长于在直接路径上所用的时间。使用运输工具作为产品的临时储存点的成本很高。但是，考虑到装卸成本或仓库容量有限等限制条件，从总成本或完成任务的角度来分析，这样的方式可能是合理的。

3. 决定物流的时间和速度

物品的空间移动是在线路和节点上实现的，其中在线路上进行的活动就是运输。货物在运输线路上通过时间的长短，是物流时间和速度的决定性因素之一。运输所需要的时间和速度既取决于基础设施等载体的质量，也取决于汽车、火车、飞机等运输工具的现代化水平，还取决于运输组织管理的合理化程度。显然，基础设施质量越好，运输工具现代化水平越高，组织管理越合理，运输时间就越短，速度也越快，物流的效率也会越高。

4. “第三利润源”

物流强调的是“动”，运输是实现物流“动”的主要环节。运输承担着较长距离、较大量物资的空间转移的任务，所以其时间长、距离长、运量大，消耗也大。消耗的绝对数量大，其节约的潜力也就大。在所有的物流费用中，运输费用所占的比重是最高的，在物流费用中差不多50%是运输费用，有些产品的运输费用甚至高于生产费用。我们总是希望能够以最短的时间、最少的成本，将产品从原产地运输到需要的地点，因此通过运输合理化可以获得比较大的节约。

二、配送的概念和功能

（一）配送的概念

配送一般处于物流末端，具有提高物流经济效益，优化、完善物流系统，改善物流服务，降低成本等功能，在物流系统中占有重要的地位。因此，配送逐渐成为挖掘利润源泉的突破口，也越发显示出它的重要。我国国家质量技术监督局在2006年颁布的国家标准

《物流术语》中，对配送的定义为：在经济合理区域范围内，根据客户要求，对物品进行分拣、加工、包装、分割、组配等作业，并按时送达指定地点的物流活动。

一般来讲，配送可以定义为，按客户订货要求，在配送中心或其他物流节点进行集货、分货、配货业务，并以合理的方式将配置货物送交客户的过程。配送是物流活动中一种特殊的、综合的具有商流特征的形式。从物流来讲，配送包括物流的全部职能，是物流的缩影或在特定范围内物流全部活动的体现。概括而言，配送的概念包括如下几个要点：

(1)明确指出按用户订货的要求。配送以用户为出发点，用户处于主导地位，配送处于服务地位。因此，配送在观念上必须明确"用户第一"、"质量第一"。

(2)配送是"配"和"送"的有机结合，完全按照客户要求的数量、种类、时间等进行分货、配货、配装等工作。配送与一般送货的重要区别在于，配送利用有效的分拣、配货等理货工作，使送货达到一定的规模，以利用规模优势取得较低的送货成本。

(3)配送是一种"中转"形式。配送是从物流据点至用户的一种特殊送货形式，表现为中转型送货，而不是工厂至用户的直达型。更重要的是，配送是用户需要什么送什么，而不是有什么送什么。配送是从物流节点至客户的一种特殊送货形式。

(4)强调合理的方式送交用户，即配送者必须以用户要求为依据的同时，应该追求合理性，并指导用户，实现双方都有利可图的商业原则。

(二)配送与运输的区别

关于运输与配送的区别，常见的观点如表4-1所示。参照我国国家标准《物流术语》，可以这样认为，所有物品的移动都是运输，而配送则专指短距离、小批量的运输。因此，可以说运输是整体，配送则是运输中的一部分。

表4-1 运输与配送的区别

项目	运输	配送
线路	从工厂仓库到物流中心	从物流中心到终端客户
运输批量	批量大、品种少	小批量、多品种
运输距离	长距离干线运输	端距离直线运输
评价标准	主要看运输效率	主要看服务质量
附属功能	单一	包括物流的所有功能要素

第二节 运输流程和运输方式

物质产品从生产所在地向消费所在地的物理性转移，是通过不同的运输方式来实现的。在物流过程中，对运输方式和运输工具的选择，成为合理运输研究的重要内容。组织合理运输对提高物流系统的整体效益有重要的意义。

一、运输流程

一个完整的运输流程大致由6个步骤组成，包括制订运输方案、货物委托承运、装车作业、在途跟踪管理、卸车作业和验收交接，如图4-1所示。

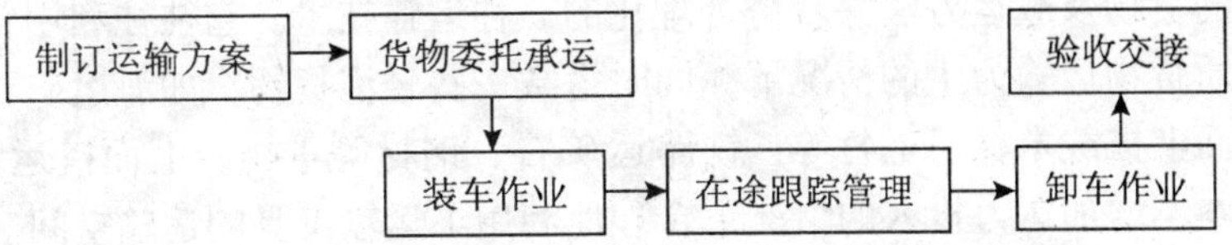

图4-1 运输流程图

(一)制订运输方案

制订运输方案是整个运输过程的第一个环节。它是指在运输作业之前，根据实际的运输需要，做出有关运输方式、运输工具、运输路线、运输时间、运输成本预算、承运人或运输人员配备和运输投保等多种方案选择的过程。

在制订运输方案的过程中，企业可首先确定是采用外包运输还是由企业组织运力自行运输。通常，自行运输往往只在运距较短，且多为公路运输时才会使用。更多的时候，由于货物往往要进行长途运输，需要多种运输方式，如铁路、公路、水运、航空等多种运输方式相互配合，因此，运输业务常由企业外的专业运输企业来承担，即通常所说的第三方物流公司。这时，在选好承运人后，具体的运输方式、运输工具、运输路线、运输时间等运输方案的主要内容只需和承运人共同讨论确定即可。

(二)货物委托承运

交由其他运输企业运输的货物，要根据确定的运输方案和承运人办理货物的委托承运手续，包括货物的组配、制单、办理托运手续等环节。

货物的组配就是根据运输条件将待运的各种货物按照性质、重量、体积、包装、形状、运价等因素合理地配装在一定容积的运输工具里。组配是一项技术性很高的工作，直接关系到运输工具的利用程度、运费的高低和货物的安全。在组配中要遵循安全、合理运输、节约费用、先急后缓等原则。

制单主要是编制货物运单和运输交接单。货物运单是托运企业和力、办理货物交接和计费的原始凭证，一经签订就具有契约性质，所以双方都应对所填内容认真负责。运输交接单是接运方或中转方之间货物交接的凭证，也是收货方掌握在途货物情况及承付货款的依据。不管是编制货物运单还是编制运输交接单，都是一项严肃认真的任务，一定要逐项填写，做到正确、清晰。

交由其他运输企业运输的货物，要根据制好的单据办理托运手续，待其受理后，即可根据指定的时间和货位送货，办理交接手续。

(三)装车作业

将需要运输的货物装卸搬运到运输工具的作业称为装车作业。它是一种在同一地域范围内，如工厂范围内、车站范围内、仓库范围内等，改变“物”的存放、支撑状态的活动。

装车作业中，可运用配载运输的技术。这是一种充分利用运载工具的载重量和容积，合理安排装载的货物及载运方法并获得合理化的一种运输技术。它往往利用轻重货物混合搭配，在以重质货物运输为主的情况下，同时搭载一些轻泡货物，如海运矿石、黄沙等重质货物，在仓面上搭载木材、毛竹等；铁路运矿石、钢材等重物，上面搭运农副产品等。配载技术在基本不增加运力投入的情况下合理地利用了运输工具的运输空间。

(四)在途跟踪管理

货物在途是运输过程中货物损耗最大的环节之一，因而也是对运输货物进行管理的重要环节。对在途货物的管理，可以由专职安排的押运人员进行，也可由行车中的司机等运输作业的承运人员进行。保证货物的安全到达是在途跟踪管理的主要任务。对在途货物的跟踪管理，可以使企业及时了解货运情况，如货物的运输时间、在途货物所处的具体地点等，以便在发生特殊情况时，可以及时采取相关措施，同时可以对货物的安全起到监督作用。

(五)卸车作业

卸车作业是装车作业的相反过程。它是指货物从发运地到收货地后需要根据到货通知联系有关业务部门，根据货物数量、品种，组织人力、物力和仓库货位，将到达的货物从运输工具上卸下来的过程。

准备卸车过程中需要注意检查到达货物的包装是否完整，数量、质量是否与货单相符，如有不正常情况，应做相应的记录，用以分清发、转、收三方的责任。

(六)验收交接

验收交接是指货物从发运地到收货地后，收货单位根据到达的站、港通知，与运输企业办理的货物点验接收工作。

首先，向到达站、港递交有关接运手续，交付相关费用。其次，根据提货凭证，到站、港站台或仓库接收、点验货物。由于货物发运方式的不同，具体的验收交接手续和方法也有所差异。如铁路货物验收交接，大致有 4 种情况。

(1)发站装车到站收货。由于发、接货都由车站负责，所以验收交接时接运单位只和车站发生付费、点验及事故处理、责任划分关系。

(2)专用线装车到站收货。这种方式涉及货物发运单位、收货方和承运方三方，所以，收货方提货员领货时，必须会同到站理货员共同检查车牌、车号、车体状况，如有异常，提货员应与车站理货员取得一致意见后，方可拆封、交接。如发现有短缺、破损，不管是因为何种原因造成的，都应取得到站的有关货物短缺、破损的记录，以便划清三方各自的责任。

(3)发站装车专用线收货。与专用线装车到站收货的验收交接手续大致相同。

(4)专用线装车专用线收货。这种情况虽然与车站无直接关系，但也应要求到站派人共同拆封、验收。此外，收货方应在办完货物交接的规定天数内，将运输交接单注明收货情况、加盖公章后寄回，或者由押运员带回发货单位或中转单位。

二、运输方式

1807 年世界上第一艘蒸汽轮船“克莱蒙特号”在美国试航成功，揭开了机械运输的新纪元。其后，各种新型机械运输形式相继出现：1825 年世界上第一条铁路在英国正式通车；1861 年世界上一条输油管道在美国铺设；1886 年世界上第一辆以汽油为动力的汽车在德国问世；到 1903 年，莱特兄弟制造的第一架飞机“飞行者 1 号”在美国飞上蓝天。至此，经历了整整一个世纪，各类新型机械运输工具相继问世，并以它们为运输手段逐步奠定了铁路、公路、水路、航空以及管道运输构成的运输业基本格局。

对应于上述五种运输工具，物质产品运输有五种基本方式，即铁路运输、公路运输、水路运输、航空运输和管道运输。各种不同的运输方式都有各自不同的特点。选用何种运输手段，对提高运输效率具有十分重要的意义。

(一)铁路运输

铁路是我国国民经济的大动脉，铁路运输是我国货物运输的主要方式之一。铁路运输是指使用铁路列车运送客货的一种方式。铁路运输主要承担长距离、大批量的货运以及在没有水运条件的地区运送几乎所有大批量的货物。铁路运输是在干线运输中起主力运输作用的运输形式。铁路运输与水路干线运输、各种短途运输衔接，就可以形成以铁路运输为主要方式的运输网络。铁路运输的货物具有低价值和高密度的特点，运输成本在货物售价中所占的成本比较大。铁路运输经济里程一般在 200 公里以上。

1. 铁路运输的分类

按照货物的数量、性质、形状、运输条件，铁路货物运输可分为整车货物运输、零担货物运输、集装箱货物运输等。整车货物运输，即一批货物的重量、体积或形状需要以一辆以上货车运输的，应按整车方式办理托运。在铁路货物运输中，整车货物运输占很大比例。零担货物运输是指一批货物的重量、体积或形状不够整车运输条件时可按零担托运。铁路规定，按零担托运的货物，一件货物体积最小不得小于 0.02 米^3(一件重量在 10 公斤以上的除外)，一张运单托运的货物不得超 300 件。集装箱货物运输是将货物装入集装箱，再将集装箱作为一个单元装载到货车上进行运输的方式。适合以集装箱运输的货物，可按集装箱运输方式办理。

2. 铁路运输的优点

(1)运量大、运输距离长并且运价低廉。随着铁路的内燃机化和电气化改造，铁路列车承担长距离、大批量运输货物的能力不断增强，同时运载能力的提高也进一步增强了铁路运输的成本优势。

(2)运输网络完善，可以将货物运往各地。随着现代科学技术的发展，铁路网逐渐向中小城市扩散，可以很好地满足远距离的运输需要。

(3)铁路运输有专用线路，可以全天候运营，受地理和气候的影响比较小，具有较强的连续性和可靠性，安全性也很高。

(4)由于铁路货车沿固定轨道按事先计划运行，不会发生交通堵塞。

3. 铁路运输的缺点

(1)无法实现“门到门”的服务。由于铁路运输受线路、货站限制，不够灵活机动，在固定线路上行驶，始末端的运输通常要靠汽车来完成，这就需要与汽车进行换载作业。

(2)货损货差较高。铁路运输因为列车行驶时的震荡及运输过程多次中转，很容易导致所载货物的损坏、丢失。由于铁路运输货损比例远高于公路运输，所以企业一般不把高价值的货物交由铁路承运。

(3)因铁路运输受运行时刻、配车、编列或中途编组等因素的影响，不能适应用户的紧急需要。

(4)近距离运输时，其运输费用也较高。

(5)铁路及其辅助设施建设费用较高。

这些特点决定了铁路运输是陆地长距离、大批量运输的主要方式，适宜长途、大量、价值低、密度高的物品运输，如煤炭、矿石、木材、粮食、钢材等。

(二)公路运输

公路运输是配送货物的主要形式，也是我国货物运输的主要形式，在我国货运中所占的比重最大。公路运输的工具主要是汽车和畜力车，以汽车为主，它主要承担短途运输和无铁路可通的长途货物的运输任务。公路运输与铁路、水路运输联运，就可以形成以公路运输为主体的全国货物运输网络。

公路运输主要承担近距离、小批量的货物运输以及水路运输、铁路运输难以到达地区的长途大批量货运和水路运输、铁路运输难以发挥优势的短途运输。汽车运输的主要特点是灵活机动，可以实现“门到门”的直达运输，近年来，在铁路和水路密集的地区，长途运输也开始使用公路运输。公路运输的经济半径，一般在200公里以内。

1. 公路运输的优点

(1)可以实现“门到门”的运输。公路运输不受路线和停车站的约束，只要没有特殊的障碍(如壕沟、过窄的通道等)，汽车都可以到达。因此，可以提供从托运人到收货人的“门到门”直达运输。在多式联运中，公路运输通常作为其他运输方式的衔接手段。

(2)换装环节少，运输速度较快。直达运输无需转运或反复装卸搬运，因而运输时间可以缩短(比铁路短)，货物包装可以简化，因搬运造成的损坏、丢失也大大减少。

(3)运用灵活，可以满足多种需求。公路运输对货物量的大小有很强的适应性，可以灵活制订运输时刻表，可以随时调拨，有很强的弹性。

(4)公路运输服务方便，适宜于近距离、中小量货物运输，运输费用相对较低。

2. 公路运输的缺点

(1)载运量小。受汽车装载量及汽车数量的限制，无法实现大批量运输。普通汽车可载运3~5吨，即使使用全拖车也只有数十吨，无法与铁路、水路的庞大数量相比。

(2)长距离运输费用较高。在长距离运输时，由于动力费和劳务费较高，可能出现运输不经济。

(3)安全性差。由于车种复杂、路况不良以及驾驶人的疏忽等因素，容易发生交通事故，对人身、货物及汽车本身造成损失。

(4)由于汽车数量增多，造成了交通拥挤堵塞，同时产生的尾气、噪音也造成了环境污染。

公路运输是最普及、最方便的一种运输方式。在我国，公路运输一般从事中、短途运输，是一种地区性的运输方式，是企业内部生产运输的主要运输方式，为铁路运输、水路运输、航空运输起到集中疏散的作用。这种独特的运输作用是其他运输方式不能替代的。

(三)水路运输

水路运输又称为船舶运输，它是利用船舶运载工具在水路上的运输，简称为水运。水运按船舶航行的路线划分，可以分为利用海洋的海上运输和利用河川、湖泊等内陆水域的运输，即内河运输。水运在我国运输业中也占有重要的地位。水路运输主要承担大批量、远距离的运输，是在干线运输中起主力作用的运输方式。

从水运业务来讲，它可分为定期水路运输和不定期水路运输两类。海上运输又称为远洋运输，或简称为海运。海上运输业按业务内容可区分为船舶航运业、船舶租让业、海上运输管理业和海运代理业等。

在各种运输方式中，水路运输是最经济的运输方式。尤其在运输大宗货物或散装货物时，采取专用的船舶运输，可以取得更好的技术经济效果。但是，水路运输的运输速度较慢，装卸搬运费用较高，航运和装卸作业受天气的制约等，这是水路运输的不利方面。

1. 水路运输的优点

(1)运输成本低。水运成本明显低于航空、公路以及铁路运输。因此，水运对于单位价值低或者运输成本占售价很大比重的产品(如矿石、木材、农产品等)而言最具优势。

(2)运载量大。内河运输中采用拖带方式，运量会成倍增长。

(3)环境污染小。在同距离、等量产品的运输中，水路运输所耗费的能源最少。

(4)续航能力大。船上可以携带数十天地食物及淡水，配备各种设备，能够独立生活。

2. 水路运输的缺点

(1)运输速度最慢。海上运输有时以几个月为周期，因此一些公司把水路运输作为“运送中的”仓库。

(2)受气候、季节、港口条件的影响较大。水运受到天气状况、季节水位、港口基础设施的影响较大。尤其是远洋运输，极易受风浪、风暴和恶劣天气的影响，使得航期不能保证。

(3)货损现象较多。水上运输的野蛮装卸、运输途中的颠簸以及水运自身导致包装破损等损坏情况。

(4)可用性较差。只有临近水路的托运人才能直接使用水路运输，否则就需要有汽车或火车来衔接地面运输。

（四）航空运输

航空运输又称为飞机运输，它是指利用飞机运载工具进行货物运输的一种运输方式。航空运输在我国运输业中主要承担长距离的客运任务，其货运量占全国货运量的比重逐年增加。我国民用飞机机型主要有波音737、波音747、波音757、波音767、MD-82、伊尔18、B-146、三叉、安12、安124、运7和肖特360等。航空运输快速、安全，但费用高昂。由于飞机运输对货物产生的震动和冲击力较小，货物只需要简单打包即可运输，散包事故少。

通常航空运输承载的货物主要有两类：一是运输时间受限的货物，如花卉、海鲜等保鲜物品，抢险救灾等紧急物品，时装等流行商品等。二是价值高、运费承担能力很强的货物，如贵金属、珠宝、手表、相机、美术品等贵重货物，不适合低价物品和大批量货物的运输。另外，飞机运输需要航空港设施，因此，在没有飞机场的情况下无法采用航空运输方式。

1. 航空运输的优点

（1）运输速度快。航空运输的速度远远快于其他运输方式，这使得它在长途短时运输上具有突出优势。航空运输的高速性有利于降低库存水平，加速存货资金周转。

（2）可以提高货主对市场的快速反应能力。当今市场竞争激烈，航空运输的快捷服务可使货主根据市场信息迅速做出反应，推出适销对路的产品并占领市场。

（3）简化包装，减少货损。飞机在空中飞行平稳，着陆时也有减震系统，货物不会受到太大的外力，因而运输的货物只需简单包装即可。航空运输安全准确，事故率低，货损货差少，保险费用也相应较低。

（4）不受地形限制，机动性大。飞机在空中飞行，受陆地地形因素限制很少，受航线条件限制的程度远比汽车运输、铁路运输和水运小得多。

2. 航空运输的缺点

（1）运费高。航空运输的运费远高于其他方式，这是空运的最大劣势。

（2）运载能力有限。空运的能力在很大程度上受飞机货舱尺寸和飞机载重能力的限制。不过，随着大型飞机的投入使用，这种限制越来越少。

（3）可用性较差。当离机场较远时，必须依靠汽车把货物送到机场或从机场取货。

（4）受气候影响较大。恶劣的天气情况可能会对航空运输造成极大的影响，影响航空运输及时性的实现。

（五）管道运输

管道运输是使用管道输送的一种运输方式，它所运输的货物主要有油品、天然气、煤浆以及其他矿浆。管道运输与其他运输方式的主要不同在于管道设备是静止的。管道运输是近几十年发展起来的一种新型的运输方式。我国在1971年才开始有管道运输。目前，我国管道运输主要是对菜油、成品油、天然气和其他气体的输送。

管道运输的特点是连续性强、损耗小、运输安全、建设投资省、占地面积少等。但是，管道运输是一个单向的封闭输送系统，灵活性很差；另外，为了进行连续输送，需要在各中间站建立储存库和加压站，以促进管道运输的畅通。

1. 管道运输的优点

(1)运输费用低。管道一旦建成，可以连续不断地输送大量货物，不会产生回空问题且无需装卸、包装，因而费用很低。

(2)不受天气影响，运行安全可靠。易燃的油、气密闭于管道之中运输，既不受天气影响，还可减少挥发损耗，又较其他运输方式安全可靠，减少了安全库存的需要。

(3)便于管理。管道内的货物流动由计算机监视和控制。

(4)占地少、污染小。管道多埋于地下，不占用土地或占地较少。管道运输沿途无噪声，漏失污染小。

2. 管道运输的缺点

管道运输一般适用于石油、成品油、天然气等流体货物。固体原料必须加工成浆状后才能利用管道运输。在输送地点方面，与管道接近的地方或货运人才能使用这种方式。

(六)运输方式的比较分析

上述五种运输方式的成本结构比较如表4-2所示。

表4-2　**各种运输方式成本结构的比较**

运输方式	固定成本	变动成本
铁路	高(车辆及轨道)	低
公路	高(车辆及修路)	适中(燃料、维修)
水路	适中(船舶、设备等)	低
航空	低(飞机、机场)	高(燃料、维修)
管道	最高(铺设管道)	最低

五种运输方式的营运特征可以从成本即运价、速度、可靠性、可用性、特殊运输能力、货物损失以及频率七个方面进行比较，见表4-3。

表4-3　**各种运输方式相关的营运特征**

营运特征	铁路	公路	水路	航空	管道
成本(1=最高)	3	2	4	1	5
速度(1=最快)	3	2	4	1	5
可靠性(1=最好)	2	1	4	3	—
可用性(1=最好)	2	1	4	3	—
特殊运输能力(1=最好)	1	2	4	3	5
货物损失(1=最少)	3	2	4	1	—
频率(1=最高)	3	1	4	2	—

在上述五种基本运输方式的基础上，可以组成不同的综合运输。各种运输方式都有其特定的运输路线、运输工具、运输技术、经济特性及合理的使用范围。所以，只有熟知各种运输方式的效能和特点，结合商品的特征、运输条件和市场需求，才能合理地选择和使用各种运输方式，获得较好的运输绩效。

☞ 案例 4-1

运输方式的选择

1. 起运地和目的地

起运地：湖北武汉；目的地：辽宁沈阳。

2. 运输对象和运输量

(1)运输对象：一批由武汉工厂发往沈阳的冬季最新款服装。

(2)运输量：各类外套 2.3 万件，各类裤子 3 万条，另有鞋袜、丝巾等共 1.4 万件，每 200 件打包为一箱，每 300 条裤子打包一箱，每 100 件服饰打包一箱。每箱体积均为 $0.6\times0.6\times1$ 立方米，此批货物总毛重 28 吨，体积 128 立方米。

3. 运输方式

要求：由于此批服装是冬季新款服装，要求在尽可能短的时间运达沈阳中转仓库，然后再配送至各大专卖店。

(1)由于水路运输方式时间过长，故不被考虑在运输方式范围之内。

(2)若用航空运输，运价较高，航空运输适合于体积小、价值高的物品，故不被考虑在运输方式范围之内。

(3)若用公路运输比较方便，并且快捷灵活，公路运输主要经过几条国道和高速公路到达沈阳，所以公路运输方式在考虑范围之内。

(4)若用铁路运输，铁路运输速度较快且持续性较强，也有直达线路，所以铁路运输方式在考虑范围之内。

综合以上分析，故铁路运输和公路运输方式都在考虑范围之内，接着对两种运输方式进行成本分析比较，选择最佳运输方式。

4. 运输路线

(1)公路运输。全程约 1889.9 公里，具体的运输路线如下：

①武汉市内驾车方案：

从起点向东南方向出发，行驶 20 米，左转进入沿江大道。

沿沿江大道行驶 2.1 公里，左前方转弯进入环岛。

沿环岛行驶 110 米，在第二个出口，右前方转弯进入黄浦大街。

沿黄浦大街行驶 380 米，直行进入环岛。

沿环岛行驶 50 米，在第二个出口，稍向右转进入黄浦大街。

沿黄浦大街行驶 200 米，右前方转弯进入环岛。

沿环岛行驶 90 米，在第二个出口，右前方转弯进入黄浦大街。

沿黄浦大街行驶 2.4 公里，右前方转弯进入环岛。

沿环岛行驶 60 米，在第二个出口，稍向右转进入 G318。

沿 G318 行驶 4.6 公里，直行进入岱黄高速公路。

②沿岱黄高速公路行驶 10.6 公里，朝孝感方向，稍向左转进入汉十高速公路(全路段收费)。

③沿汉十高速公路行驶 34.6 公里，朝北京方向，稍向右转进入京珠高速公路(全路段收费)。

④沿京珠高速公路行驶 838.5 公里，朝衡水方向，稍向右转进入石黄高速公路(全路段收费)。

⑤沿石黄高速公路行驶 203.3 公里，朝北京方向，稍向右转进入京沪高速公路(全路段收费)。

⑥沿京沪高速公路行驶 51.9 公里，朝津沧高速方向，稍向右转进入津沧高速公路(全路段收费)。

⑦沿津沧高速公路行驶 12.8 公里，朝唐山方向，稍向右转进入唐津高速公路(全路段收费)。

⑧沿唐津高速公路行驶 162.1 公里，朝唐山方向，稍向右转进入唐港高速公路(全路段收费)。

⑨沿唐港高速公路行驶 67.5 公里，朝沿海高速方向，稍向右转进入沿海高速公路(全路段收费)。

⑩沿沿海高速公路行驶 78.8 公里，朝锦州方向，稍向右转进入京沈高速公路(全路段收费)。

⑪沿京沈高速公路行驶 400.1 公里，右前方转弯进入沈阳绕城高速公路(全路段收费)。

⑫沿沈阳绕城高速公路行驶 4.6 公里，过右侧的宁官收费站(沈阳)约 150 米后，右后方转弯进入沈辽路(部分路段收费)。

(2)铁路运输。武汉到沈阳全程 2004 公里，具体铁路路线如下：

①先由公路运输将服装运到火车站。

②火车路线：孝感—信阳—驻马店—许昌—郑州—新乡—邯郸—石家庄—任丘—天津—唐山—滦县—山海关—绥中北—辽中—沈阳北

③最后由公路运输到沈阳中转仓库。

5. 运输业务整体流程

(1)公路运输流程。

基础资料：车辆信息，运输节点，客户资料，包装，驾驶员，集装箱类型信息，价格，运力，安检。

线路管理：车辆安检，运力管理，路线管理，价格管理。

业务管理：集装箱业务，零担业务。

①集装箱业务：业务管理与审核，派车，全程网上跟踪，车辆返回，费用结算，核算成本。

②零担业务：派车，全程网上跟踪，车辆返回，费用结算，核算成本。

(2)铁路运输流程。

发运阶段：合同评审—合同受理—装卸作业—核算运费—货运票据交接。

到达阶段：装卸前准备—装卸作业—到货通知—货物保存保管—收取领货凭证—现货交接。

6. 车辆来源

(1)采用公路运输，若自营运输，则使用服装公司的车辆；若使用外包物流方式运输，则车辆有可能来自物流公司或租赁车辆。

(2)采用铁路运输，则可以用 2 个 40 英尺的集装箱，单个集装箱规格为：12.06×2.35×2.69 米，配货毛重 22 吨，体积 68 立方米。经计算：12.06/0.6=20.1(箱)，2.35/1=2.35(箱)，2.69/0.6=4.5(箱)，则 2 个 40 高柜英尺可以装货 20×2×4×2=320(箱)，其他 35 箱服装可以散装于集装箱空隙之中。

7. 运输成本计算

(1)公路运输成本计算。

①自有车辆单程长途干线成本：固定成本、变动成本。

固定成本如下：

车辆折旧费：850 元(车辆固定成本 50 万元，按 5 年折旧计算，每月 4 个来回，8 个单程)。

司机工资、福利等：500 元(每月 5000 元，按 3 天计算)。

车辆保险：200 元(每月 2000 元，按 3 天计算)。

车辆使用率：8 元(每月 80 元，按 3 天计算)。

固定成本合计：850+500+200+8=1558(元)

变动成本如下：

燃油费：4000 元(每个单程 4000 元，内含燃油税)。

修理费：200 元(每月 2000 元，按 3 天计算)。

过桥过路费：3000 元(每个单程 3000 元)。

货运信息费：200 元(每月 2000 元，按 3 天计算)。

罚款：400 元(每个单程 400 元，可能因为不按规定超速行驶，违反交通信号指示等)。

变动成本合计：4000+200+3000+200+400=7800(元)

单程长途干线成本：固定成本+变动成本=1558+7800=9358(元)

②外包费用计算。经调查，武汉的外包业务公司给出的价格是每吨 500 元，根据货物重量 28 吨，所以计算得到：

货物总运费：500×28=14000(元)

(2)铁路运输成本计算。运费计算公式为：(基价 1+基价 2×运输里程)×集装箱数，根据铁路货物运价率表，基价 1 为 436.30 元/箱，基价 2 为 1.8346 元/箱，则运费计算为：(436.30+1.8346×2004)×2=8225.68(元)

再根据铁路集装箱装卸作业费率表可知 40 英尺集装箱装卸费率 292.50 元/箱，则装

卸费计算为：292.5×2=585(元)

公路运输费用估计为4000元。

铁路运输总成本为：8225.68+585+4000=12810.68(元)

8. 运输时间估计

若采用公路运输，从武汉到沈阳的距离约为1890公里，货车在高速公路的速度最快不能超过120公里/小时，这里我们假设货车的时速为100公里/小时，并且是连续行驶，则需要约19个小时。考虑到堵车、收费站、天气变化等耗用时间，运输时间估计2天左右。

若采用铁路运输，经计算得23小时左右到达，但考虑到装卸搬运时间和公路运输时间，大概需要3天时间。

9. 最终运输决策

经过计算，公路自营外运输价格远远低于铁路运输价格和外包价格，公路运输时间也少于铁路运输，故运输任务最终采用自营公路运输。

资料来源：百度文库(http：//wenku.baidu.com/view/9c575567061c59eef8c7b47a.html)。

第三节　运输合理化

一、运输合理化的影响因素

由于运输是物流中最重要的功能要素之一，物流合理化在很大程度上依赖于运输合理化。运输合理化的影响因素很多，起决定性作用的有以下五方面的因素：

(1)运输距离。运输过程中，运输时间、运输货损、运费、车辆或船舶周转等运输的若干技术经济指标，都与运输距离有一定比例关系，运输距离是判断运输是否合理的一个最基本因素。缩短运输距离从宏观、微观看都会带来好处。

(2)运输环节。每增加一次运输，必然会增加装卸、搬运、换载等物流活动，这不但会增加中转费用和总运费，而且各项技术经济指标也会因此下降。所以，减少运输环节，尤其是同类运输工具的环节，对合理运输起着促进作用。

(3)运输工具。各种运输工具都有其使用的优势领域，对运输工具进行优化选择，按运输工具特点进行运输作业，尽量发挥所用运输工具的作用，是运输合理化的重要一环。

(4)运输时间。运输是物流过程中需要占用较多时间的环节，尤其组织合理的运输，重点在于克服不合理的运输现象，使货物运输达到及时、准确、经济、安全的要求。

(5)运输费用。运输费用在全部物流费用中占很大比例，运输费用高低在很大程度决定整个物流系统的竞争能力。实际上，运输费用的降低，无论对货主企业来讲还是对物流企业来讲，都是运输合理化的一个重要目标。运输费用也是各种合理化措施是否行之有效的最终判断依据之一。

二、运输合理化的途径

运输合理化关系到运输效率的提高与运输成本的降低，在物流管理中具有重要意义。

（一）不合理的运输

不合理的运输有以下几种：

(1)相向运输，是指同类货物或可相互代用的物品，在同一运输线上的相向运输。

(2)过远运输，是指在选择供货单位时舍近求远或长距离低价货物的运输。

(3)迂回运输，是指不是通过最短运输路线而绕道的运输。

(4)重复运输，是指应当直接运到目的地的物品，而中途卸车重复装运，或同一种物品在某一地点一面运进又一面运出。

(5)无效运输，是指运输中包括无使用价值的物品，如部分杂质或水分等的运输。

（二）合理运输的主要形式

为了克服上述不合理的运输现象，需要采取措施，组织合理的运输。合理运输的主要形式有以下几种：

1. 提高运输工具实载率

实载率有两个含义：一是单车实际载重与运距之乘积和标定载重与行驶里程之乘积的比率，在安排单车、单船运输时是判断装载合理与否的重要指标；二是车船的统计指标，即一定时期内车船实际完成的货物周转量（以吨公里计）占车船载重吨位与行驶公里之乘积的百分比。计算时车船行驶的公里数不但包括载货行驶，也包括空驶。

提高实载率的意义在于：充分利用运输工具的额定能力，减少车船空驶和不满载行驶的时间，减少浪费，从而求得运输的合理化。

我国曾在铁路运输上提倡"满载超轴"，其中，"满载"的含义就是充分利用货车的容积和载重量，多载货，不空驶，从而达到合理化之目的。这个做法对推动当时运输事业发展起到了积极作用。当前，国内外开展的"配送"形式，优势之一就是将多家需要的货和一家需要的多种货实行配装，以达到容积和载重的充分合理运用，是运输合理化的一个进展。在铁路运输中，整车运输、合装整车、整车分卸及整车零卸等具体措施，都是提高实载率的有效措施。

2. 直达直线运输

直达运输是指把货物从产地直接运达要货单位，中间不需要经过各级批发企业的仓库的运输。直线运输是在组织货物运输过程中，按照物品的合理流向，选择最短的路线。直达运输和直线运输往往是交织在一起的，在减少环节的同时，又缩短了运输里程，收到了双重的经济效果，因此通常合称为直达直线运输。

直达直线运输是合理组织商品运输的重要措施之一。它可以减少商品的周转环节，消除商品的迂回、对流等不合理运输，从而减少商品的损耗，节省运输费用。品种简单、数量很大的商品或需要尽可能缩短周转时间的商品，应尽可能采取直达直线运输。

3. "四就直拨"运输

"四就直拨"运输，是指在流通过程组织货物调运时，对当地生产或外地到达的货物，不运进流通批发仓库，采取直拨的办法，把货物直接分拨给市内基层批发、零售店或用户，从而减少一道中间环节。"四就直拨"，即指就厂直拨、就站直拨、就库直拨和就车

(船)过载。就厂直拨是将商品由生产厂家直接发送到要货单位，又分为厂际直拨、厂库直拨和厂站直拨等几种形式。一般日用工业品多采用就厂直拨的方式。就站直拨是将到达车站或码头的商品，不经过中间环节，直接分拨给要货单位。就库直拨，是将由工厂送入一、二级批发企业仓库的商品，由批发企业调拨给要货单位或直接送到零售终端。就车(船)过载是将到达消费地或集散地的商品，在卸车(船)的同时，装上另外的车(船)，分送给要货单位，中间不再经过其他环节。“四就直拨”需要各部门紧密配合，加强协作，才能做到及时、准确、安全、经济。

4. 合装整车运输

合装整车运输，也称“零担拼整车中转分运”，它主要适用于杂货运输。合装整车运输是在组织铁路货运时，由同一发货人将不同品种但发往同一到站、统一收货人的零担托运货物，由物流企业自己组配在一个车皮内，以整车运输的方式，托运到目的地；或把同一方向不同到站的零担货物，集中组配在一个车皮内，运到一个适当车站，然后再中转分运。合装整车运输的具体做法有四种：零担货物拼整车直达运输、零担货物拼整车直达再中转分运、整车分卸、整装零担。

5. 提高技术装载量

提高技术装载量，是组织合理运输、提高运输效率的重要内容。提高技术装载量不仅可以最大限度地利用车船载重吨位，而且可以充分利用车船装载容积。具体做法有以下几种：

(1)组织轻重配装。它是把实重货物和轻泡货物组装在一起，既可以充分利用车船装载容积，又能达到装载重量，以提高运输工具的综合利用率。

(2)实行解体运输。它是针对一些体积大且笨重、不易装卸而又容易碰撞致损的货物所采取的一种装载技术。例如，大型机电产品、科学仪器、自行车、缝纫机等，可将其拆卸装车，分别包装，以缩小其所占据的空间位置，达到便利装卸搬运和提高运输装载效率的目的。

(3)堆码技术的运用。应根据车船的货位情况及不同货物的包装状态、形状，采取有效的堆码技术，如多层装载、骑缝装载、紧密装载等技术，以达到提高运输效率的目的。与此同时，改进包装技术，逐步实行单元化、托盘化，对提高车船技术装载量也有重要的意义。

第四节　配送流程和配送路线规划

一、配送流程

为了发挥配送的作用，实现配送效益，配送流程可分为以下六个步骤：

第一步，拟订配送计划。配送是物流系统的一项综合且复杂的功能，必须按计划进行组织。配送计划是指针对未来一定时期，对已知客户需求进行前期的配送规划，以便对车辆、人员、支出等作统筹安排，以满足客户需要的方案。商流是其拟订配送计划的主要依据。可以说，商流提出了何时、何地、向何处送货的要求，而配送则据此在恰当安排运力、路线、运量的基础上完成此项任务。

第二步，下达配送计划与组织实施。配送计划确定后，按照计划的要求，组织实施。将配送计划所确定的到货时间以及到货品种、规格、数量通知用户和配送点，以便用户按计划准备接货，配送点按计划准备发货。

第三步，按配送计划确定货物需要量。各配送点按配送计划，审定库存物资的配送保证能力，对数量、种类不足的物资，组织进货。

第四步，配送点下达配送任务。配送点向运输部门、仓储部门、分货包装及财务部门下达配送任务，各部门完成配送准备。

第五步，配送发运。这一步骤是配货部门按要求将各用户所需的各种货物进行分货及配货，然后进行适当的包装，并印制包装标记和标志，包括用户名称、地址、配送时间、货物明细，以及运送装卸搬运过程应注意的事项等，最后按计划将各用户货物进行组合、装车，并将发货明细交司机或随车送货人。

第六步，送达。按指定的路线将货物送达用户，并由用户在回执上签字。配送工作完成后，通知财务部门结算。

二、配货作业方法

配货作业是将储存的货物按发货要求分拣出来，放到发货场所指定位置的作业活动的总称。配货作业可以采用机械化、半机械化或人工作业，常采取“摘果方式”或“播种方式”完成配货作业。

（一）摘果方式

摘果方式又称摘取方式，是用搬运车辆巡回于货物保管场所，按配送要求，为每个用户从每个货位或货架上挑选拣出所需货物，巡回一次完成一次配货作业。一般来说，这种方式适宜于不易移动或每一用户需要货物品种多而数量较小的情况，以及配送中心的每种货物的位置固定的情况。进行拣选配货时，以出货单为准，每个拣货员按照品类顺序或储位顺序，到每种品类的储位下层的拣货区拣取出货单内该品类的数量，码放在托盘上，再继续拣取下一个品类，一直到该出货单结束后，将拣好的货品与出货单置放于等运区指定的位置，再由出货验收人员接手。

摘取方式的优点是以出货单为单位，一人负责一单，出错的机会较少，而且易于追查。有些配送中心以摘取方式进行配货，甚至省略了出货验收的工作，而由拣货员兼任出货验收的工作。该方式的缺点是重复作业太多，几乎每张出货单都要走一遍库房，人力负荷重，出货单的品类多、单项数量少的时候，人力作业的负担更重。

（二）播种方式

播种方式是将需要配送数量较多的同种货物集中搬运到发货场所，然后将每一用户所需要的数量取出进行二次分配，分放到每一货位处，就像播种一样直至配货完毕。这种方式适用于货物易于集中移动且对同一种货物需求量较大的情况。

播种方式配货的原理和摘取方式完全不同，除了单一的出货单以外，还需要各个出库商品品类的总数量。拣货员的工作，先是按照“拣货总表”的品类总量，到指定储位的拣货区一次取一类货物。取完一个品类后，拖至待验区，按照出货单的代码将该品类应出货的数量放下。

播种方式的优点是可以提高拣货的速率和准确率。该方式的缺点是需要相当的空间作为待验区，对于仓储空间有限的企业而言有相当的困难。而且出货时间必须有一定的间隔，不能像摘取方式那样可以逐单、连续出货。

三、车载货物的配装

合理配装是充分利用运输车辆容积、载重量和降低物流成本的重要手段。配送车辆配装要解决的主要问题就是在充分保证货物质量和数量完好的前提下，尽可能提高车辆的装载率，以提高车辆利用率，节省运力，降低配送费用。由于需配送货物的相对密度、体积以及包装形式各异，在装车时，既要考虑车辆的载重量，又要考虑车辆的容积。为了避免运力浪费使车辆的载重和容积都能得到有效的利用，推行轻重配装，实现满载满容。如何实现配装达到满载满容，采用的基本方法是以车辆的最大容积和载重量为限制条件，并根据各种货物的容量、单件货物的体积建立相应的数学模型，通过计算求出最佳方案。在具体车辆配装时，要根据需配送货物的具体情况以及车辆情况，进行简单的计算，再依据经验确定装车方案。这里要注意以下两个问题：

(1)在货物种类不多、车辆类型单一的情况下，可直接采用手算方式，达到货物与车辆的匹配，实现满载满容。

(2)在配装货物种类较多、车辆类型也较多的情况下，采用人工计算有困难时，可采用计算机实现优化配装目的。如果不具备适用计算机的条件，可以从多种配送货物中选出容量最大、最小的两种，利用手算配装，其他货物再选容量最大及最小配装。依此类推，得出配装结果。

四、配送路线的确定

配送路线是否合理，直接影响到配送效率和配送效益。合理确定配送路线所涉及的因素较多，是一个较为复杂的问题，主要因素包括用户的要求、配送资源状况、道路拥挤情况等。在配送路线选择的各种方法中，都要考虑配送要达到的目标，以及为实现配送目标而存在的各种限制条件，即在一定约束条件下，选择最佳的方案。

(1)配送路线确定原则。配送路线确定的原则与配送目标在原则上是一致的，这些原则包括成本要低、效益要高、路线要短、吨公里要小、准时性要高、劳动消耗要少、运力运用要合理等。

(2)配送路线确定的限制条件。实现配送目标总是要受到许多条件的约束和限制。一般来讲，这些限制和约束包括用户对货物品种、规格、数量的要求，用户对货物送到时间范围的要求，在允许通行的时间(城市交通拥挤时所做的时间划分)内进行配送，车辆载重量和容积的限制，以及配送能力的约束等。

(3)配送路线的确定方法。根据配送业务量和供应区域范围的大小，可分区或不分区进行送货，每天或间隔若干天定期送货，租用或自备一辆或多辆车辆安排送货。不论送货工作的组织形式如何，都涉及配送路线的正确选择问题。由于配送用户多，一般城市交通路线又较复杂，如何组合成最佳路线，如何使配装和路线有效搭配等，是配送运输的特点，也是难度较大的工作。配送路线的确定方法很多，诸如方案评价法、数学模型法、经验法、节约里程法等。

☞ 案例 4-2

运用节约里程法选择配送线路

已知配送中心 P_0 向 5 个用户 $P_j(j=1, 2, 3, 4, 5)$ 配送货物，其配送路线网络、配送中心与用户的距离以及用户之间的距离如表 4-4 所示，线路上的数字表示两节点之间的距离。配送中心有 3 台 2 吨卡车和 2 台 4 吨两种车辆可供使用。在此利用节约里程法确定最优的配送方案。设卡车行驶的速度平均为 40 公里/小时，试比较优化后的方案比单独向各用户分送可节约多少时间。

第一步：作运输里程表，列出配送中心到用户及用户间的最短距离，见表 4-4。

表 4-4　　运输里程表

需要量(T)	P_0					
1.5	8	P_1				
1.7	8	12	P_2			
0.9	6	13	4	P_3		
1.4	7	15	9	5	P_4	
2.4	10	16	18	16	12	P_5

第二步：由运输里程表，按节约里程公式求得相应的节约里程数，如表 4-5 的括号内的数。

表 4-5　　节约里程表

需要量(T)	P_0					
1.5	8	P_1				
1.7	8	12(4)	P_2			
0.9	6	13(1)	4(10)	P_3		
1.4	7	15(0)	9(6)	5(8)	P_4	
2.4	10	16(2)	18(0)	16(0)	12(5)	P_5

第三步：将节约里程进行分类，按从大到小顺序排列，见表4-6。

表4-6　**节约里程排序表**

序号	路线	节约里程	序号	路线	节约里程
1	P_2P_3	10	6	P_1P_5	2
2	P_3P_4	8	7	P_1P_3	1
3	P_2P_4	6	8	P_2P_5	0
4	P_4P_5	5	9	P_3P_5	0
5	P_1P_2	4	10	P_1P_4	0

第四步：确定单独送货的配送线路：8+8+6+7+10=39(公里)

所以，初始方案配送距离为：39×2=78(公里)

第五步：根据载重量约束与节约里程大小，将各客户节点连接起来，形成2条配送路线，即A、B两配送方案。

配送线路A：$P_0—P_2—P_3—P_4—P_0$

运量 $q_A=q_2+q_3+q_4=1.7+0.9+1.4=4$(吨)

用一辆4吨车运送。

节约距离 $S_A=10+8=18$(公里)

配送线路 B：$P_0—P_1—P_5—P_0$

运量 $q_B=q_5+q_1=2.4+1.5=3.9$(吨)

小于4吨，用一辆4吨车运送。

节约距离 $S_B=2$(公里)

第六步：与初始单独送货方案相比，计算总节约里程与节约时间。

总节约里程：$\Delta S=S_A+S_B=20$(公里)

节约时间：$\Delta T=\dfrac{\Delta S}{V}=\dfrac{20}{40}=0.5$(小时)

第五节　配送合理化

一、不合理配送

不合理配送是在现有条件下可以达到的配送水平而未达到，从而造成资源浪费、成本增加、服务不到位等问题的配送形式。配送的决策是全面、综合决策，在决策时要避免由于不合理配送出现所造成的损失。目前一般存在的不合理配送形式有：

(1)资源筹措不合理。配送是利用较大批量筹措资源，通过筹措资源的规模效益来降低资源筹措成本，使配送资源筹措成本低于用户自己筹措资源成本，从而取得优势。资源筹措不合理主要表现在，资源重复配置，配送量计划不准，资源筹措过多或过少，在资源筹措时不考虑建立与资源供应者之间长期稳定的供需关系等。

(2)库存决策不合理。配送应充分管理好集中库存，在大大节约社会财富的同时，降低用户实际平均分摊的库存负担。因此，配送企业必须依靠科学管理来实现总量较低的库存，否则就会出现库存转移但库存总量未降低的结果。配送企业库存决策不合理还表现在储存量不足，不能保证随机需求，失去了应有的市场。

(3)价格不合理。总的来讲，配送的价格应低于不实行配送的价格，即用户自己进货时产品购买价格加上自己提货、运输、进货之成本总和，这样才会使用户有利可图。有时候，由于配送有较高服务水平，价格稍高，用户也是可以接受的，但这不是普遍的原则。如果配送价格普遍高于用户自己进货价格，损害了用户利益，就是一种不合理表现。不过价格过低，使配送企业处于无利或亏损状态下运行，也是不合理的。

(4)配送与直达的决策不合理。一般的配送总是增加了环节，但是这个环节的增加，可降低用户平均库存水平，以此不但抵消了增加环节的支出，而且还能取得剩余效益。但是如果用户使用批量大，可以直接通过社会物流系统均衡批量进货，较之通过配送中转送货则可能更节约费用，所以，在这种情况下，不直接进货而通过配送，就属于不合理范畴。

(5)送货运输不合理。配送与用户自提比较，尤其对于多个小用户来讲，可以集中配装一车送几家，这比一家一户自提可大大节省运力和运费。如果不能利用这一优势，仍然是一户一送，而车辆达不到满载(即时配送过多、过频时会出现这种情况)，则就导致不合理。此外，不合理运输的若干表现形式，在配送中都可能出现，使配送变得不合理。

(6)经营观念不合理。在配送实施中，有许多是经营观念不合理，使配送优势无从发挥，相反却损坏了配送的形象。这是开展配送时尤其需要注意克服的不合理现象。例如，配送企业利用配送手段，向用户转嫁资金、库存困难。在库存过大时，强迫用户接货，以缓解自己库存压力；在资金紧张时，长期占用用户资金；在资源紧张时，将用户委托资源挪做他用获利等。

二、配送合理化的途径

建立现代化的高效率的配送系统，必须以信息技术和自动化技术等先进技术为手段，以良好的交通设施为基础，不断优化配送方式，实现配送的合理化。实现配送合理化主要有以下一些方法：

(1)实现共同配送。共同配送其实质就是在同一个地区，许多企业在物流运作中相互配合、联合运作，共同进行理货、送货等活动的一种组织形式。共同配送有利于克服不同企业之间的重复配送，提高车辆使用效益，减少城市交通拥挤和环境污染。

(2)实现区域配送。配送的区域扩大化趋势突破了一个城市的范围，发展为区间、省间甚至跨国的更大范围的配送，即在配送范围内向周边地区、全国乃至全世界辐射。配送区域扩大化趋势将进一步带动国际物流，使配送精力向国际化方向发展。

(3)推行准时配送系统。准时配送是配送合理化的重要内容。配送做到了准时，用户才有资源把握，可以放心地实施低库存或零库存，可以有效地安排接货的人力、物力，以追求高效率的工作。另外，保证供应能力，也取决于准时供应。

(4)推行即时配送。即时配送是最终解决用户企业所担心的供应间断问题，是配送企业快速反应能力的具体化，是配送能力的体现，可以发挥物流系统的综合效益。

(5)实行产地直接配送。实行产地直接配送持有效地缩短流通渠道，优化物流过程，大幅度降低物流成本，特别是对于批量大、需求量稳定的货物，产地直送的优势将更加明显。

(6)实现配送的信息化。配送信息化就是直接利用计算机网络技术重新构筑配送系统。信息化是其他先进物流技术在配送领域应用的基础。例如，利用计算机技术、条码技术，建立计算机辅助送货系统、辅助配货系统、辅助分拣系统等。

(7)实现配送的自动化。配送作业的自动化突破了体力劳动和手工劳动的传统模式，出现了大量自动化程度相当高的无人立体仓库，采用了诸如自动装卸机、自动分拣机、无人取货系统和搬运系统等自动化物流设施，提高了配送效率。利用这些技术设备可以使分拣、配货的速度大幅度提高。

三、配送的共同化

共同配送是为了提高物流效益，由多个企业联合组织实施的配送活动。几个中小型配送中心联合起来，分工合作对某一地区的客户进行配送，共同制订计划，共同对某一地区用户进行配送，具体执行时共同使用配送车辆，这种方式称共同配送。它主要是针对某一区域的客户所需物品数量较少而使用车辆不能满载、配送车辆利用率不高等情况。将配送企业的用户集中到一起，就能更有效地实行配送。共同配送的收益可按一定比例由各配送企业分成。

物流的共同化并非局限于配送的共同化，还包括物流资源利用共同化、物流设施与设备利用共同化以及物流管理共同化。物流资源是指人、财、物、时间和信息；物流的设施及设备包括运输车辆、装卸机械、搬运设备、托盘和集装箱、仓储设备及场地等；物流管理是指商品管理、在库管理、配送管理、作业管理、成本管理、劳务管理等。配送共同化的基本模式有如下三种：

(1)物流企业的配送中心。这类配送中心可能是由专业的物流公司建立的，也有可能是大型的连锁企业独资兴建或控股的物流子公司兴建的。这类公司不仅承担物流作业，而且往往也兼有采购和批发的职能，实际上是一种配销中心，当然也有可能只从事物流作业活动。

(2)厂商联合型配送中心。它在厂家与批发商或供应商与连锁总店之间进行共同配送。一是对不同厂家和不同批发商按区域进行共同配送，每个批发商只负责特定区域的商品配送，在这些区域除配送自己经营的商品外，还负责在这一区域配送其他批发商的商品；在其他区域，别的批发商同时也为他提供同样的服务。二是众多厂商通过配送中心的共同配送向众多的连锁店配送商品，每个厂商都将要配送给各连锁店的商品先配送到配送中心，再由配送中心为各连锁店进行共同配送。

(3)商业企业的配送中心。即由批发商、零售商、连锁公司共同组建配送中心，向同一地区众多的零售店铺进行共同配送。

共同配送的运作，是在配送中心的统一计划、统一调度下展开的。主要有四种运作形式：一是由一个配送企业对多家用户进行配送，在配送时间、数量、次数、路线等方面的安排上，在用户可以接受的前提下，统筹安排配送时间、次数、路线和货物数量，全面进行配送。二是仅在送货环节上将多家用户待运送的货物混载于同一辆车上，然后按照用户的要求分别将货物运送到各个接货点，或者运到多家用户联合设立的配送货物接收点上。这种配送有利于节省运力和提高运输车辆的货物满载率，是一种较为简单易行的共同配送方式。三是在用户集中的地区，由于交通拥挤，各用户按货场或处置场所单独进行配送有困难，而设置多用户联合配送的接收点或处置点。四是在同一城市或同一地区有数个不同的配送企业，各配送企业可以共同利用配送中心、配送机械装备或设施，对不同配送企业的用户实行共同配送。

本章小结

运输是指利用运输工具和运输设施，实现货物长距离空间位置转移的活动，其中包括集货、分配、搬运、中转、装入、卸下、分散等一系列操作。运输的方式包括铁路、公路、水路、航空和管道运输等。运输的距离、环节、工具、时间和费用是合理运输的"五要素"。组织合理运输的主要形式有：提高运输工具实载率、直达直线运输、"四就直拨"运输、合装整车运输、提高技术装载量等。

配送是指按客户订货要求，在配送中心或其他物流节点进行集货、分货、配货业务，并以合理的方式将配置货物送交客户的过程。配送不但为物流企业创造了经济价值，更重要的是实现了社会资源的有效配置和利用。配送工作可分为六个步骤，即包括拟订配送计划，下达配送计划，按配送计划确定商品需要量，配送点向仓库、运输、分货、包装及财务部门下达具体配送任务，配送发运与送达等。配送方法主要是指为完成配送任务所采用的具体工作方法，包括配货作业方法、车载货物的配装、配送路线的确定等。

关键概念

运输(Transportation)　空间效用(place utility)　配送(distribution)
时间效用(time utility)　共同配送(joint distribution)

复习思考题

1. 试比较分析配送与运输的区别。
2. 试对比不同运输方式的各自优缺点及其适用范围。
3. 简述运输的作业流程。
4. 简述运输合理化的途径。
5. 简述配送合理化的途径。
6. 已知配送中心 P_0 向 6 个用户 $P_j(j=1, 2, 3, 4, 5, 6)$ 配送货物，其配送路线网络、配送中心与用户的距离以及用户之间的距离如表 4-7 所示，线路上的数字表示两节点之间的距离。配送中心有 2 台 5 吨卡车和 1 台 2 吨两种车辆可供使用。试利用节约里程法制订最优的配送方案。

表4-7

需要量(T)	P_0						
1.5	8	P_1					
1.7	8	2	P_2				
1.9	6	3	4	P_3			
1.4	7	5	9	5	P_4		
1.7	10	6	8	6	2	P_5	
1.6	5	4	7	8	3	1	P_6

7. 给出两个城市，请学生查询交通地图，列出两地运输的具体线路，并计算运输线路的总长。

8. “中国邮递员问题”是什么问题？试举例说明。

☞ 案例分析

7-11 便利店的配送系统

一家便利店的成功，很大程度上取决于配送系统的成功。一间普通的7-11连锁店一般只有100～200平方米大小，却能提供23000种食品，不同的食品有可能来自不同的供应商，运送和保存的要求也各有不同，每一种食品又不能短缺或过剩，而且还要根据顾客的不同需要随时调整货物的品种，种种要求给连锁店的物流配送提出了很高的要求。

7-11的物流管理模式先后经历了三个阶段三种方式的变革。起初，7-11并没有自己的配送中心，它的货物配送依靠批发商来完成。以日本的7-11为例，早期日本7-11的供应商都有自己特定的批发商，而且每个批发商一般都只代理一家生产商，这个批发商就是联系7-11和供应商的纽带，也是7-11和供应商之间传递货物、信息和资金的通道。供应商把自己的产品交给批发商以后，对产品的销售就不再过问，所有的配送和销售都会由批发商来完成。对于7-11而言，批发商就相当于自己的配送中心，它所要做的就是把供应商生产的产品迅速有效地运送到7-11手中。为了自身的发展，批发商需要最大限度地扩大自己的经营，尽力向更多的便利店送货，并且要对整个配送和订货系统做出规划，以满足7-11的需要。渐渐地，这种分散化的由各个批发商分别送货的方式无法再满足规模日渐扩大的7-11便利店的需要，7-11开始和批发商及合作生产商构建统一的集约化的配送和进货系统。采用这种系统后，7-11改变了以往由多家批发商分别向各个便利店送货的方式，改由一家在一定区域内的特定批发商统一管理该区城内的同类供应商，然后向7-11统一配货，这种方式称为集约化配送。集约化配送有效地降低了批发商的数量，减少了配送环节，为7-11节省了物流费用。

随着店铺的扩大和商品的增多，7-11的物流配送越来越复杂，配送时间和配送种类的细分势在必行。日本7-11是根据食品的保存温度来建立配送体系的。日本7-11对食品的分类是：冷冻型(-20℃)，如冰淇淋等；微冷型(5℃)，如牛奶、生菜等；恒温型，如罐头、饮料等；暖温型(20℃)，如面包、饭食等。不同类型的食品会用不同的方法和设备配送，如各种保温车和冷藏车。由于冷藏车在上下货时经常开关门，容易引起车厢温度的变化和冷藏食品的变质，7-11还专门用一种两仓式货运车来解决这个问题，一个仓的温度的变化不会影响另一个仓，需冷藏的食品就始终能在需要的低温下配送了。除了配送设备，不同食品对配送时间和频率也会有不同要求。对于有特殊要求的食品如冰淇淋，7-11会绕过配送中心，由配送车早中晚三次直接从生产商门口拉到各个店铺。对于一般的商品，7-11实行的是一日三次的配送制度，早上3—7点配送前一天晚上生产的一般食品，上午8—11点配送前一天晚上生产的特殊食品(如牛奶、新鲜蔬菜)，下午3—6点配送当天上午生产的食品，这样一日三次的配送频率在保证了商店不缺货的同时，也保证了食品的新鲜度。为了确保各店铺供货的万无一失，配送中心还有一个特别配送制度来配合一日三次的配送。每个店铺都会随时碰到一些特殊情况造成的缺货，这时只能向配送中心打电话告急，配送中心则会用安全库存对店铺紧急配送，如果安全库存已用完，配送中心就转而向供应商紧急要货，并且在第一时间送到店铺手中。

资料来源：瞧这网(http：//www.795.com.cn/wz/63890.html)。

案例思考：

1. 7-11物流管理模式经过了三个阶段，每个阶段的物流管理模式给企业带来了什么？

2. 7-11在配送上进行时间和种类的细分，效果如何？如何处理好配送服务与配送成本的问题？

第五章
包装、装卸搬运和流通加工

学习目的和要求

- 了解包装、装卸搬运和流通加工的概念。
- 理解包装技术、流通加工计划和方法。
- 掌握包装、装卸搬运和流通加工合理化的途径和方法。

引　例

沃尔玛包装合理化

据了解，沃尔玛现在使用的包装材料有70%是RPC(可回收塑料包装筐)，而不是瓦楞纸箱，这主要是由于纸箱没有统一的占地标准和展示产品的功能。产品堆码整齐统一的重要性不言而喻。比如在一个农产品配送中心会有来自不同产地的商品，如果商品的种类繁多，而包装件的尺寸大小不一，那么对于如何搬运这些货物就是一个很大的难题。如果商品的包装标准化，拥有统一的占地面积，而且一个完整的占地尺寸和托盘的尺寸相等，这个问题就迎刃而解了。

RPC是最早实现标准化的运输材料，因为其规格一致，所以便于堆码。RPC底部均有插槽，其堆码稳定性也优于纸箱。RPC不仅具有标准化的优势，还具有很强的展示功能。因为RPC没有顶盖，可以直接看到内装的产品；不必在外包装上印刷图案，省去了一笔印刷费用而又不失包装的推销功能。

沃尔玛准备采用一种新型热塑包装。新型热塑包装以生物为基础材料，主要由谷物制成。它将成功取代传统的包装，应用在4种不同类型产品上，其中包括食品容器、饮料瓶罐等。项目的第一阶段在2005年11月正式启动，主要提供生鲜类产品的包装；第二阶段将进一步为蔬菜类更换新包装；第三阶段将提供新型的礼品包装；第四阶段则将逐步更换食品及水果类的包装。

资料来源：中国玻璃钢综合信息网(http://www.cnfrp.net/news/echo-php? id=3431)。

根据以上案例，请回答：

1. 沃尔玛包装的优势体现在哪些方面？
2. 降低包装成本的主要途径是什么？

第一节 包 装

一、包装概述

(一)包装的概念

任何产品，要从生产领域转移到消费领域，都必须借助于包装。物流的研究认为，包装与物流的关系，比之与生产的关系要密切得多，其作为物流始点的意义比之作为生产终点的意义要大得多。因此，包装应进入物流系统之中，这是现代物流的一个新观念。现代商品包装是实现现代物流、加速商品流通的必要条件及手段。

包装(packaging)是在流通过程中保护产品、方便储运、促进销售，按一定的技术方法采用材料、容器以及辅助物等的总体名称。也指为了达到上述目的而采用容器、材料和辅助物的过程中施加一定技术方法等的操作活动。具体来讲，包装包含了两层含义：一是静态的含义，指能合理容纳商品、抵抗外力、保护宣传商品、促进商品销售的物体，如包装容器等；二是动态的含义，指包裹、捆扎商品的工艺操作过程。通常认为包装就是包装手段加内容物。

包装在整个物流系统中有着十分重要的地位。包装是生产过程的最后一道工序，是连接销售和生产的关键环节。在社会再生产过程中，包装处于生产过程的末尾和物流过程的开头，既是生产的终点，又是物流的起点。人们对包装概念的理解应用，是随着社会生产的发展不断变化的。在现代物流观念形成以前，包装被理所当然地看成生产的终点，包装的设计往往主要从生产终结的要求出发，主要是为了保护商品，因而常常不能满足流通的要求。

随着科学技术的不断进步和商品经济的发展，人们对包装的认识不断深化，对其赋予了新的内容，即保护商品在物流过程中的完好无损，便于运输，增加商品的吸引力，促进商品的销售，以及其他的一些功能。现代包装，又向消费领域延伸，成为“无声的推销员”。包装质量不仅会影响运输过程，而且会影响销售过程。因此寻求恰当、合理的包装，具有重大的现实意义。

(二)包装的功能

从包装的定义中，我们可以看出，包装具有以下三个方面的作用：

1. 保护商品

商品包装的保护功能是其最重要和最基本的功能，主要保护商品在流通过程中使其价值相使用价值不受外界因素的损害。商品从完工出厂到市场的过程中，一般要经过一系列的运输、装卸、仓储、陈列等环节，在此期间可能要经历不同的气候条件，承受各种冲击、震动、挤压等力的作用。外界的影响因素包括：

(1)外部自然环境因素的影响。例如，气温的升高或降低造成产品的变质等；温度的变化导致包装容器强度降低，破损率升高；有害气体造成商品霉变。

(2)外力因素的影响。例如，产品运输过程中剧烈的震动冲击；储存中的高层堆码，使底层产品承载过重；产品在装卸、搬运过程中的意外跌落等外力作用，都可能损害商品的使用价值。

因此，包装要起到防止商品在流通过程中损坏的作用，使产品完好地到达消费者手中。

包装设计的时候，对商品的特性要有充分了解，根据产品的特性，考虑防震、防潮、抗冲击、防腐、防锈、防挥发等一系列要求。保证商品在流通过程中不因周围各种大气条件，特别是潮湿大气的影响而使商品受潮、霉变和腐蚀损坏；不因装卸、运输中各种机械或人力的撞击、震动等机械力的作用而受到损伤。

2. 方便储运

绝大多数商品只有在进行了合适的包装之后才便于运输和储存，才方便仓库的堆码叠放。商品经过包装，特别是推行包装标准化，能够为商品的流转提供许多方便。同时，推行包装标准化，能够提高仓库的利用率，提高运输工具的装载能力。

(1)便利运输。物流对运输的要求是方便、快速、安全。包装起来的物品便于装载，运输途中不容易碰撞、散失和损坏。包装的规格、形状、重量与物品运输关系密切。包装尺寸与运输车辆、船、飞机等运输工具箱、仓容积的吻合性，能能够提高运输工具的装载能力，降低商品对运输环境的要求，减少运输难度，从而提高运输工作效率。

(2)便利装卸。包装商品可以采用机械化或半机械化装卸搬运作业，减轻劳动强度及难度，有利于提高装卸、搬运机械的生产效率。包装的规格尺寸标准化后为集合包装提供了条件，并且可以使商品能够承受一定的装卸搬运中的机械冲击力，达到保护商品、方便装卸搬运、提高装卸搬运效率的目的。考虑车辆或集装箱的尺寸设计商品的包装，能够减少空间的浪费，提高运输能力和数量。如，考虑手工装卸时工人的工作效率，单件包装重量不要过重或太轻，一般以 15 ~ 20kg 为宜。

(3)便利储存。包装为仓库内的搬运、装卸作业提供了方便；包装物本身也为物品的保管提供了方便条件，可以起到保护物品的作用；适当包装后的商品能方便商品的计数、验收和发料过程，能提高验收、发料速度，为仓库的管理提供了便利；能便于商品的堆码叠放，节省仓库空间；良好的包装能抵御存储环境可能对商品的侵害，使物流的存储功能能顺利地实现。

3. 促进销售

促进销售，提高市场竞争能力是销售包装的功能，而运输包装则对销售包装起到良好的保护作用。包装的销售功能是商品经济高度发展、市场竞争日益激烈的必然产物。生产的地区性、全国性的、乃至世界性的发展，使半成品及成品的包装急剧地扩大了，竞争也越来越激烈。在商品质量相同的条件下，精致、美观、大方的包装可以增强商品的美感，引起消费者注意，诱导消费者的购买欲望和购买动机，从而产生购买行为，起到“无声推销员”的作用。因为消费者购买商品，首先看到的并不是商品本身，而是商品的包装，它往往使消费者形成“第一印象”，在很大程度上决定消费者的购买决策。

(三)包装的分类

随着技术的发展，包装的种类也越来越多，主要是针对不同包装物的特性，以及运输运载方式的不同而采用不同的包装方法。对于一种商品，同样的包装，从不同的角度去看，也可以分成不同类型的包装。一般来说，包装的种类可以分成下列几种：

(1)从商品包装的内外层次分，有内包装和外包装。内包装是商品的内层包装，在流通过程中主要起保护商品、方便使用、促进销售的作用。外包装是商品的外部包装，在流通过程中起保护商品、方便运输的作用。

(2)从运输、销售的角度分，有运输包装和销售包装。运输包装又称工业包装或外包装，是以运输、储存为主要目的包装。它具有保障商品在运输中的安全，方便流通过程中的储运装卸，加速交接、点验等作用。商品流通对运输包装有一些基本要求：要确保商品运输安全；要有明确的包装标志；采用先进的包装材料和包装技术。

销售包装又称商业包装，是以促进销售为主要目的的包装。销售包装的特点是外形美观，有必要的装潢，包装单位适于客户的购买量以及商店陈设的要求。销售包装也有一些基本要求：包装的外形要美观大方、醒目新颖；要突出商标，便于用户识别；要有简单和必要的文字说明；根据商品的特点，选用合适的包装材料。

(3)从包装容器的软硬程度分，有软包装和硬包装。软包装是在充填或取出内装物后，容器形状可发生变化的包装。该容器一般用纸纤维、塑料薄膜、铝箔、复合材料等制成。硬包装是在充填或取出内装物后，容器形状不发生变化的包装。该容器一般用金属、木材、玻璃、陶瓷、硬质塑料等材料制成。

(4)按包装技术方法可分为泡罩包装(吸塑包装)、贴体包装、收缩包装、真空包装、充气包装、透气包装、防水包装、防潮包装、防锈包装、防霉包装、防震包装、防尘包装、防辐射包装、防盗包装、防爆包装、防燃包装、防虫包装、隔热包装和轮廓包装等。

二、包装技术

(一)包装容器技术

1. 包装袋

包装袋是一种重要的柔性包装，其材料是柔性材料，有较高的韧性、抗拉强度和耐磨性。一般包装袋是筒管状结构，一端预先封死，在包装结束后再封装另一端，包装操作一般采用充填操作。包装袋广泛适用于运输包装、销售包装、内包装、外包装，因而使用较为广泛。包装袋一般分成下述三种类型：

(1)集装袋。集装袋是一种大容积的运输包装袋，主要用于粉状、粒状的化工产品、矿产品及农产品等的运输包装。集装袋一般多用聚丙烯、聚乙烯等聚酯纤维纺织而成，其主要优点是经济性，如比棉织品经济45%，负荷重，一般为2.5吨左右，有的高达13吨。集装袋的顶部一般装有金属吊架或吊环等，便于铲车或起重机的吊装、搬运。卸货时可打开袋底的卸货孔，即行卸货，非常方便。集装袋分为一次使用和多次使用两种。一般运程短、储存条件好的，可采取回收再用的集装袋，材料选择外用聚氯乙烯涂布的聚酯纤维，使用寿命达6~7年，可周转400次，负荷量达4吨左右；若运距长、周转储存不方便，常采用一次性集装袋，材料选用高强度聚丙烯，负荷一般不应超过1.5吨。

(2)一般运输包装袋。这类包装袋的盛装重量是0.5~100千克，大部分是由植物纤维或合成树脂纤维纺织而成的织物袋，或者由几层柔性材料构成的多层材料包装袋。例如麻袋、草袋、水泥袋等。主要包装粉状、粒状和个体小的货物。

(3)商业包装袋(或称普通包装袋)。这类包装袋盛装重量较少，通常用单层材料或双层材料制成。对某些具有特殊要求的包装袋也有用多层不同材料复合而成。在人们的生活中，普通包装随时随处可见，液状、粉状、块状和异型物等可采用这种包装。在零售商品销售活动中，塑料袋大有取代纸包装的趋势。塑料袋一般用于软包装。塑料袋包装适应范围广，它具有极强的防潮性以及透明、耐折叠、耐冲击、耐挤压等优点，是现代社会主要的包装容器之一。

2. 包装盒

包装盒介于刚性和柔性包装两者之间，包装材料有一定柔性，不易变形，而且还具有较高的抗压强度，刚性高于袋装材料。包装盒整体强度不大，包装量也不大，不适合做运输包装，适合做销售包装、内包装，包装块状及各种异形物品。用纸板做成盒形的包装容器，称为纸盒，其形状主要为长方体，也可裁制成其他形状，如圆盒状、尖角状，一般容量较小，有开闭装置。包装盒的功能主要有：对商品的包装和保护作用；对产品的宣传和促进销售的作用；成本较低，便于推销。

3. 包装箱

包装箱是一种重要的刚性包装，包装材料为刚性或半刚性材料，有较高强度且不易变形。包装结构和包装盒相同，只是容积、外形都大于包装盒，两者通常以10升为分界。包装操作主要为码放，然后将开闭装置闭合或将一端固定封死。包装箱整体强度较高，抗变形能力强，包装量也较大，适合做运输包装、外包装，包装范围较广，主要用于固体杂货包装。主要包装箱有以下几种：

(1)瓦楞纸箱。瓦楞纸箱是用瓦楞纸板制成的箱形容器。其强度较大，一般用于商品外包装。按照瓦楞纸箱的外形结构可分为三种：折叠式瓦楞纸箱、固定式瓦楞纸箱和异形瓦楞纸箱。按构成瓦楞纸箱箱体的材料来分类，有一般瓦楞纸箱和钙塑瓦楞纸箱。在使用瓦楞纸箱包装时，应考虑包装容器所能承受的压缩强度，它由原纸的强度、箱的尺寸和形状、瓦楞纸所含水分等因素决定。瓦楞纸箱的实际压缩强度，主要通过压缩实验测定，也可通过近似的计算方法求得。

(2)木箱。木箱是流通领域中常用的一种包装容器，其用量仅次于瓦楞纸箱。木箱主要有木板箱、框板箱、框架箱三种。木板箱一般用作小型运输包装容器，能装载多种性质不同的物品。木板箱作为运输包装容器具有很多优点，例如有抗拒碰裂、溃散、戳穿的性能，有较大的耐压强度，能承受较大负荷，制作方便等。但木板箱的箱体较重，体积也较大，其本身没有防水性。框板箱是先由条木与人造板材制成之箱框板，再经钉合装配而成。框架箱是由一定截面的条木构成箱体的骨架，根据需要也可在骨架外面加木板覆盖。

框架箱有两种形式，无木板覆盖的称为敞开式框架箱，有木板覆盖的称为覆盖式框架箱。框架箱由于有坚固的骨架结构，因此具有较好的抗震和抗扭力，有较大的耐压能力，而且其装载量大。

(3)塑料箱。塑料箱一般用作小型运输包装容器，其优点是：自重轻，耐蚀性好，可装载多种商品，整体性强，强度和耐用性能满足反复使用的要求，可制成多种色彩以对装载物分类，手握搬运方便，没有木刺，不易伤手。

(4)集装箱。集装箱是由钢材或铝材制成的大容积物流装运设备，从包装角度看，属于一种大型包装箱，可归属于运输包装的类别之中，也是大型反复使用的周转型包装。

4. 包装瓶

包装瓶是瓶颈尺寸有较大差别的小型容器，是刚性包装的一种，包装材料有较高的抗变形能力，刚性、韧性要求一般也较高，个别包装瓶介于刚性与柔性材料之间，瓶的形状在受外力时虽可发生一定程度变形，外力一旦撤除，仍可恢复原来瓶形。包装瓶结构是瓶颈口径远小于瓶身，且在瓶颈顶部开口；包装操作是填灌操作，然后将瓶口用瓶盖封闭。包装瓶包装量一般不大，适合美化装潢，主要作为销售包装、内包装，用于包装液体、粉状货物。包装瓶按外形可分为圆瓶、方瓶、高瓶、矮瓶、异形瓶等若干种。瓶口与瓶盖的封盖方式有螺纹式、凸耳式、齿冠式、包封式等。

5. 包装罐(筒)

包装罐是罐身各处横截面形状大致相同，罐颈短，罐颈内径比罐身内颈稍小或无罐颈的一种包装容器，是刚性包装的一种。包装材料强度较高，罐体抗变形能力强。包装操作是装填操作，然后将罐口封闭，可做运输包装、外包装，也可做销售包装、内包装。包装罐(筒)主要有三种：(1)小型包装罐，是典型的罐体，可用金属材料或非金属材料制成，容量不大，一般是做销售包装、内包装，罐体可采用各种方式装饰美化。(2)中型包装罐，外形也是典型罐体，容量较大，一般做化工原材料、土特产的外包装，起运输包装作用。(3)集装罐，是一种大型罐体，外形有圆柱形、圆球形、椭球形等，卧式、立式都有。集装罐往往是罐体大而罐颈小，采取灌填式作业，灌进作业和排出作业往往不在同一罐口进行。另设卸货出口。集装罐是典型的运输包装，适合包装液状、粉状及颗粒状货物。

(二)包装保护技术

为了使包装的功能得到充分的发挥，除了选用合适的包装材料外，在进行包装时，还必须根据不同的包装物以及环境选择不同的包装技术。常见的包装技术主要有以下几种：

1. 缓冲包装技术

缓冲包装又称防震包装是指为减缓内装物受到冲击和振动，保护其免受损坏所采取的一定防护措施的包装。缓冲包装主要是利用缓冲作用，减少或避免被包装物品在装卸搬运、运输过程中受外界的冲击力、震动力等作用而造成损伤和损失。对包装件来说，缓冲材料包括容器材料、固定材料、连接材料、封接材料等，主要指容器和产品之间的固定材料，但也不能忽视其他材料的缓冲作用。缓冲包装主要有以下三种方法：

(1)全面缓冲。全面缓冲是指内装物和外包装之间全部用防震材料填满进行防震的包装方法。

(2)部分缓冲。对于整体性好的产品和有内装容器的产品，仅在产品或内包装的拐角或局部地方使用防震材料进行衬垫即可。所用包装材料主要有泡沫塑料防震垫、充气型塑料薄膜防震垫和橡胶弹簧等。

(3)悬浮式缓冲。即对于某些贵重易损的物品，为了有效地保证在流通过程中不被损坏，用绳、带、弹簧等将被装物悬吊在比较坚固的包装容器内。在物流中，无论是什么操作环节，内装物都被稳定悬吊而不与包装容器发生碰撞，从而减少损坏。

2. 防破损包装技术

缓冲包装有较强的防破损能力，因而是防破损包装技术中有效的一类。此外还可以采取以下几种防破损包装技术：

(1)捆扎及裹紧技术。捆扎及裹紧技术的作用，是使杂货、散货形成一个牢固整体，以增加整体性，便于处理及防止散堆来减少破损。

(2)集装技术。利用集装，减少与货体的接触，从而防止破损。

(3)选择高强保护材料。通过外包装材料的高强度来防止内装物受外力作用破损。

3. 防锈包装技术

(1)防锈油防锈包装技术。大气锈蚀是空气中的氧、水蒸气及其他有害气体等作用于金属表面引起电化学作用的结果。如果使金属表面与引起大气锈蚀的各种因素隔绝，就可以达到防止金属大气锈蚀的目的。防锈油包装技术就是根据这一原理将金属涂封防止锈蚀的。用防锈油封装金属制品，要求油层要有一定厚度，油层的连续性好，涂层完整。不同类型的防锈油要采用不同的方法进行涂抹。

(2)气相防锈包装技术。气相防锈包装技术就是用气相缓蚀剂(挥发性缓蚀剂)，在密封包装容器中对金属制品进行防锈处理的技术。气相缓蚀剂是一种能减慢或完全停止金属在侵蚀性介质中的破坏过程的物质，它在常温下具有挥发性，在密封包装容器中，在很短的时间内挥发或升华出的缓蚀气体就能充满整个包装容器内的每个角落和缝隙，同时吸附在金属制品的表面上，从而起到抑制大气对金属锈蚀的作用。

4. 防霉腐包装技术

在运输包装内装运食品和其他有机碳水化合物货物时，货物表面可能生长霉菌，在流通过程中如遇潮湿，霉菌生长繁殖极快，甚至延伸至货物内部，使其腐烂、发霉、变质，因此要采取特别防护措施。通常采用冷冻包装、真空包装或高温灭菌等方法。

(1)冷冻包装法。冷冻包装法的原理是减慢细菌活动和化学变化的过程，以延长储存期，但不能完全消除食品的变质。

(2)高温灭菌法。高温杀菌法可消灭引起食品腐烂的微生物，可在包装过程中用高温处理防霉。

(3)真空包装法也称减压包装法或排气包装法。这种包装方法可阻挡外界的水汽进入包装容器内，也可防止在密闭着的防潮包装内部存有潮湿空气，在气温下降时结露。有些经干燥处理的食品包装，应防止水汽浸入以防霉腐，可选择防水汽和气密性好的包装材料，采取真空和充气包装。采用真空包装法，要注意避免过高的真空度，以防损伤包装材料。

(4)防霉措施。防止运输包装内货物发霉，还可使用防霉剂，防霉剂的种类甚多，用于食品的必须选用无毒防霉剂。机电产品的大型封闭箱，可酌情开设通风孔或通风窗等。

5. 防虫包装技术

防虫包装技术，常用的是驱虫剂，即在包装中放入有一定毒性和臭味的药物，利用药物在包装中挥发气体杀灭和驱除各种害虫。常用驱虫剂有对位二氯化苯、樟脑精等。也可采用真空包装、充气包装、脱氧包装等技术，使害虫无生存环境，从而防止虫害。

6. 危险品包装技术

危险品有上千种，按其危险性质，交通运输及公安消防部门规定分为十大类，即爆炸性物品、氧化剂、压缩气体和液化气体、自燃物品、遇水燃烧物品、易燃液体、易燃固体、毒害品、腐蚀性物品、放射性物品等，有些物品同时具有两种以上危险性能。

对有毒商品的包装要明显地标明有毒的标志。防毒的主要措施是包装严密不漏、不透气。例如重铬酸钾(红矾钾)和重铬酸钠，为红色带透明结晶，有毒，应用坚固桶包装，桶口要严密不漏，制桶的铁板厚度不能小于1.2毫米。对有机农药一类的商品，应装入沥青麻袋，缝口严密不漏。

对于易燃、易爆商品，例如有强烈氧化性的，遇有微量不纯物或受热即急剧分解引起爆炸的产品。防爆炸包装的有效方法是采用塑料桶包装，然后将塑料桶装入铁桶或木箱中，每件净重不超过50千克，并应有自动放气的安全阀，当桶内达到一定气体压力时，能自动放气。对黄磷等易自燃商品的包装，宜将其装入壁厚不少于1毫米厚的铁桶中，桶内壁须涂耐酸保护层，桶内盛水，并使水面浸没商品，桶口严密封闭，每桶净重不超过50千克。

7. 特种包装技术

(1)充气包装。充气包装是采用二氧化碳气体或氮气等不活泼气体置换包装容器中空气的一种包装技术方法，因此也称为气体置换包装。这种包装方法是根据好氧性微生物需氧代谢的特性，在密封的包装容器中改变气体的组成成分，降低氧气的浓度，抑制微生物的生理活动、酶的活性和鲜活商品的呼吸强度，达到防霉、防腐和保鲜的目的。

(2)真空包装。真空包装是将物品装入气密性容器后，在容器封口之前抽真空，使密封后的容器内基本没有空气的一种包装方法。一般的肉类商品、谷物加工商品以及某些容易氧化变质的商品都可以采用真空包装，真空包装不但可以避免或减少脂肪氧化，而且抑制了某些霉菌和细菌的生长。同时在对其进行加热杀菌时，由于容器内部气体已排除，因此加速了热量的传导。提高了高温杀菌效率，也避免了加热杀菌时，由于气体的膨胀而使包装容器破裂。

(3)收缩包装。收缩包装就是用收缩薄膜裹包物品(或内包装件)的包装技术方法。收缩薄膜是一种经过特殊拉伸和冷却处理的聚乙烯薄膜，由于薄膜在定向拉伸时产生残余收缩应力，这种应力受到一定热量后便会消除，从而使其横向和纵向均发生急剧收缩，同时使薄膜的厚度增加，收缩率通常为30%～70%，收缩力在冷却阶段达到最大值，并能长期保持。

(4)拉伸包装。拉伸包装是20世纪70年代开始采用的一种新包装技术，它是由收缩包装发展而来的，拉伸包装是依靠机械装置在常温下将弹性薄膜围绕被包装件拉伸、紧裹，并在其末端进行封合的一种包装方法。由于拉伸包装不需进行加热，所以消耗的能源只有收缩包装的1/20。拉伸包装可以捆包单件物品，也可用于托盘包装之类的集合包装。

(5)脱氧包装。脱氧包装是继真空包装和充气包装之后出现的一种新型除氧包装方法。脱氧包装是在密封的包装容器中，使用能与氧气起化学作用的脱氧剂与之反应，从而除去包装容器中的氧气，以达到保护内装物的目的。脱氧包装方法适用于某些对氧气特别敏感的物品，使用于那些即使有微量氧气也会促使品质变坏的食品包装中。

8. 防潮包装技术

防潮包装是为了防止潮气侵入包装件，影响内装物质量而采取的一定防护措施的包装。防潮包装设计就是防止水蒸气通过，或将水蒸气的通过减少至最低限度。一定厚度和密度的包装材料，可以阻隔水蒸气的透入，其中金属和玻璃的阻隔性最佳，防潮性能较好；纸板结构松弛，阻隔性较差，但若在表面涂布防潮材料，就会具有一定的防潮性能，塑料薄膜有一定的防潮性能，但它多由无间隙、均匀连续的孔穴组成，并在孔隙中扩散造成其透湿特性。透湿强弱与塑料材料有关，特别是加工工艺、密度和厚度的不同，其差异性较大。为了提高包装的防潮性能，可用涂布法、涂油法、涂蜡法、涂塑法等方法。涂布法，就是在容器内壁和外表加涂各种涂料。

(三)集合包装

集合包装设计对于提高物流运作的效率起着非常重要的作用，所以是物流管理中的一项重要任务。该项技术的直接目的就是提高劳动生产率。集合包装，就是将运输包装货件成组化，集装为具有一定体积、重量和形态的货物装载单元。集合包装包括托盘包装、滑板包装、无托盘(无滑板)包装。集合包装是以托盘、滑板作为包装货件群体的基座垫板，或者利用包装货件堆垛形式，以收缩、拉伸薄膜紧固，构成具有采用机械作业叉孔的货物载荷单元。

按照标准订单数量包装货物有助于提高装运的生产率。例如，卷烟10包一条，50条一箱，啤酒12瓶一箱，订货时以箱为单位。由于集合包装可以将品种繁多、形状不一、体积各异、重量不等的单件包装货物之箱、桶、袋、包等，逐件以托盘或滑板组成集合装载单元，并采用各种材料和技术措施，使包装货件固定于垫板上，将垫板连同其所集装之包装货物载荷单元，牢固地组合成集合包装整体，可以用叉车等机械进行装卸、搬运和实现集装单元化"门对门"运输，从而使包装方式与物流方式融合为一体，达到物流领域集合包装与集装单元化输送方式的统一。

集合包装的体积一般为1立方米，重量在500～2000千克。有些货物，例如木材、钢材集合包装重量可达5000千克以上。以集装箱、桶、袋、捆、包乃至筐、篓或具备单件运输包装的集合包装货物，包括食品、日用品、文教用品、药品、工业品、家用电器以及仪器、仪表、易碎品、危险品等各种货物。集合包装是现代化的包装方法，是包装货件物流合理化、科学化和现代化的方式之一，发展集合包装是世界各国包装货物运输的共同发展趋势。

三、包装合理化

包装合理化是物流合理化的组成部分，是实现我国物流现代化的关键。要实现包装合理化，就要研究包装的现代化和标准化。

(一)包装合理化

所谓包装合理化，是指在包装过程中使用适当的材料和适当的技术，制成与物品相适应的容器，节约包装费用，降低包装成本，既满足包装保护商品、方便储运、有利销售的要求，又要提高包装的经济效益的包装综合管理活动。包装是物流的重要组成部分，包装合理化是物流合理化的重要内容，也是物流合理化的基础。包装合理化要站在物流综合系统的角度，以物流总体的合理化为目标。包装合理化既包括包装总体的合理化，也包括包装材料、包装技术、包装方式的合理组合及运用。近代工业包装是以大量生产、大量消费背景下的商品流通为对象，以大量性、迅速性、低廉性和省力性为目标展开其合理化过程的。包装的合理化正朝着包装尺寸标准化、包装作业机械化、包装成本低廉化、包装单位大型化、包装材料的资源节省化等方向不断发展。要做好包装合理化工作，应从以下三方面着手：

(1)防止包装不足。包装不足指的是以下几个方面：包装强度不足；包装材料水平不足；包装容器的层次及容积不足；包装成本过低，不能保证有效的包装。我国曾经进行全国包装大检查，经过统计分析，认定由于包装不足引起的损失，一年达 100 亿元以上。

(2)防止包装过剩。包装成本中占比例最大的是包装材料费，容器和附属材料的总费用不少都超过总成本的 50%。包装过剩指的是以下几方面：包装物强度设计过高；包装材料选择过高；包装技术过高；包装层次过多，包装体积过大；包装成本过高。一方面可能使包装成本支出大大超过减少损失可能获得的效益，另一方面包装成本在商品成本中比重过高，损害了消费者利益。

(3)从物流管理角度，用科学方法确定最优包装。由于物流诸因素是可变的，包装也是不断发生变化的。确定包装形式，选择包装方法，都要与物流诸因素的变化相适应。这些因素主要有：第一是装卸搬运。在确定包装时，必须对该种产品的装卸搬运手段、方法有所了解，使包装形式、包装方法与之相适应。第二是保管。在确定包装时，必须对保管的条件和方式有所了解。例如，采用高垛就要求包装有很高的强度，否则就会压坏。如果采用低垛或料架保管，包装的强度就可以相应降低，以节约资源和费用。第三是运输。输送工具类型、输送距离长短、道路情况如何都对包装有影响，例如道路情况比较好的短距离汽车输送，就可以采用轻便的包装。同一种产品，如果进行长距离的车船联运，就要求严密厚实的包装。

(二)改善包装的方法

针对工业包装的形态，共有 12 项改善包装、提高物流效率的方法：

(1)一直保持原包装。从工厂的生产线到使用者的包装都要保持原状。

(2)考虑倍数关系。包装样式的尺寸要考虑倍数关系的相互配合后进行设计，例如货柜、货台和货架等与装运物品的箱子的关系应是各种尺寸都形成倍数，这样载货的效率才能提高。例如，某豆腐厂规定了冷冻豆腐的尺寸，随之将包装制品的箱子标准化，固定几项大小规格，以便装载铁路集装箱时不留一丝空隙，这就是倍数关系。尺寸倍数化所导致的输送成本降低将非常可观，对库存费用的缩减也有贡献。

(3)每箱装货量相等。每箱装货量都不形成零碎数字，必须是一个标准整数。这不仅能够提高装货效率和简化验收手续，而且对于入库指示和库存管理等业务的效率提高，也有显著的功效。例如，通常以5、10、20、50、100作为每箱的标准容纳单位。

(4)包装样式便于堆高以提高保管效率。当包装样式不佳时，便有可能无法堆高，因此必须特别留意。

(5)组合要简洁。包装式样要尽可能简化，利用拼装、压缩等方式，才能提高装货率包装的简洁。

(6)必须易于装进仓库，也要易于取出。设计优良的包装，应考虑工厂生产线作业，使入库和开包都能顺利进行。这种要求的包装，是工业包装所面临的最大课题。

(7)包装样式要便于搬运。搬运工作是否容易迅捷，决定于包装样式的好坏。比方说，瓦楞纸箱两边各挖一个洞孔，以便于用手插进而搬运、移动等；或是为了避免箱子破损而在员外层容器加带捆绑。这些都是运用智慧设定的理想的包装样式，能够有效地促进搬运作业。

(8)必须坚固结实但又容易处理。从保护品质的方面着想，应该采用坚固的包装，能够承受外部的压力与冲击。同时，为了方便废料的回收处理，包装材料也应便于迅速处理。

(9)对包装材料进行价值分析。包装材料及包装手续的费用，一般为物品价格的1%。通过采用价值分析法降低包装成本，能带来物流总成本的降低。例如，某大型洗涤剂制造商采用价值分析的替代性原则对洗涤剂的包装箱进行了改革。从前，装洗涤剂的外箱每一面都采用瓦楞纸(黄纸板)，新的包装方式是用瓦楞纸围住直立方体的四面，另两面则用聚乙烯薄膜做收缩包装。这样便节约了外箱两面所需的瓦楞纸，从而使每大箱洗涤剂的成本降低了20元，对促进销售及缩减库存也贡献颇大。

(10)考虑施工顺序的适当性。有时，只要把零件的施工顺序变更一下，就能节省管理费用达30%。

(11)回溯到物品设计阶段。在搬运过程中，往往因为物品设计的构造或形状不理想而影响装载率，因此，不应在物品制成产品后再去设计包装，而是应该在设计物品的阶段中，让设计包装者参与，站在包装的立场上提出意见。

(12)视数量多少采用不同的包装样式。应该结合物品数量的多少来改变包装样式和车辆类型。在一般情况下，大量的物品要采取专用包装样式以提高作业效率，少量的货品则可以用通用包装或车辆来进行搬运，这样在成本方面或管理方面都比较有利。

(三)包装现代化

所谓包装现代化，是指在包装产品的包装设计、制造、印刷、信息传递等各个环节采用先进、适用的技术和管理方法，以最低的包装费用，使物资产品经过包装顺利地进入消费领域。要实现包装的现代化，就需要大力发展现代化的包装产品，加快开发现代化的包装机械设备和推广普及先进的包装技术，加快新型包装材料的研制和生产。在物资的运输包装方面，要充分发挥集装箱、集装袋、纸箱和托盘的作用，逐步实现包装集装化；同时，包装要和运输工具、储存、装卸手段相互配套，以便实现包装的系列化、规格化和标准化。

1. 包装作业机械化

包装过去主要是依靠人力作业，进入大量生产、大量消费时代以后，包装的机械化也就应运而生。实现包装作业的机械化是提高包装作业效率、降低人工包装作业强度、实现省力的基础。包装机械化从逐个包装机械化开始，之后向装箱、封口、挂提手等外装关联作业推进。此外，还有使用托盘堆码机进行的自动单元化包装，以及用塑料薄膜加固托盘的包装等。在超级市场，预先包装(原包装)已经普及，就是从保证卫生出发，食品包装机械化也是非常必要的。所以，包装机械化对于节省劳力、货物单元化、提高销售效率以及采取无人售货方式等均是必要的和不可缺少的。

劳务费是影响包装成本的重要因素之一，特别是在经济发达的地区和国家劳务费用占包装成本的比重相当高。节约劳务费用的办法是提高包装作业的机械化程度，降低包装作业对人工的依赖程度。当然，机械化包装作业需要购置包装机械，机械使用费用同样构成包装成本，如果节约的劳务费用低于使用机械支付的费用，包装成本不仅不会下降，反而会提高。仅仅从包装环节和费用的角度看，机械化程度的高低需要结合人工使用成本综合考虑。在许多场合，通过机械与人工的合理组合，在半机械化的条件下从事包装作业，既可以提高效率，又可以节约人工，使包装成本得到有效控制。

2. 包装单位大型化

随着交易单位的大型化和物流过程中搬运的机械化，包装的大型化趋势也在增强。大型化包装有利于机械的使用，提高装卸搬运效率。如作为工业原料的粉粒状货物，就使用以吨为单位的柔性容器进行包装。包装单位大型化可以节省劳力，降低包装成本。与包装大型化同步的是最近在有的批发商店里或仓储式商店，直接将工业包装的货物摆在货架上，可见对这种大型化包装应给予足够的重视，由此也可以看出包装的大型化趋势。

(四)包装标准化

1. 包装标准化的概念

包装标准化是实现包装合理化需要研究的重要课题。它是对包装类型、规格、材料、结构、造型、标志及包装实验等所作的统一规定以及相关的技术政策和技术措施，其中主要包括统一材料、统一规格、统一容量、统一标记和统一封装方法。包装标准就是对包装标志，包装所用的材料规格、质量，包装的技术要求，包装件的试验方法等的技术规定。产品包装的质量必须用它的各项标准来衡量。产品没有包装，不能进入流通领域，有了包装而无标准就无法鉴别包装质量的优劣。包装标准可分为三类：

(1)包装基础标准和方法标准。这是包装工业基础性的通用标准，如包装通用术语、包装的尺寸系列、运输包装件试验方法等。ISO(国际标准化组织)已经制定了有关物流的许多设施、设备等方面的技术标准，并已制定了国际物流基础尺寸的标准方案：物流基础模数尺寸为600mm×400mm；物流集装箱基础模数尺寸以1200mm×1000mm为主，也允许1200mm×800mm及1100mm×800mm。

(2)工农业产品的包装标准。这是对产品包装的技术要求或规定。其中一种是产品质量标准中对包装、标志、运输、储存等的规定，如国家标准《日用安全火柴》规定，每盒应有商标和制造厂名，每10盒为1包，每100包为1件，每件包装必须严密牢固；另一种是单独制定的包装标准，如国家标准《洗衣粉包装箱》、《针织包装与标志》、《铝及铝合金加工产品的包装、标志、运输和贮存的规定》等。

(3)包装工业的产品标准。这是指包装工业产品的技术要求和规定，如国家标准《食品包装纸》、《纸袋纸》、《高压聚乙烯重包装袋》、《塑料打包带》等。

2. 包装标准化的意义

实现包装的标准化对于实现物流全过程的整体合理化具有特别重要的意义。包装标准化的管理对提高包装质量、降低包装成本、保护内装物品的固有性质、减少其在流通过程中的破损、节约运力、增加经济效益、方便销售、增强产品的竞争能力等方面都起着重要作用。

适应输送、保管、装卸的要求。包装的标准化是提高物流效率、减少损失的有效手段，它是运输工具和运输机械标准化的基础。实现包装标准化，可减少包装物的规格型号，同类产品可以通用；在包装物的生产过程中，可减少更换机器、规格尺寸和印刷标志的时间，提高效率，节约工时费用。

适应包装机械化的要求。现代工业生产是采用机械化、自动化、系列化的社会化大生产，只有实现包装的标准化，才能适应大规模、大批量生产的要求、才能促进包装机械化、自动化的发展，迅速形成现代包装工程体系。

有利于国际贸易的发展和物资流通范围的扩大。推行标准化是任何国家的一项重要技术经济政策，它适应于日益扩大了的国际贸易发展的需要，成为产品走向国际市场的重要条件之一。若包装不按国际标准包装，产品的国际集装袋、集装箱运输就会受到影响，最终会影响产品的出口。

实现包装标准化还可以促进商品包装物的回收利用，而且对于保护产品质量、提高运输工具的装载量、加速物流都具有十分重要的意义。为此，对已经制定了包装标准的，要坚持执行；对尚未制定标准的，要积极配合生产部门研究制定，加速包装标准化的进程。

3. 包装尺寸的确定

包装尺寸的确定要考虑包装与物流其他作业环节、其他运载工具的关联，考虑保护内部物品、便于人工装卸搬运作业、节约包装材料等因素。包装尺寸要符合集装单元化和标准化的要求。包装的规格和托盘、集装箱关系密切，也应考虑到和运输车辆、搬运机械的匹配，从系统的观点制定包装的尺寸标准。例如，纸箱尺寸的设计与托盘、集装箱、车辆、货架等各种各样的物流子系统发生联动，包装、运输、装卸、保管等不同物流环节的机械器具的尺寸设计需要建立在共同的标准之上。

(1)包装模数尺寸。作为确定包装尺寸基础的是包装模数尺寸。为实现包装货物合理化而制定的包装尺寸系列叫做包装模数，以这个规格确定的容器长度×容器宽度的组合尺寸称为包装模数尺寸。包装模数尺寸的基础数值，即包装模数则是根据托盘的尺寸，以托盘高效率承载包装物为前提确定的。标准的包装尺寸应该与包装模数尺寸相一致，只有这样，才能保证物流各个环节的有效衔接，按照包装模数尺寸设计的包装箱才可以按照一定的堆码方式合理、高效地码放在托盘上。

(2)单元货载系统化。物流系统效率化的关键在于使单元货载系统化。所谓单元货载系统是把货物归整成一定数量的单件进行运输。其核心是自始至终采用托盘运输，即从发货至到货后的装卸，全部使用托盘运输方式。为此，在物流过程中所有的设施、装置、机具均应引进物流标准概念。物流标准是指为实现标准化，提高物流效率，将物流系统各要素的基准尺寸体系化。其基础就是单元货载尺寸。

单元货载尺寸是运输车辆、仓库、集装箱等能够有效利用的尺寸。比如，托盘以1100×1100mm 和1000×1200mm 为标准。将这一标准数值进行整数分割或组合而成的种数值的正方形尺寸和种数值的长方形尺寸就成为运输包装系列尺寸的规格值。采用这种运输包装系列尺寸，可以使货物恰好不多不少地码放在托盘上，既不致溢出，也不留有空隙。卡车的车厢规格，也最好按单元货载尺寸的要求制造，使装载货物时既不致超出也不致余空。物流托盘标准化的思想就是把运输包装系列尺寸、单件货载尺寸、车厢尺寸和一系列的规格尺寸作为一个整体联系起来。

第二节 装卸搬运

☞ 案例5-1

玉米的转运

A物流公司的主要工作是每天从内地粮食产地将玉米装进麻袋，火车运进转运站，晾晒，再将干玉米用皮带机运进粮仓。一个月后，再装麻袋，用火车将粮食运进港口的后方库场落地堆放。运粮船靠泊的前一天，将粮袋由后方库场移至码头前沿。第二天装船时，吊车将麻袋吊至舱口，装卸工割口，将玉米倒进船舱。

请分析该物流过程，提出改进意见。

一、装卸搬运概述

(一)装卸搬运的概念

装卸搬运是指在同一地域范围内进行的、以改变物料的存放(支承)状态和空间位置为主要目的的活动。装卸(loading and unloading)是指物品在指定地点以人力或机械装入运输设备或从运输设备卸下的活动；而搬运(handling and carrying)是指在同区域范围内将物品进行短距离水平移动为主的物流作业。搬运的“运”与运输的“运”，区别之处在于：搬运是在同一地域的小范围内发生的，而运输则是在较大范围内发生的。在实际操作中，装卸和搬运是密不可分的。因此，在物流学中并不过分强调两者差别，而是作为一种活动来对待。

在流通领域，人们常把装卸搬运活动称为“货物装卸”，而在生产领域则把这一整体活动称为“物料搬运”。实际上，活动内容都是一样的，只是领域不同而已。装卸搬运活动是物流各项活动中出现频率较高的一项作业活动。它是把物流各环节以及同一环节各活动连接起来的桥梁和纽带，它的效率的高低，直接影响着物流的整体效率。

装卸搬运是随运输和保管等而产生的必要物流活动，它是对运输、保管、包装、流通加工、配送等物流活动进行衔接的中间环节。装卸搬运有对输送设备(例如车辆)的装入、装上和取出、卸下作业，也有对固定设备(例如保管货架等)的出库、入库作业。

(二)装卸搬运的作用

装卸搬运是介于物流各环节(如运输、储存等)之间起衔接作用的活动，无论在生产领域或流通领域，其在物流活动中都起着十分重要的作用。在生产企业的物流系统中，先后的各个环节或同一环节的不同活动之间，都必须进行装卸搬运作业。装卸搬运活动的基本动作包括装车(船)、卸车(船)、堆垛、入库、出库以及连接上述各项动作的短程输送，是伴随运输和保管等活动而产生的必要活动。装卸搬运的作用，主要表现在以下几方面：

(1)装卸搬运直接影响物流质量。进行装卸操作时往往需要接触货物，使货物产生垂直和水平方向上的位移，货物在移动过程中会受到各种外力的作用，如振动、撞击、挤压等，容易使货物包装和货物本身受损，如损坏、变形、破碎、散失、流溢等。装卸搬运损失在物流费用中占有一定的比重。例如袋装水泥纸袋破损和水泥散失主要发生在装卸过程中，玻璃、机械、器皿、煤炭等产品在装卸时最容易造成损失。

(2)装卸搬运直接影响物流效率。在物流过程中，装卸活动是不断出现和反复进行的，它出现的频率高于其他各项物流活动，每次装卸活动都要花费很长时间，所以往往成为决定物流速度的关键。物流效率主要表现为运输效率和仓储效率。缩短装卸搬运时间，不但对加速车船和货物周转具有重要作用，而且有利于疏站疏港。在仓储活动中，装卸搬运效率对货物的收发速度和货物周转速度产生直接影响。同时，装卸船运组织与技术对仓库利用率和劳动生产率也有一定影响。

(3)装卸搬运直接影响物流安全。由于物流活动是物的实体的流动，在物流活动中确保劳动者、劳动手段和劳动对象的安全非常重要。装卸搬运特别是装卸作业，货物要发生垂直位移，不安全因素比较多。实践表明物流活动中发生的各种货物破失事故、设备损坏事故、人身伤亡事故等，相当一部分是在装卸过程中发生的。特别是一些危险品，在装卸过程中如违反操作规程进行野蛮装卸，很容易造成燃烧、爆炸等重大事故。

(4)装卸搬运直接影响物流成本。为了进行装卸搬运活动，必须配备足够的装卸搬运人员和装卸搬运设备。由于装卸搬运作业量比较大，装卸活动所消耗的人力也很多，所以装卸费用在物流成本中所占的比重也较高。以我国为例，铁路运输的始发和到达的装卸作业费占运费的20%左右，船运占40%左右。如能减少用于装卸搬运的人力消耗，就可以降低物流成本。因此，为了降低物流费用，装卸是个重要环节，采取措施，积极地使它也实现合理化，是非常必要的。

二、装卸搬运合理化

(一)影响装卸搬运合理化的基本因素

由于装卸搬运活动对物流活动的费用、工作效率及物品损坏率存在较大影响，所以，我们应尽量做到合理地进行装卸搬运。一般来讲，影响装卸搬运合理化的主要因素有以下几点:

(1)从事装卸搬运的人。一般来讲，无论是采用自动化装卸搬运模式，还是采用人工装卸搬运模式，只要是存在装卸搬运活动，就一定少不了从事装卸搬运活动的主体——人(劳动力)。事实上，在各个物流环节中，装卸搬运环节是一项高劳动密集型的活动，因此，从事装卸搬运活动的人的素质和劳动效率的高低必然会极大地影响物流体系的整体效率和效益。

(2)被装卸搬运的物品。在所谓的流通领域中流通的“物”的种类是非常之多的，概括地讲，人们生产及生活中所接触的各种物品都可能是物流的对象。因此，在装卸搬运活动中，因物的性质、形态、重量、大小等等的不同，必然导致装卸搬运方式的不同。为了实现合理的装卸搬运，必须考虑物品的特性合理组织的装卸搬运。

(3)装卸搬运的场所。由于运输及保管方式的不同，导致进行装卸搬运的场所存在很大差异，如在车站、港口、机场、企业仓库等进行的装卸搬运。在不同场所进行的装卸搬运所选择的方式、设备等都有很多方案可供选择。因此在实施合理的装卸搬运时，必须考虑货物所在的场所。

(4)装卸搬运的时间。所谓装卸搬运的时间，就是指装卸搬运所需的时间、频度、时期等内容。针对不同的物及不同的场所，为了实现合理装卸搬运，必须采用不同的时间安排，如连续流通装卸搬运方式和间隔成组装卸搬运方式等。

(5)装卸搬运的手段。随着科学技术的进步及物流科学的发展，装卸搬运的手段也产生了由人力装卸搬运为主向机械自动装卸搬运为主的变化。一般来讲，在人、场所以及时间都相同的前提下，对同一物品进行装卸搬运的手段可以有很多种，而采用不同的装卸搬运手段的效果必然是不同的，其中只有一种或极少几种才是效率最高的。

(二)装卸搬运合理化的途径

(1)优化装卸搬运程序。应从研究装卸搬运的功能出发，分析各项装卸搬运作业环节的必要性，取消、合并装卸搬运作业的环节和次数，消除重复无效、可有可无的装卸搬运作业。

(2)装卸搬运单元化。装卸搬运单元化是指将物品集中成一个单位进行装卸搬运的原则。单元化是实现装卸搬运合理化的重要手段，在物流作业中应广泛使用托盘，通过叉车与托盘的结合提高装卸搬运的效率。装卸搬运单元化不仅可以提高作业效率，而且还可以防止损坏和丢失，数量的确认也会更加容易。

(3)巧装满载。在装卸搬运时，要根据货物的轻重、大小、形状、物理化学性质等，以及货物的去向、存放期限、车船库的形式等，采用恰当的装载方式，巧妙配装，使装载工具满载，库容得到充分利用，以提高运输、存储的效益和效率。

(4)移动距离(时间)最小化。搬运距离的长短与搬运作业量大小和作业效率是联系在一起的，在货位布局、车辆停放位置、出入库作业程序等设计上应该充分考虑物品移动距离的长短，以物品移动距离最小化为设计原则。

(5)各环节均衡协调。装卸搬运作业既涉及物流过程的其他各环节，又涉及它本身的工艺过程。只有各环节相互协调，才能使整条作业线产生预期的效果。应使装卸搬运各环节的生产率协调一致，能力相互适应。个别薄弱环节的生产能力决定了整个装卸搬运作业的综合能力，因此，要针对薄弱环节，采取措施，提高能力，使装卸搬运系统的综合效率最高。

(6)防止无效装卸。无效装卸的含义是消耗必要装卸劳动之外的多余装卸劳动。具体反映在以下几个方面：过多的装卸次数；过大的包装装卸；无效物质的装卸。

(7)利用重力作用，减少动力消耗。在装卸时考虑重力因素，可以利用货物本身的重量，进行有一定落差的装卸，以减少或根本不消耗装卸的动力，这是合理化装卸的重要方式。例如，从卡车卸物时，利用卡车与地面或小搬运车之间的高度差，将溜槽、溜板之类的简单工具或无动力的小型传送带倾斜安装在货车、卡车或站台上进行货物装卸，可以依靠货物本身重量，从高处自动滑到低处，无须消耗动力。

(8)合理选择装卸搬运机械。装卸搬运机械化程度一般分为三个级别：第一级是使用简单的装卸搬运器具；第二级是使用专用的高效率机具；第三级是依靠电脑控制实行自动化、无人化操作。以哪一个级别为目标实现装卸搬运机械化，不仅要从是否经济合理来考虑，而且还要从加快物流速度、减轻劳动强度和保证人与物的安全等方面来考虑。

(9)提高装卸搬运活性。装卸搬运活性是指装卸搬运的物资进行装卸搬运作业的方便性。对于待运物品，应使之处在易于移动的状态。为提高搬运活性，应把它们整理成堆或是包装成单件放在托盘上，或是放在车上，放在输送机上。装卸搬运是在物流过程中反复进行的活动，因而其速度可能决定整个物流速度，每次装卸搬运的时间缩短，多次装卸搬运的累计效果则十分可观。因此，提高装卸搬运活性是装卸合理化的重要因素。装卸搬运活性指数分为0~4个共5等级，见表5-1。

表5-1　**装卸搬运活性指数**

搬运活性指数	货物状态描述
0级	货物杂乱地堆放在仓库或配送中心地面
1级	物质已被成捆地捆扎或集装起来
2级	货物被置于箱内，下面放有托盘或衬垫，以便于叉车或其他机械进行装卸搬运
3级	被放置于台车或起重机等装卸、搬运机械上，处于即可移动状态
4级	已被启动，处于装卸、搬运的直接作业状态

由于装卸搬运是在物流过程中反复进行的活动，其速度可能决定整个物流速度，每次装卸搬运的时间缩短，多次装卸搬运的累计效果则十分可观。因此，提高装卸搬运活性对

合理化是很重要的因素。

第三节 流通加工

一、流通加工概述

(一)流通加工的概念和作用

按照我国国家标准《物流术语》，流通加工(distribution processing)是指物品在从生产地到使用地的过程中，根据需要施加包装、分割、计量、分拣、组装、价格贴附、标签贴附、商品检验等简单作业的总称。流通加工是现代物流活动的重要构成要素之一。流通加工是为了提高物流速度和物品利用率，在物品进入流通领域后，按客户等要求进行的加工活动。即在物品从生产者向消费者流动的过程中，为了促进销售、维护产品质量、实现物流的高效率所采取的使物品发生物理变化和化学变化的功能。如今，流通加工作为提高商品附加价值、促进商品差别化的重要手段之一，其重要性不断增强。

流通加工是在流通领域对物品进行的加工，流通加工在加工方法、加工组织、作业管理过程等方面，与生产领域的加工有些相似，可以说有些流通加工就是生产领域作业过程的延伸，以期解决生产过程在生产面积、劳动力等方面的困难。多数流通加工在加工目的、加工对象、加工程度方面也有较大差别。流通加工的特点主要表现在以下四个方面:

(1)流通加工的目的，主要是更好地满足用户的多样化需要，降低物流成本，提高物流质量和效率。

(2)流通加工的对象，主要是进行流通领域中的商品，包括各种原材料和成品；一般不是生产过程中的半成品。

(3)流通加工大多是简单的加工或作业，以便更好地满足需求，是对生产加工的一种补充。流通加工更趋向于完善商品的使用价值，多数是在对商品不做大的改变下，提高商品价值。

(4)流通加工是由从事物流活动并能密切结合流通需要的物流经营者组织的加工活动。例如商品企业、物资企业、运输企业等所开展的流通加工作业。

流通加工的作用主要体现在：流通加工弥补生产加工的不足；流通加工不仅为物品的使用者提供了极大的方便，而且由流通部门统一进行，设备利用率高，加工费用省；流通加工能为流通企业增加利益；流通加工提高原材料利用率；流通加工提高加工效率及设备利用率。流通加工是一种低投入高产出的加工方式，往往通过这种简单的加工解决了大问题。实践证明，有的流通加工通过改变装潢便使商品档次跃升而充分实现其价值，有的流通加工可使产品利用率提高20% ~50%。因此，流通加工是物流企业的重要利润源，它在物流中的地位相当重要，属于增值服务范围。

(二)流通加工的类型

物流企业所服务的对象种类繁多，其流通加工环节具有多种形式，流通加工的内容、方法虽然很多，但按其加工的目的分，大致有如下5种基本流通加工类型：

(1)方便流通的加工。这种流通加工的目的在于有利流通、促进销售、方便物流。属于这一类型的流通加工有：水产品、肉类的冷冻加工、废钢铁的压型加工、木材纤维的压缩加工等。根据加工的对象不同，表现为生活资料的流通加工和生产资料的流通加工。生活资料即为生活消费品，其加工目的是使消费者对生活消费品满意。如典型的水产品、肉产品等的保鲜加工、保质的冷冻加工。生产资料流通加工的目的是保证生产资料使用价值不受损害，因为有的生产资料会随着时间的推移，其所具有的使用价值或功能会不同程度发生变化，有的甚至完全失去使用价值。因此，对生产资料进行相应的加工是必要的，如对木材的防腐、防干裂处理，金属的防锈处理等。

(2)衔接产需的加工。这种流通加工的目的在于使产品品种、规格、质量适宜用户需要，解决产需脱节问题。属于这一类流通加工有：金属材料裁剪、木材裁制加工、煤炭加工、平板玻璃套裁加工、商品混凝土加工等。从需求角度看，需求存在多样化和变化性的特点。而生产企业为提高效率，其生产方式是大批量生产，因此不能满足用户多样化的需求。为满足用户对产品多样化的需要，同时又保证社会高效率的大生产，将生产企业的标准产品进行多样化的加工是流通加工中占有重要地位的加工形式。典型的如钢卷的舒展、剪切；平板玻璃的开片加工等。

(3)除去杂质的加工。一些大宗货源如煤炭除矸，可以减少无用杂质所占用的运输能力，提高运输效率和效益。

(4)生产延伸的加工。生产过程的一些作业因生产场地、经济效益等原因，可放到流通领域进行，如时装的分类、质检与仓储、配送结合起来的加工方式；自行车在消费区域的装配加工；造纸用木材磨成木屑的流通加工等。

(5)提高效率的加工。这一类流通加工的目的在于提高物流系统综合经济效益。属于这一类流通加工的主要有：煤炭配煤加工、水泥熟料加工、水产品加工等。

二、流通加工的方法

(一)钢材的流通加工

钢材是使用范围广泛、消耗量大的原材料，按其形状进行划分，钢材包括型材、板材、管材和钢丝四大类。在批量生产的条件下，由于某些钢材的加工深度有限，在使用这些钢材之前，一般都要根据具体的情况进行延伸性加工。这种延伸性加工作业需要采用先进的技术、使用专门的加工设备来进行。

归纳起来，钢材的流通加工大体上有以下几项内容：圆钢、角钢、扁钢、方钢等小型钢和部分管材的切割，线材的冷拉加工；薄钢板的剪切加工和带钢的平展、裁切加工；专用钢管的涂油和油漆加工。

除了保护性的涂油加工外，钢材的流通加工都是在专门设计安装的设备上进行作业的。例如：钢材的剪切加工是在剪床上进行作业的；小型型材加工是借助于专用的切割设备和冷拉设备完成的。

由于钢铁生产企业是规模生产，只能按规格进行生产，以使产品有较强的通用性，生产有较高的效率，一般不可能实现用户需求的终极加工。而流通企业为了方便用户和提高自身经济效益，可以按用户要求进行加工，如物资流通企业对钢板和其他金属板材的剪切加工等，就颇受中、小用户的欢迎。

（二）木材加工和集中下料

在流通领域可以将原木锯截成各种规格的锯材（如板材、方木），同时将碎木、碎屑集中加工成各种规格板。这种加工可以提高效益，方便用户。过去用户直接使用原木，不但加工复杂、占用场地、加工设备多，而且资源浪费大，木材利用率不到50%，出材率不到40%。实行集中下料，按用户要求供应规格料，可以把原木利用率提高到95%，出材率提高到72%，左右。

木工加工机械主要是木工锯机和刨光器具等，构造一般都比较简单。木工锯机是由有齿锯片、锯条或带锯链条组成的切割木材的设备。按刀具的运动方式分类，锯机可分为三种：刀具往复运动的锯机，如狐尾锯、线锯和框锯机；刀具连续直线运动的锯机，如带锯机和链锯；刀具旋转运动的锯机，如各种圆锯机。

（三）平板玻璃的切割下料

按用户提供的图纸对平板玻璃套材开片，向用户提供成品玻璃，用户可以将其直接安装在采光面上。这不但方便用户，而且可以提高玻璃材料的利用率。玻璃的切割机械有多种，自动切割机是一种常用的设备。玻璃自动切割机由切桌、切割桥、控制箱、供电柜等主要部件组成。

（四）服装的流通加工

RSD（Receive-Sort-Distribute）服务是时装的接收、分类和配送服务。RSD是澳大利亚TNT公司下属的一家分公司开展的一项物流服务业务。它可以为顾客提供从任何地方来、到任何地方去的时装流通加工、运输、配送的服务。

时装RSD服务建立在时装仓库的基础上。时装仓库最大的特点是具有悬挂时装的多层仓库导轨系统。通过导轨，时装可以直接传输到运送时装的集装箱中，形成时装取货、分类、库存、分送的集成系统。在这个基础上，时装可以最优越的运输条件，进行“门到门”的运输。在先进的时装运输服务基础上，公司开展RSD服务项目，实质上是一种流通加工业务。RSD服务满足了时装制造厂家、进口商、代理商或零售商的需要，依据顾客及市场的情况对时装取货、分类、分送全过程负责。

时装RSD服务可以完成时装的质量检验等工作，并在时装仓库中完成进入市场前的一切准备工作。具体包括六个环节：取货，即直接到制衣厂上门取时装；分类，即根据时装颜色、式样进行分类；检查，即对时装颜色、脱线等质量问题进行检查；装袋，即贴标签后装袋、装箱；配送，即按照销售计划，直接送达经销商或用户手中；信息服务与管理，即提供相应的时装信息服务和计算机管理。

许多属于生产过程的工作程序和作业，可以在仓储中完成，这是运输业务的前向和后向延伸，是社会分工协作的又一具体体现。这样，服装生产商可以用最小的空间（生产场地)、最少的时间、最低的成本来实现自己的销售计划，物流企业也有了相对稳定的业务量。这种加工以适应顾客需求的变化、服务顾客为目的，不仅能够提高物流系统效率，而且对于生产的标准化和计划化，提高销售效率，提高商品价值，促进销售将越来越重要。

(五)货物的捆扎

捆扎机械是利用带状或绳状捆扎材料将一个或多个包装紧扎在一起的设备。利用机械捆扎代替传统的手工捆扎，不仅可以加固包件，减少体积，便于装卸搬运和储存保管，确定运输配送安全，还可以大大降低捆扎的劳动强度，提高工效，因此它是实现包装机械化、自动化必不可少的机械设备。

由于包件的大小、形状、捆扎要求不同，捆扎机类型较多，但各种类型的捆扎机的结构基本类似，主要由导轨与机架、送带、紧带机构、封接装置、控制系统组成。

(六)粘贴货物标签

为了识别和验收的需要，往往要在货物上面粘贴标签和其他标示单据，可用粘贴机作业。粘贴机的主要作用是采用黏接剂将标签贴在包件或产品上，粘贴机基本由供签装置、取签装置、打印装置、涂胶装置和连锁装置等几部分组成。

(七)生鲜食品的流通加工

生鲜食品的流通加工包括冷冻加工、分选加工、精制加工、分装加工。

(1)冷冻加工。为解决鲜肉、鲜鱼在流通中保鲜及搬运装卸的问题，采取低温冷冻方式的加工，这种方式也用于某些液体商品、货品等。例如利用氨制冷的单体速冻机保鲜冷藏水产品、水果、蔬菜等。

(2)分选加工。农副产品规格、质量离散情况较大，为获得一定规格的产品，采取人工或机械分选的方式加工称分选加工，广泛用于果类、瓜类、谷物、棉毛原料等。

(3)精制加工。农、牧、副、渔等产品精制加工是在产地或销售地设置加工点，不但大大方便了购买者，而且还可以对加工的淘汰物进行综合利用。比如，鱼类的精加工所剔除的内脏可以制成某些药物或饲料，鱼鳞可以制成高级黏合剂，头尾可以制成鱼粉等；蔬菜的加工剩余物可以制成饲料、肥料等。

(4)分装加工。许多生鲜食品零售起点较小，而为保证高效输送出厂，包装则较大，也有一些是采用集装运输方式运达销售地区。这样为了便于销售，在销售地区按所要求的零售起点进行新的包装，即大包装改小包装或散装，运输包装改销售包装，这种方式也称分装加工。

三、流通加工计划与排序

在流通加工中，进行流通加工作业顺序排列和任务分配，是非常重要的技术问题，因为同样的加工任务，作业排序不同、任务分配不同，所产生的加工效率和经济效果有很大的差别。

(一)两个工作地的流水型排序问题

两个工作地加工多种零件，存在着工艺顺序问题。对于 n 项任务在两个工作地加工，且加工工艺顺序相同，即为流水型排序问题。对于此类问题，可以用约翰逊法(Johnson's Law)来解。约翰逊法解决这种问题分为 4 个步骤：

第一步，列出所有工件在两台设备(A 和 B)上的作业时间。

第二步，找出作业时间最小者。

第三步，如果该最小值是在设备 A 上，将对应的工件排在前面；如果该最小值是在设备 B 上，则将对应的工件排在后面。

第四步，排除已安排好的工件，在剩余的工件中重复步骤二和步骤三，直到所有工件都安排完毕。

假设某一班组有 A、B 两台设备，要完成 5 个工件的加工任务。每个工件在设备上的加工时间如表 5-2 所示。求总加工周期最短的作业顺序。

表 5-2 工件在两台设备上的加工时间

工件编号	J_1	J_2	J_3	J_4	J_5
设备 A	3	6	7	1	5
设备 B	2	8	6	4	3

表 5-2 中最小加工时间值是 1 个时间单位，出现在设备 A 上，根据约翰逊法的规则，应将对应的工件 J_4 排在第一位，即：J_4—＊—＊—＊—＊

去掉 J_4，在剩余的工件中再找最小值，不难看出，最小值是 2 个时间单位，出现在设备 B 上，所以应将对应的工件 J_1 排在最后一位，即：J_4—＊—＊—＊—J_1

再去掉 J_1，在剩余的 J_2、J_3、J_5 中重复上述步骤，求解过程为：

J_4—＊—＊—J_5—J_1

J_4—J_2—＊—J_5—J_1

J_4—J_2—J_3—J_5—J_1

当同时出现多个最小值时，可从中任选一个。最后得：J_1—J_2—J_3—J_5—J_1

(二)加工任务分配方法

在流通加工任务计划中还存在将加工任务分给谁和用什么设备完成最合适的问题。此类加工任务分配问题可以分两类：一类是使目标值(如成本、工时等)达到最小的分配方案；另一类是使目标值(如利润等)达到最大的分配方案。此类问题可用匈牙利法或分支定界法求解。本书介绍匈牙利法。

假设有四项流通加工任务分给 4 个小组去完成，各小组完成不同任务需用不同的加工工时，见表 5-3。

表 5-3 各小组完成不同加工任务的工时表 (单位：小时)

	任务(1)	任务(2)	任务(3)	任务(4)
A	3	10	6	7
B	14	4	13	8
C	13	14	12	10
D	4	15	13	9

采用匈牙利法的步骤如下：

第一步，列出矩阵：

$$\begin{bmatrix} 3 & 10 & 6 & 7 \\ 14 & 4 & 13 & 8 \\ 13 & 14 & 12 & 10 \\ 4 & 15 & 13 & 9 \end{bmatrix}$$

第二步，逐行缩减矩阵。在每一行中选择一个最小元素，然后将每一行中的各元素均减去这个最小元素。本例中各行最小元素分别是：3、4、10、4，即得如下矩阵：

$$\begin{bmatrix} 0 & 7 & 3 & 4 \\ 10 & 0 & 9 & 4 \\ 3 & 4 & 2 & 0 \\ 0 & 11 & 9 & 5 \end{bmatrix}$$

第三步，再逐列缩减矩阵。现在的矩阵每一行都有 0，但每一列不全有 0。第三列中各元素均减去最小元素 2，得到如下矩阵：

$$\begin{bmatrix} 0 & 7 & 1 & 4 \\ 10 & 0 & 7 & 4 \\ 3 & 4 & 0 & 0 \\ 0 & 11 & 7 & 5 \end{bmatrix}$$

第四步，检查是否可以把 0 元素用最小覆盖线覆盖，当覆盖线的维数等于矩阵的阶数时，则最优方案已经找到。此时只有 3 条覆盖线，尚未找到最优方案。

第五步，为增加 0 元素进行变换。找出没有覆盖线的行与列中的最小元素。本例是 1，将不在覆盖线上的元素都减去 1，而在有两条覆盖线的交点上的每一个元素都加上 1，其余元素不变，即得如下矩阵：

$$\begin{bmatrix} 0 & 7 & 0 & 3 \\ 10 & 0 & 6 & 3 \\ 4 & 5 & 0 & 0 \\ 0 & 11 & 6 & 4 \end{bmatrix}$$

第六步，重新检查覆盖线。重复步骤四，经检查可以分配。

第七步，确定最优方案。按 0 元素所占位置进行分配，可得最优流通加工任务分配方案，即完成任务用的总工时最小的分配方案，得：

$$\begin{bmatrix} 0 & 7 & 0 & 3 \\ 10 & 0 & 6 & 3 \\ 4 & 5 & 0 & 0 \\ 0 & 11 & 6 & 4 \end{bmatrix}$$

最优分配方案是：A(3)，B(2)，C(4)，D(1)。

此方案所需总工时为：6+4+10+4=24(小时)。

四、流通加工合理化

流通加工合理化是实现流通加工的最优配置，不仅能避免各种不合理的加工，使流通加工有存在的价值，而且实现加工与配送、运输、商流等的有机结合。

(一)流通加工的不合理

为避免各种不合理现象，对是否设置流通加工环节，在什么地点设置，选择什么类型的加工，采用什么样的技术装备等，都需要作出正确抉择。常见的不合理流通加工形式如下：

(1)流通加工地点设置的不合理。流通加工地点设置即布局状况，是使整个流通加工能否有效的重要因素。一般而言，为衔接单品种大批量生产与多样化需求的流通加工，加工地设置在需求地区，才能实现大批量的干线运输与多品种末端配送的物流优势。

(2)流通加工方式选择不当。流通加工方式包括流通加工对象、流通加工工艺、流通加工技术、流通加工程度等。流通加工方式的确定实际上是生产加工的合理分工，分工不合理，本来应由生产加工完成的，却错误地由流通加工完成；本来应由流通加工完成的，却错误地由生产加工完成，这些都会造成不合理的现象。流通加工不是生产加工的代替，而是一种补充和完善。所以，一般而言，如果工艺复杂，技术装备要求较高，或加工可以由生产过程延续或轻易解决者，都不宜再设置流通加工。

(3)流通加工作用不大。形成多余环节有的流通加工过于简单，或对生产及消费者作用都不大，甚至有时盲目地进行流通加工，同样未能解决品种、规格、质量、包装等问题，相反却增加了不必要的环节，这也是流通加工不合理的重要表现。

(4)流通加工成本过高，效益不好。流通加工之所以能够有生命力，重要优势之一是有较大的产出投入比，因而有效地起着补充完善的作用。

☞ 案例 5-2

提高棒材利用率的流通加工

设 A、B、C 三个部门分别需要 2.9m、2.1m、1.5m 的棒材各 100 根。已知棒材在流通企业中的规格为 7.4m，现比较分散下料与集中下料所需的原材料。分散下料：因为 $\frac{7.4m}{2.9m}=2.6$，所以 A 需要 $\frac{100}{2}=50$(根)。因为 $\frac{7.4m}{2.1m}=3.5$，所以 B 需要 $\frac{100}{3}=34$(根)。因为

$\frac{7.4m}{1.5m}=4.9$，所以 C 需要$\frac{100}{4}=25$(根)。合计：50+34+25=109(根)。

如采用集中下料，则可考虑采用合理套裁，通过分析，每个规格棒材有如表 5-4 所示的 7 种裁法。

表 5-4 棒材的七种裁法

	(1)	(2)	(3)	(4)	(5)	(6)	(7)
2.9	1	2		1			
2.1			2	2	1	3	
1.5	3	1	2		3		4
合计	7.4	7.3	7.2	7.1	6.6	6.3	6.0
料头	0	0.1	0.2	0.3	0.8	1.1	1.4

为了得到各 100 根材料，设集中下料 7 种裁法所需的原材料分别为 X_1、X_2、X_3、X_4、X_5、X_6、X_7根，L 为下脚料的总长度，则表 5-4 可列成数学表达式：

约束条件：

$$X_1+2X_2+X_4=100$$

$$2X_3+2X_4+X_5+3X_6=100$$

$$3X_1+X_2+2X_3+3X_5+4X_7=100$$

目标函数：

$$\min L=0.1X_2+0.2X_3+0.3X_4+0.8X_5+1.1X_6+1.4X_7$$

利用单纯形法或 Excel 的规划求解，解得的结果是：$X_1=30$，$X_2=10$，$X_3=0$，$X_4=50$，$X_5=0$，$X_6=0$，$X_7=0$。

原料最少需要：30+10+50=90(根)

通过比较，集中下料比分散下料少 109-90=19(根)，原材料可节约$\frac{19}{109}=17.4\%$。

(二)流通加工合理化的途径

实现流通加工合理化应主要考虑以下五个方面：

(1)加工和配送结合。将流通加工设置在配送点中，一方面按配送的需要进行加工，另一方面加工又是配送业务流程中分货、拣货、配货之一环，加工后的产品直接投入配货作业。这就无需单独设置一个加工的中间环节，使流通加工有别于独立的生产，而使流通加工与中转流通巧妙结合在一起。同时，由于配送之前有加工，可使配送服务水平大大提高。这是当前对流通加工做合理选择的重要形式，在煤炭、水泥等产品的流通中已表现出较大的优势。

(2)加工和配套结合。在对配套要求较高的流通中，配套的主体来自各个生产单位。

但是，完全配套有时无法全部依靠现有的生产单位，通过流通领域的加工，可以有效促成配套，大大提高满足用户需要的能力。

(3)加工和合理运输结合。流通加工能有效衔接干线运输与支线运输，促进两种运输形式的合理化。利用流通加工，在支线运输转干线运输或干线运输转支线运输这本来就必需停顿的环节，不进行一般的支转干或干转支，而是按干线或支线运输合理的要求进行适当加工，从而大大提高运输及运输转载水平。

(4)加工和合理商流结合。通过加工有效促进销售，使商流合理化，也是流通加工合理化的考虑方向之一。加工和配送的结合，通过加工，提高了配送水平，强化了销售，是加工与合理商流相结合的一个成功的例证。此外，通过简单地改变包装加工，形成方便的购买量，通过组装加工解除客户使用前进行组装、调试的难处，都是有效促进商流的例子。

(5)加工和节约结合。节约能源、节约设备、节约人力、节约耗费是流通加工合理化重要的考虑因素，也是目前我国设置流通加工、考虑其合理化的较普遍形式。

对于流通加工合理化的最终判断，要看其是否能实现社会的和企业本身的两个效益，而且是否取得了最优效益。对流通加工企业而言，与一般生产企业一个重要不同之处是，流通加工企业更应以树立社会效益为第一观念，只有在以补充完善为己任的前提下才有生存的价值。如果只是追求企业的微观效益，不适当地进行加工，甚至与生产企业争利，这就有违于流通加工的初衷，或者其本身已不属于流通加工范畴。

本章小结

包装是在物流过程中为了保护产品、方便储运、促进销售，按一定技术方法采用容器、材料和辅助物等，将物品包封并予以适当的装饰标志的工作总称。简而言之，包装是包装物及包装操作的总称。包装是生产的结尾和物流的开始。对于包装，我们需要掌握其含义、功能、包装的容器和材料以及包装的合理化。

装卸搬运是在某一物流节点范围内进行的，以改变物料的存放状态和空间位置为主要内容和目的的活动，是决定物流速度的关键。为了降低物流成本，必须采取多种措施实现装卸搬运合理化。其合理性一般体现在装卸搬运次数少、移动距离短、机械化作业、省力化作业和提高装卸搬运活性等方面。

流通加工是物流系统和配送中心运作中的重要环节之一。流通加工是指物品从生产地到使用地的流动过程中，为促进销售、维持商品质量和提高物流效率，对其施加包装、切割、剪裁、分拣、计量、组装等简单作业的总称。要实现流通加工合理化，应考虑加工和配送、配套、合理运输、合理商流、节约的结合。使流通加工产业成为社会生产高度发展的新型产业，为社会经济可持续发展带来直接或间接的经济效益，使流通加工产业向市场化、社会化和网络化方向发展。

关键概念

包装(packaging)　　装卸(loading and unloading)
流通加工(distribution processing)　　搬运(handling/carrying)
接收、分类和配送服务(Receive-Sort-Distribute, RSD)　　销售包装(promotion packing)

复习思考题

1. 什么是包装？包装可以分成哪几类？
2. 常见的包装技术有哪些？
3. 包装合理化的途径有哪些？
4. 什么是装卸搬运？装卸搬运在物流系统中的作用什么？
5. 装卸搬运合理化的途径有哪些？
6. 什么是流通加工？流通加工包括哪些类型？
7. 流通加工技术包括哪些？
8. 流通加工合理化的途径有哪些？
9. 请每位学生提供一种包装，在课堂上进行包装的分类，并总结各类包装的特性。
10. 请同学们跟踪一批货物，记录货物装卸搬运的环节，并讨论如何减少装卸搬运的环节。
11. 请同学们任选一种流通加工的方法，描述流通加工的作业流程。

案例分析

联华的生鲜食品加工

联华生鲜食品加工配送中心是我国国内目前设备最先进、规模最大的生鲜食品加工配送中心。生鲜商品大部分需要冷藏，其物流流转周期必须很短，为节约成本，在物流过程中流通加工与配送必须密切配合。

门店的要货订单通过联华数据通信平台，实时传输到生鲜配送中心。生鲜配送中心接受到门店的要货数据后，立即生成到系统中生成门店要货订单，按不同的商品物流类型进行不同的处理。对于加工型商品，系统按日期汇总门店要货，根据各产成品或半成品的耗料单计算物料耗用，比对当前有效的库存，系统生成加工原料的建议订单，生产计划员根据实际需求做调整，发送采购部生成供应商原料订单。

各种不同的订单生成后或手工创建后，通过系统中的供应商服务系统自动发送给各供应商，时间间隔在10分钟内。

在得到门店的订单并汇总后，物流计划部根据第二天的收货、配送和生产任务制订物流计划。根据各线路的门店的订货数量和品种，做线路的调整，保证运输效率。根据总量和车辆人员情况设定加工和配送的批次，实现循环使用资源，提高效率；在批次计划中，将各线路分别分配到各批次中。根据批次计划，制订生产计划，将量大的商品分批投料加工，设定各线路的加工顺序，保证和配送运输协调。

对于生产管理，在计划完成后，系统按计划内容生成标准领料清单，指导生产人员从仓库领取原料以及生产时的投料。在生产计划中考虑产品链中前道与后道的衔接，各种加工指令、商品资料、门店资料、成分资料等下发到各生产自动化设备。

加工车间人员根据加工批次加工，协调不同数量商品间的加工关系，满足配送要求。商品分拣完成后，都堆放在待发库区，按正常的配送计划，这些商品在晚上送到各门店，门店第二天早上将新鲜的商品上架。在装车时按计划依路线门店顺序进行，同时抽样检查准确性。在货物装车的同时，系统能够自动算出包装物（笼车、周转箱）的各门店使用清单，装货人员也据此来核对差异。在发车之前，系统根据各车的配载情况生成各运输车辆的随车商品清单、各门店的交接签收单和发货单。

商品到门店后，由于数量的高度准确性，在门店验货时只要清点总的包装数量，退回上次配送的包装物，完成交接手续即可，一般一个门店的配送商品交接只需要5分钟。

资料来源：中国物流与采购网(http://www.chinawuliu.com.cn/xshyj/201011/29/143602.shtml)。

案例思考：

1. 根据案例的相关内容，总结出联华的生鲜食品加工的作业流程？
2. 分析生鲜食品加工与配送的关系？

第六章 物流服务管理

学习目的和要求

- 了解物流服务的概念和分类。
- 理解物流服务与物流成本的关系，理解物流服务战略。
- 掌握物流服务评价与服务策略。

引　例

给狗骨头的司机

联邦快递有一个客户是一家大型保险公司的总裁，这位总裁对联邦快递绝对忠诚。当人们问他为什么时，总裁回答："因为骨头。"

事情是这样的：总裁和他的夫人有几个冬天都是在南方度过的，每天都能从联邦快递等几家快递公司收到文件。

总裁和夫人养了两只狗，这两只狗都特别温顺。但是，如果有不认识的人来到总裁家，这两只狗就会"汪汪"大叫，所以吓着了很多人。每当这个时候，一些快递公司的司机就会拿出一根棍子对付两只狗，虽然只是吓唬，一次也没有动手打过两只狗，但这已经让总裁夫妇十分不高兴了。总裁的孩子都已经长大成人，只有这两只狗天天陪伴着他们，就像是他们的儿女。"如果你的孩子跑到卡车旁，你会拿着棍子威胁他们吗?"总裁夫妇心里的确不舒服。

但是，联邦快递的司机就不同了。开始的时候，两只狗对他们也很不友好，朝他们"汪汪"直叫，后来，司机再来的时候就会给狗几根骨头。如此一来，两只狗不但不再向联邦快递的司机叫了，而且每天都急不可耐地盼望司机的到来。最感人的是，总裁为两只狗修筑了狗窝之后，联邦快递的司机仍然每天都跑到狗窝旁，慰问狗朋友。

资料来源：新浪博客(http：//blog. sina. com. cn/s/blog_4fela67101000fa7. html)。

请大家谈一谈自己的体会。

第一节 物流服务概述

20世纪90年代以来，随着科学技术的进步和经济的不断发展，消费呈现个性化、多样化的特征。面对激烈的市场竞争，越来越多的企业开始关注客户服务，主动靠近顾客，并以顾客的需求和利益为中心，最大限度地满足顾客的需求，顾客服务成为企业竞争力重要表现。作为顾客服务主要构成部分的物流服务，则成为企业提升竞争力的关键。特别是随着网络技术的发展，企业间的竞争已突破了地域的限制，竞争的中心逐步转为物流服务的竞争。

一、物流服务的概念及分类

(一)物流服务的概念

许多学者从不同角度对物流服务进行了定义。拉里莎·凯尔和迈罗斯劳认为，物流服务具有一般客户的特征，如果能得到有效利用，是能对创造需求、保持客户忠诚产生重大影响的首要变量。赫斯凯特则将多数企业的物流服务简单地表述为使客户得到所订购产品的速度和可靠程度。

我们认为，物流服务是指企业为满足客户需求所实施的一系列物流活动产生的结果。物流服务的本质是满足客户的需求。其中，客户分为企业内客户和企业外客户。企业内客户是指企业内部的物流服务需求部门，企业外客户是指购买企业产品和服务的市场客户。外部客户需求的物流服务是企业物流服务的主要范畴。

日本新泻产业大学菊池康也教授在其《物流管理》中提出，物流服务主要包括三个要素：有顾客需要的商品，即保证有货；可以在顾客需要的时间内送达，即保证送到；达到顾客要求的质量，即保证质量。简单地说，物流服务就是要满足客户的“三个保证”。同时，为满足以上“三个保证”，他提出物流服务包括10个服务项目，即库存服务率、订货截止时间、交货日期、订货单位、交货频度、指定时间、紧急发货、保持物流质量、提供信息、进货条件。中国人民大学宋华教授围绕以上“三个保证”，提出了物流服务的12个服务项目，如图6-1所示。

(二)物流服务的目的及要求

简单地说，物流服务的目的及要求，就是提供更多能满足客户要求的服务，扩大与竞争对手之间的差距，从而通过销售额的增加来获得或增加企业的利润。

具体来说，物流服务的目的及要求主要有两个方面：一是有效地完成商品的供应；二是减轻客户的物流作业负担。

(1)有效地完成商品的供应。这是指将顾客所需要的商品在必要的时候，按既定的要求送达顾客。要实现这一目的，要求企业明确接受订货截止时间、接受订货批量(接受订货的最低单位)、供货频率、交货期(从订货到交货的时间)等。

(2)提高作业的效率，减轻顾客的物流作业负担。这是指企业在指定时间交货(指定

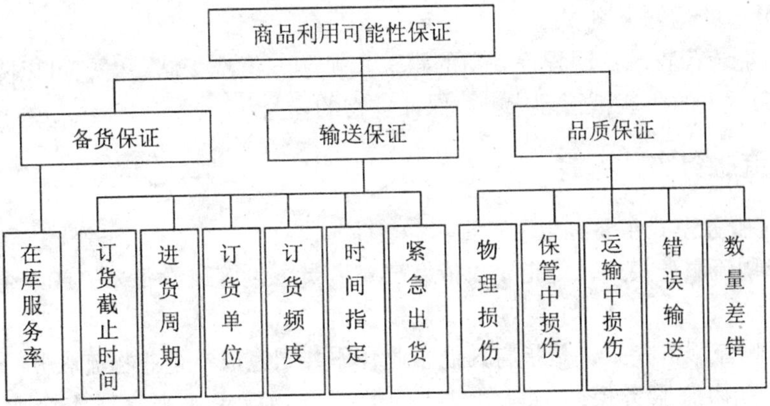

图 6-1　物流服务构成要素

时交货)，而且要提高交货精度，同时，满足客户在挂标签牌、以货架单位包装等方面的流通加工要求。由于企业提供了以上的服务，客户就可以有计划地进行收货作业，并且缩短收货时的验货时间。

二、物流服务的分类

物流服务按功能要素分，可分为运输服务、储存服务、装卸搬运服务、包装服务、流通加工服务、配送服务、物流信息处理服务。

按服务基础与重要性划分，可分为基本物流服务和增值物流服务。

基本物流服务，顾名思义是指向所有的顾客提供支持的最低的服务水准。其中，首先是物品的可得性。其次是物流的作业表现。作业表现是处理从订货入库到交付的过程。作业表现有以下几个衡量指标：速度、一致性、灵活性、故障与恢复等，来具体说明所期望的作业完成程度。最后是可靠性。物流质量与物流服务的可靠性密切相关。

增值物流服务，是指对具体的顾客进行独特的服务，是超出基本服务方案的各种延伸服务。比如美国凯利伯物流公司设立了为客户服务的公共物流中心，设计如下服务内容：

(1) JIT 物流计划。通过建立先进的信息系统、为供应商提供培训服务及管理经验、优化运输路线和运输方式、降低库存成本、减少收货人员及成本，为货主提供更多的信息支持。

(2) 合同制仓储服务。减少货主建设仓库的投资，通过仓储中采用 CAD 技术、执行劳动标准、实行目标管理和作业监控提高劳动生产率。

(3) 全面运输管理。在选定最经济的运输方式后，选择最佳承运人，对零散的运输作业进行控制，减少回程车辆，进行电子运单处理，对运输全过程进行监控等。

(4) 生产支持服务。简单的组装、合并与加固、包装与再包装、贴标签等。

(5) 业务过程重组。使用专业化业务重组软件，可对客户的业务运作过程进行诊断，并提出专业化的业务重组建议。

(6) 专业化合同制运输。根据预先设定的成本提供可靠的运输服务，提供灵活的运输管理方案，提供从购车到聘请司机直至优化运输路线的一揽子服务，降低运输成本，提供一体化的、灵活的运输方案。

(7)回程集装箱管理。回程集装箱的跟踪、排队、清洗、储存等，可以降低集装箱的破损率，减少货主的集装箱管理成本，保证货物的安全。

三、物流服务方式选择

企业物流服务模式主要有以下三种：

(1)自身物流服务模式，是指企业依靠自身人员、设施或设备来完成本企业物流服务的一种形式。

(2)协作物流服务模式，是指与其他企业合作共同完成本企业物流服务的形式。

(3)第三方物流服务模式。借助专业的第三方物流企业来完成本企业物流服务的形式。

物流服务方式的选择主要基于以下几个方面的因素：以市场需求为导向；采取物流服务多元组合；发展特色物流服务；注重物流服务方式的灵活性；建立能把握市场环境变化的物流服务管理体制；强化物流服务绩效评价。

第二节　物流服务与物流成本

一、物流服务与物流成本的关系

在物流成本与物流服务的关系中，物流成本是形式，物流服务则是内容，内容与形式的协调发展，是现代物流管理的责任所在。以最低的物流成本达到用户满意的服务水平，是现代物流管理的精髓。

物流成本与物流服务是效益背反的关系。高水平的物流服务是由高水平的物流成本作保证的，在没有较大技术进步的情况下，企业很难做到既提高了物流服务水平，又降低了物流成本。现代物流是由运输、仓储、包装、装卸搬运等物流活动组成的集合，物流的各项活动处在一个相互矛盾的系统中，要想达到某个方面的目标，必然会使另一方面受到一定的损失。

物流管理是以最大限度地满足客户需求为目的，以高效和经济的手段来组织原材料、在制品、制成品以及相关信息从供应地到消费地的移动和储存，并实施计划、组织、指挥、协调和控制的过程。因此，客户需求已经成为引领企业进行物流战略调整的原动力，客户服务成为企业竞争的战略手段。物流服务永无止境，而制约物流服务的一个关键性因素就是物流成本。如何协调物流服务与物流成本的关系，是物流管理的一个重要课题。

二、物流战略路径选择

基于物流服务高低和物流成本高低构成的四个物流战略如下：

(1)在物流服务不变的前提下考虑降低成本。不改变物流服务水平，通过改变物流系统来降低物流成本，这是一种尽量降低成本来维持一定服务水平的办法，亦即追求效益的办法。

(2)为提高物流服务水平，不惜增加物流成本。这是许多企业提高物流服务的做法，是企业在特定顾客或其特定商品面临竞争时，所采取的具有战略意义的做法。

(3)积极的物流成本对策，即在成本不变的前提下提高服务水平。在给定成本的条件下提高服务质量。这是一种追求效益的办法，也是一种有效利用物流成本性能的办法。

(4)用较低的物流成本，实现较高的物流服务。这是增加销售、增加效益、具有战略意义的办法。

物流服务水平与物流成本的分布见图6-2。

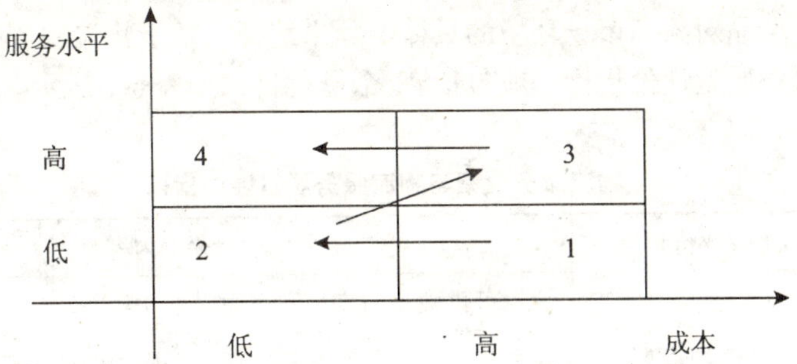

图6-2　物流服务水平与物流成本的分布

以上四个战略，企业究竟如何选择，应通盘考虑下述各方面的情况后再作决定。通盘考虑商品战略和地区销售战略；通盘考虑流通战略和竞争对手；通盘考虑物流成本、物流系统所处的环境，以及物流系统负责人所采用的方针等。具体来说，有以下几个方面需要考虑：

(1)应充分考虑企业的经营方针、销售战略、生产战略、行业环境、商业范围、商品特性、流通渠道、竞争对手以及与全社会有关的环境保护、节能问题、劳动力状况等社会环境。

(2)企业还应从物流所处的环境，企业的物流观念以及物流与采购、生产、销售等部门的关系等等层面加以把握。企业应清楚地了解物流体制，特别是物流部门的现状、物流据点(库存据点、配送据点)怎样运输，信息的情况如何等。

(3)企业应明确物流在企业内所占的地位、作用以及经营决策层的方针。为实现物流系统化，企业需要标准化、规模化、计划化、一体化、信息化、简单化，为彻底消除浪费，提高效率，特别要注意提高物流活动的软硬件两个方面的"标准化"程度，并使其呈螺旋形提高。企业容易把物流系统化看成是物流专业人员参加的底层活动的物流改良运动，这其实是一种改良主义的观点，即"工业工程"的观点。为了实现物流系统化，应该从革新的角度建立一种有效的、理想的物流机制。

因此，为了以较低的成本实现较好的服务水平，应当完全放弃现有的运输、配送、保管、包装等做法，从零开始。从这个意义来说，决策层对理想的物流系统的构想是十分重要的。

第三节 服务评价和服务策略

一、物流服务评价指标

物流服务要素是物流服务的目标和要求。在运营管理过程中，物流服务要素具体体现在各个物流服务质量评价指标中。物流服务质量评价指标是对物流活动产生的结果进行系统衡量的标准指标，是分析企业物流服务质量的事实依据，也是企业内部服务评价和外部服务评价的重要内容。构建企业物流服务质量评价指标，要根据客户的服务需求、业务发展的不同阶段、产品对象和市场环境的具体实际来选择。基于物流服务的三个要素及其服务项目，物流服务质量评价指标一般包括 22 个子科目，如表 6-1 所示。

表 6-1 物流服务要素与物流服务质量评价指标

要素	标准	评价指标	评价内容
保证有货	适当的库存	在库服务率※	货物可供数量与客户需求数量的比例
		安全库存量	除了预计出去的库存量，还留在库内的适当库存
	适当的产品	送货正确率	送出的品种数与客户订单的品种数的比例
	适当的批量	最低订货量	一次性订购的数量
保证送货	适当的时间	订货及时率※	按时订货次数与订货总次数的比例
		订货周期※	两次订单的间隔时间
		订货单位※	最小的订货单位
		订货频度※	单位时间内的订货次数
		送货及时率※	货物按时送达的次数与客户订货次数的比例
		交货频率	两次送货之间的时间长度
		提前期	订单发出到货物送达的时间长度
		紧急交货率※	紧急要货按时送达次数与紧急要货总次数的比例
保证质量	适当的数量	货物破损率※	保管和运输过程中货物破损量与货物总量的比例
		盘点差错率※	盘点后货物差错量与货物总量的比例
		送货差错率※	货物送出数量与客户订单数量的比例
		存货周转率	某期间出货数量与平均库存量的比例
	适当的质量	货物合格率※	验收时符合质量要求的货物量与订货量的比例
	适当的地点	送货准确率※	货物按约定地点送达的次数与客户订货次数的比例
	适当的条件	货物免检率	免检的货物品种数与客户订单品种数的比例
	适当的单据	回单率	按时返回的作业单据数量与作业单据总量的比例
	适当的成本	物流费用率	物流费用与货物金额的比例
	适当的态度	客户投诉率	客户投诉次数与作业单次的比例

注：※表示根据图 6-1 整理得到。

以上22项物流服务质量评价指标，涵盖物流作业活动前、中、后三个阶段，既是物流企业和物流部门对物流服务自我评价的系列指标，也是物流服务需求方对物流服务供应方的物流服务水平的评价指标。物流服务水平有高低之分，将物流服务质量评价指标的评价值进行等级划分，是区分不同类型的物流服务策略和制定企业物流服务策略的基础。如何进行物流服务质量评价指标评价值的等级划分？本书主要根据标杆管理法，以物流服务质量评价指标的标杆值为参照值，对物流服务要素下的各项评价指标进行等级划分。

二、基于标杆管理的服务水平等级划分

(一)标杆管理

标杆管理，又称基准管理、定标比超，英文为benchmarking。标杆管理是一个系统的、持续性的评估过程，通过不断地将企业流程与世界上居领先地位的企业进行比较，以获得帮助企业改善经营绩效的信息。具体来说，标杆管理是企业将自己的产品、服务、生产流程、管理模式等同行业内或行业外的领袖企业作比较，借鉴、学习他人的先进经验，改善自身不足，从而提高竞争力，追赶或超越标杆企业的一种良性循环的管理方法。

将标杆管理应用到物流服务质量评价指标等级划分中来，是使企业在了解同行业企业、竞争对手和客户需要的服务质量的基础上，结合企业实际，制定符合企业经营和发展状态的物流服务质量基准并加以改进的途径。

(二)物流服务水平等级划分

结合标杆管理的基本内容，将同行业企业、竞争对手，或客户需求的物流服务质量标杆值设为优级。参照标杆值，物流服务质量评价指标可分为多个等级。本文根据物流服务策略的4个类型，将物流服务要素下的各项服务质量评价指标的评价值分为4个等级。“一”为优级，为第一个等级。“二”为较优级，为第二个等级。“三”为普通级，为第三个等级。“四”为差级，为第四个等级。

理论上讲，优级服务水平评价值是指企业通过物流成本的投入、供应链的改善以及物流作业管理的加强可以达到的一个最高值，是行业的标杆值。较优级是企业在现存的状态下通过资源的配置、流程的改善和管理的提高便可以达到的物流服务水平。普通级是行业内一般的平均水平。差级是相对普通级而言服务质量更低的物流服务水平。在表6-1的基础上，参照标杆值，对物流服务质量评价指标的评价值进行4个等级的划分，具体如表6-2所示。

表6-2 **物流服务水平的等级划分**

序号	指标	等级			
		一	二	三	四
1	在库服务率	98%~100%	95%~98%	90%~95%	90%以下
2	安全库存量	2天内的出货量	2~5天内的出货量	6~10天内的出货量	10天以上的出货量

续表

序号	指标	等级			
		一	二	三	四
3	送货正确率	95%～100%	90%～95%	80%～90%	80%以下
4	最低订货量	无	3～5件	6～10件	10件以上
5	订货及时率	95%～100%	90%～95%	80%～90%	80%以下
6	订货周期	1天	2～5天	6～15天	15天以上
7	订货单位	个	件	箱、盒	车
8	订货频度	2～3次/1天	1次/1天	1次/2～7天	1次/7天以上
9	送货及时率	98%～100%	95%～98%	90%～95%	90%以下
10	交货频率	2～3次/1天	1次/1天	1次/2～7天	1次/7天以上
11	提前期	12小时以内	12～24小时	24～48小时	48小时以上
12	紧急交货率	98%～100%	95%～98%	90%～95%	90%以下
13	货物破损率	0	1%以内	1%～2%	2%以上
14	盘点差错率	1‰以内	1‰～2‰	2‰～5‰	5‰以上
15	送货差错率	2%以下	2%～5%	5%～10%	10%以上
16	存货周转天数	10天以内	10～20天	20～30天	30天以上
17	货物合格率	95%～100%	90%～95%	80%～90%	80%以下
18	送货准确率	100%	99%～100%	98%～99%	98%以下
19	货物免检率	50%～100%	30%～50%	10%～30%	10%以下
20	回单率	100%	98%～100%	95%～98%	95%以下
21	物流费用率	2%以下	2%～3%	3%～4%	4%以上
22	客户投诉率	0	1%以下	1%～2%	2%以上

三、物流服务策略的选择

从某种意义上说，物流服务是企业的一种资源，它同其他的资源一样也具有稀缺性。在物流服务的具体实施过程中，企业应采取相应的策略和手段，合理配置物流服务资源，充分发挥物流服务各要素的最大功效。物流服务策略，就是企业合理配置物流服务资源，在适当的物流服务水平的基础上，最大限度发挥物流服务各要素的功效，以提高企业物流绩效和企业核心竞争力。

（一）物流服务策略类型的定位

宋华教授提出物流服务策略的4种类型，即积极支援型、准积极支援型、现状维持型、受动型。如何区分4种类型的物流服务策略，如何将不同类型的物流服务策略与不同层次的物流服务质量联系起来，一直是理论界和企业界关注的盲区。将物流服务要素的各项服务质量评价指标的评价值的4个等级，与物流服务策略的4个类型对应起来，积极支援型物流服务策略对应一级物流服务质量评价指标的评价值，准积极支援型物流服务策略对应二级指标的评价值，现状维持型物流服务策略和受动型物流服务策略分别对应三级和四级指标的评价值，使4种类型的物流服务策略在实施层面上指标化和具象化，以便企业在物流服务策略上进行准确的定位和量化，如表6-3所示。

表6-3　　物流服务策略4个类型与物流服务要素4个等级的对应关系

要素等级	一	二	三	四
策略类型	积极支援型物流服务策略	准积极支援型物流服务策略	现状维持型物流服务策略	受动型物流服务策略

物流服务策略的4个类型，实质是企业物流资源优化与配置的4条路径。企业采用积极支援型物流服务策略，就是将物流服务质量评价指标的评价值确定在最有竞争力的第一个等级，确保物流服务要素的22项评价指标基准值处于最高水平。准积极支援型物流服务策略，各项评价指标的评价值参照第二个等级的基准值。现状维持型物流服务策略，物流服务要素各项指标评价值的高低，基本处于企业物流服务现状的水平。受动型物流服务策略，是一种退出策略，各项服务指标处于最低水平。

（二）物流服务策略类型的选择

很多企业还是在用同一水平的物流服务，对待不同的顾客或不同的商品。企业在为客户提供物流服务时，不应千篇一律地采取同样的模式，而应当具备根据不同情况同时提供提供多种物流服务形式的能力，即构建多物流服务组合。本书主要讨论在构建物流服务组合过程中，针对具体某一客户选择物流服务策略类型的方法。企业为某一客户选择物流服务策略类型，要从企业内部和外部两个层面考虑。从企业内部层面上看，产品生命周期、产品市场份额、产品盈利能力、市场增长率以及一次性订货量等，是企业选择物流服务策略类型重点要考虑的因素。从企业外部层面上看，行业发展阶段、客户关系类型、竞争对手状况、客户服务需求以及客户市场占有率等，是企业选择合理的物流服务策略类型的重要依据，如图6-3所示。

企业选择物流服务策略类型，首先对内部层面和外部层面的各个因素进行分析，确定各个因素对应的物流服务策略类型；在此基础上，再从整体层面，按照多数原则，确定企业现阶段针对某一客户的物流服务策略。

在此，以产品生命周期为例，分析单个因素的物流服务策略类型的选择。

产品生命周期一般包括引入期、成长期、成熟期和衰退期。在产品生命周期的引入期，产品销售量较低，市场不确定性因素较多。在此阶段，企业不但得不到利润，反而可能亏损，因此，企业应采用灵活的现状维持型物流服务策略。在成长期，顾客对产品已经

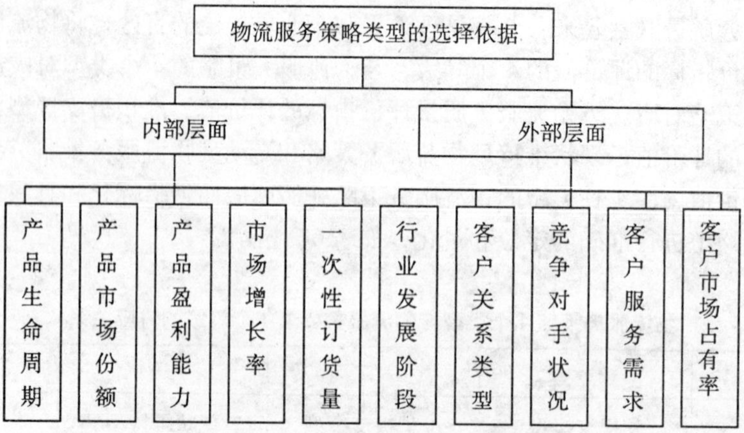

图6-3 物流服务策略类型选择依据示意图

熟悉，大量的新顾客开始购买，市场逐步扩大。产品大批量生产，生产成本相对降低，企业的销售额迅速上升，企业利润也迅速增长。此时，采用成本与服务并重的积极支援型服务策略。在成熟期，市场需求趋向饱和，潜在的顾客已经很少，销售额增长缓慢直至转而下降。在这一阶段，竞争逐渐加剧，产品售价降低，促销费用增加，企业利润下降。这个阶段，采用准积极支援型服务策略。在衰退期，新产品或新的替代品出现，顾客的消费习惯发生改变，产品的销售额和利润额迅速下降。因此，企业采用受动型服务策略，最大限度减少企业损失。

其他各个因素，都可以参照产品生命周期因素，进行逐一分析、选择，具体如表6-4所示。

表6-4 企业某一客户物流服务策略类型选择汇总表

类型 / 因素	积极支援型服务策略	准积极支援型服务策略	现状维持型服务策略	受动型服务策略	权重
产品生命周期		√			1
产品市场份额	√				1
产品盈利能力		√			1
市场增长率		√			1
一次性订货量	√				1
行业发展阶段		√			1
客户关系类型	√				1
竞争对手状况		√			1
客户服务需求		√			1
客户市场占有率	√				1
合计	4	6			10

企业通过对表6-4中各个因素的物流服务策略类型的分布数和权重的乘积进行统计，选择数值最大的物流服务策略类型，作为企业现阶段对某一客户实施的物流服务策略。

第四节　物流服务战略

物流服务作为企业经营管理的一个重要方面，能否制定出行之有效的物流服务战略，往往影响到具体的物流服务绩效以及由此带来的顾客满意度，所以，科学、合理地进行物流服务战略的分析和策划是物流管理活动中一项十分重要的职能。具体而言，物流服务战略决策主要有以下几个步骤：

第一步，物流服务要素的确定。要进行科学的物流服务战略决策，首先必须明确物流服务究竟包括哪些要素以及相应的具体指标，即哪些物流活动构成了服务的主要内容。一般来讲，备货、接受订货的截止时间、进货期、订货单位、信息等要素的明确化是物流服务战略决策的第一步，只有清晰地把握这些要素，才能使以后的决策顺利进行，并加以操作和控制。

第二步，向顾客搜集有关物流服务的信息。既然物流服务是顾客服务的一个重要组成部分，就应当了解顾客对物流活动的要求和认识。这种信息资源的搜集可以通过问卷调查、座谈、访问以及委托第三方的专业调查公司来进行。调查的信息主要包括物流服务的重要性、满意度以及与竞争企业的物流服务相比是否具有优势等问题。物流服务信息搜集、分析的具体方法主要有三种形式：

(1)顾客服务流程分析。这种分析方法的基本思路是，为了正确测定企业与顾客接触的满意度，就必须明确企业与顾客之间究竟有哪些节点(见图6-4)。

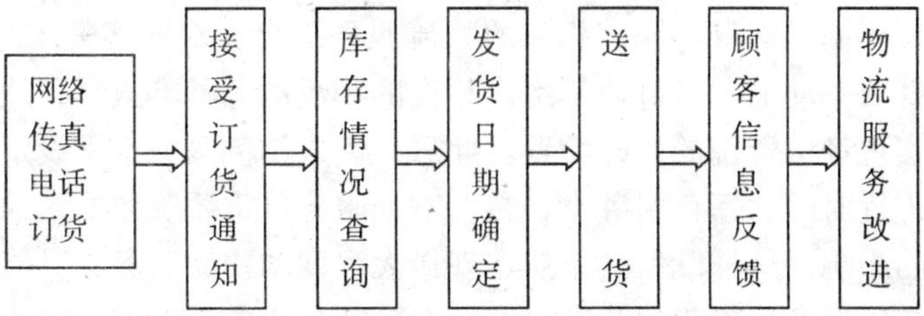

图6-4　顾客服务流程分析实例

(2)顾客需求分析。这种方法主要着眼于探明顾客需求与本企业所实施的物流服务水平之间有什么差距(见图6-5)，据此，明确本企业需要改善或提高的物流服务。这种方法的关键是所提出的问题要尽可能具体、全面，否则，无法真正全面掌握顾客的真实需求和对企业物流服务的愿望。此外，还应当注意的是，顾客需求肯定会有先后顺序，一般位于优先位置的是企业物流服务的核心要素，而且不同细分市场，服务要素的先后顺序也不尽一致。

表 6-5 物流服务要素

	顾客需要	与顾客需求的差距											
		低	1	2	3	4	5	6	7	8	9	高	10
1	进货时间短												
2	进货期回复												
3	时间指定												
4	断货的事先通知												
5	多品种少批量配送												
6	次品减少												
7	无损坏配送												
8	多频率配送												
9	配送时间的安排												

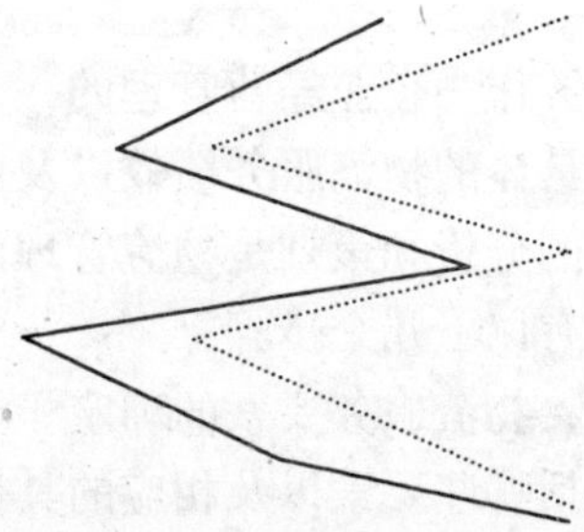

(3)定点超越分析。物流服务的定点超越也是通过与竞争企业或优良企业的服务水平的比较、分析，找出本企业物流服务的不足之处，并加以改善。

第三步，顾客需求的分类。如前所述，由于不同的细分市场顾客服务的要求不一致，所以，物流服务水平的设定必须从市场特性的分析开始入手。此外，顾客思维方式以及行动模式的差异也会呈现出多样化的顾客需求，在这种状况下，以什么样的特性为基础来区分顾客群，成为制定物流服务战略、影响核心服务要素的重要问题。另外，在进行顾客需求分类的过程中，应当充分考虑不同顾客群体对本企业的贡献度以及顾客的潜在能力，也就是说，针对本企业重要的顾客群体，应在资源配置、服务等方面予以优先考虑。

第四步，根据不同顾客群体制定相应的物流服务组合。对顾客需求进行类型化之后，首先需要做的是针对不同的顾客群体制定出相应的物流服务基本方针，从而在政策上明确对重点顾客群体实现经营资源的优先配置。此后，进入物流服务水平设定的预算分析，特别是商品单位、进货时间、库存服务率、特别附加服务等重要服务要素的变更会对成本产生什么样或多大的影响，这样既保证企业实现最大程度的物流服务，又能将成本费用控制在企业所能承受或确保竞争优势的范围之内。在预算分析的基础上，结合对竞争企业服务水平的分析，根据不同的顾客群体制定相应的物流服务组合。此外，还应当重视的是，在物流服务水平变更的状况下，企业应事先预测这种变更会对顾客带来什么样的利益，从而确保核心服务要素水平不能下降。

第五步，物流服务组合的管理与决策流程。物流服务组合的确定不是一个静态行为，而是一种动态过程，也就是说，最初顾客群体的物流服务组合一经确定，并不是一成不变的，而是要经常定期进行核查、变更，以保证物流服务的效率化。从物流服务管理决策的全过程来看，决策流程可以分为 5 个步骤：顾客服务现状把握；顾客服务评价；服务组合确定；物流系统再构筑；顾客满意度的定期评价。

各个步骤相互之间不断循环往复，使决策过程动态化，从而推动物流服务不断深入发展，提高效率和效果。但是物流企业在制定物流服务战略时还需要注意以下几个方面的问题：

(1)企业不应当只站在供给的角度考虑物流服务水平，而应全方位把握顾客的需求，从供应链组织的角度去统筹安排物流服务。

(2)不同的顾客，所需的物流服务也不同。对于自行组织物流服务的企业，应当将物流服务确定为企业的核心服务并进行系统化的流程开发。

(3)企业的物流服务应与顾客的特点、层次相符合。

(4)企业在确定物流服务水平时，应考虑如何创造自己的特色，以便超过竞争对手，也就是说要采取差别化的物流服务战略。

(5)经过一段时间后，企业要对其物流服务水平进行评估和改进。

物流服务评价表见表6-6。

表6-6　　**物流服务评价表**

评价项目	评价的具体内容
物流服务组织及其人员	(1)对物流服务组织的任务是否有明确规定 (2)经理有无为完成其任务所必要的工具，包括人员、信息系统、通信等 (3)经理是否具有足够的职权 (4)有无正式的人员挑选和培训政策 (5)物流服务报告人员是按用户账号指定，还是按产品类别指派 (6)物流服务经理在同顾客联系中花费大量时间，有政策依据吗 (7)调研和实施中的联合与合并装运规划是否实用、有效 (8)是否规定了订货中止及时间表，并通知物流服务报告人员、销售人员和顾客 (9)是否对顾客展开了以提高可靠性为基础的促销计划 (10)该计划实际上是否更可靠 (11)是否确定标准时间：订单的输入传送、无例外的订单处理、订单的拣选及装运、填开发票、中转及发货
特殊订货及变更	(1)对于紧急装运是否额外收费 (2)对于电话订货是否额外收费(在一般不采用电话订货的地方) (3)是否制定管理订单变更的规则？包括根据原始约定的装运期，要求中止或改变前置时间(即提前订货时间，指顾客发出订单，卖方接受订单、备货要车发运，直到收到货所需全部时间)等 (4)订货回收的条件有哪些 (5)是否有关于订货周期变更的规定？例如，由于额外订货，其订货周期长于原来订货的周期，因此必须变更订货周期 (6)对于取消或减少订货数量，是否规定相应的惩罚条款

续表

评价项目	评价的具体内容
库存缺货及延期交货的处理	(1)在部分或全部缺货情况下，相应选择采取如下措施： ①保留订单直到库存补充到货后再全部发运 ②部分装运，其余缺货部分待到货后再发运 ③部分装运，其余缺货部分取消订货 ④缺货项目以替代品代用 ⑤取消全部订单订货 (2)是否建立了订货处理系统的子程序，以根据每一顾客的要求处理缺货及其他例外情况 (3)如果可用替代品，是否制定了有关包装、尺寸、颜色、式样、型号及价格等方面的标准 (4)对于缺货是否规定应采取的有效预防措施 (5)发生缺货是否规定及时通知顾客有关情况的条款
交货时间	(1)是否清楚规定关于在买方生产车间工作地点或其他地点按时交货的责任范围并为顾客所周知 (2)要求顾客的条件是否明确并为顾客所知道(如24小时的电话联系) (3)是否建立关于延期交货顾客有权索取赔偿费的管理规则
索赔、退货及其他要求	(1)关于接受退货是否有明确的规定 (2)对于非运输索赔、延期交货赔偿费及其他要求等事项的处理，是否有相似的规定 (3)有无明文规定以检查顾客服务报告人员同顾客之间的联系(如通过电话或通信方式) (4)经理和其他人员是否与企业内部同等职位工作人员的待遇相一致
销售及顾客服务的权限	(1)是否允许销售人员确定装运日期，或是使用标准的前置时间 (2)是否允许销售人员确定装运地点，还是使用标准的决策规则 (3)销售人员和物流服务人员在参与以下各项活动中是否确定有相应的指导方针：前景调查、运输商赔偿、其他申诉、产品调查、补充订货、商品服务、产品控诉、订单处理、技术支持、交货控诉、订货情况报告、装运追踪、结算问题、内部销售以及个别企业特定的其他权限领域等
投诉程序及投诉的权利	(1)有无管理投诉的标准程序 (2)在一定金额以下的退换货物投诉有无一个自动解决问题的政策 (3)授权基层管理人员解决顾客投诉，是否与良好的商业习惯做法相一致 (4)有无一个标准政策知道企业与顾客保持联系，通知有关提出投诉或索赔的处理进行情况 (5)是否建立当顾客的投诉不能得到满意解决时，需转高层管理当局处理的程序 (6)顾客是否知道他们的投诉权利

续表

评价项目	评价的具体内容
最小订货批量及标准订货批量	(1)有无管理投诉的标准程序 (2)在一定金额以下的退换货物投诉有无一个自动解决问题的政策 (3)授权基层管理人员解决顾客投诉，是否与良好的商业习惯做法相一致 (4)有无一个标准政策知道企业与顾客保持联系，通知有关提出投诉或索赔的处理进行情况 (5)是否建立当顾客的投诉不能得到满意解决时，需转高层管理当局处理的程序 (6)顾客是否知道他们的投诉权利
最小订货批量及标准订货批量	(1)最小订货批量是按装运单位确定，还是按货币价值确定 (2)如果是按装运单位确定，则所确定的数额是否合理 (3)如果是按货币价值确定，则所确定的数额是否合理 (4)最小订货批量是否足够大以阻止顾客零敲碎打，现要现买，增大企业费用支出，但又不是太大，使顾客望而却步，不来购买 (5)是否有标准订货批量，使顾客便于变换按整个托盘、卡车或货车计算 (6)当装运的货物超过了一车，但又装不满两车时，对于超过的数量如何处理，有无规定 (7)为了最好地利用运输工具，卖方是否保留有选择权可以增加或减少装运一些“变更项目” (8)对于非标准订货是否规定有惩罚或额外收费条款 (9)顾客服务报告人员是否承担协助顾客提高订货工作质量和利用最经济的订货批量的任务
订货周期及前置时间	(1)销售人员和物流服务报告人员是否按标准前置时间向顾客开价 (2)根据原料来源可靠程度及企业生产能力确定的前置时间是否符合实际 (3)根据产成品库存情况确定的前置时间是否符合实际 (4)确定的前置时间是否以实现最大运输经济为基础并与竞争要求相一致 (5)在买卖双方之间是否规定了运输索赔的责任 (6)销售公司是否确定有货币限额，在此限额之下企业不予受理有关索赔等争议事项 (7)对于运输商索赔是否也规定了类似的货币限额
顾客使用自备车辆提运订货	(1)允许顾客自备车辆提货吗 (2)为了最大限度减少干扰仓库正常业务，是否确定有前置时间和预先通知仓库的规定 (3)对于提取订货是否确定有最小订货批量 (4)如果允许给予运费折扣，是否合法
产品回收的规定	(1)根据“消费者产品安全法”的规定，产品的批号标志和管理是否足以保证将不合格产品全部回收处理 (2)安全法规定的全部要求是否众所周知 (3)买方是否认知在参与和执行安全法回收产品活动中所承担的责任 (4)通信及信息系统执行产品回收是否适当

续表

评价项目	评价的具体内容
定制产品	(1)对于定制产品超过或不足生产负荷，是否建立了有关政策 (2)对于取消或变更订货，是否规定了惩罚条款
库存政策	(1)是否以期望的物流服务水平为基础，制定全面的库存政策 (2)它是适当的吗 (3)是否建立了能够覆盖所有可能发生事件的决策规则 (4)有无开发研制适当的检查及反馈系统以调整必要的生产计划及库存水平 (5)企业是否致力于建立有效的预测系统 (6)企业确定了可接受的缺货水平吗？是按产品项目还是按货币价值确定 (7)对于库存投资需要额及其隐含的利润贡献额是否进行了充分的研究并详细予以说明 (8)对于利用航空运输、业务量小的中心仓库，价值高的库存产品等是否考虑了不同的库存政策
物流服务水平及标准	(1)是否使用公认的市场调查方法对顾客的需求，如服务水平、运输方式等，进行了充分的研究 (2)对于竞争对手的物流服务水平是否同样进行了研究 (3)对于物流服务水平及标准是否予以确定 (4)对于顾客愿意以交货速度换取提高交货可靠性的要求，是否进行了充分的调查研究 (5)对于迅速答复顾客提出的关于订货办理情况及其他询问事项是否制定了标准 (6)是否建立了一个发展的系统，以根据标准检查物流服务工作情况并能将信息及时反馈给各有关方面

本章小结

物流服务是指企业为满足客户的物流需求所开展的一系列物流活动的结果。物流的本质是服务。物流服务的目的就是要提供更多能满足客户要求的服务，扩大与竞争对手之间的差距，从而通过销售额的增大来获得或增加企业的利润。为了对物流服务进行有效的管理与控制，必须制定物流服务标准，实施物流客户服务管理，并对物流服务系统进行监控和评价。物流服务作为企业经营管理的一个重要方面，能否制定出行之有效的物流服务战略，往往影响到具体的物流服务绩效以及由此带来的顾客满意度，所以，科学、合理地进行物流服务战略的分析和策划是物流管理活动中一项十分重要的职能。

关键概念

物流系统(logistics system)　　物流服务(logistics customer)

物流服务标准(logistics customer standard)　　物流客户服务(logistics customer service)

复习思考题

1. 物流服务的概论及其构成要素是什么?
2. 简述物流服务与物流成本的关系。
3. 简述物流服务评价的主要内容。
4. 简述物流服务策略的四种类型。
5. 简述物流服务战略决策的基本步骤。
6. 选择自己熟悉的一家物流企业，针对企业某一项业务，编制一份物流服务评价表，并给该企业物流服务的相关指标打分。
7. 分组讨论物流服务水平和物流成本水平高低的衡量标准，选择几个行业并调查这几个行业物流服务水平和物流成本水平的平均水平。

☞ 案例分析

一个湿漉漉的包裹

杰克是联邦快递公司的一名普通的快递员，一年圣诞节，杰克像往常一样去公司取快递。但是，杰克这次接到的快递与往常的不一样，这是一个湿漉漉的包裹。毫无疑问，这个包裹肯定有问题。按照常规，联邦快递是不允许员工随便拆看客户包裹的，但是。面对眼前这种情况，杰克迟疑了，因为显然包裹里肯定有东西被打碎了。犹豫了很久，杰克给发件人打了个电话，在得到发件人允许的情况下，杰克打开包裹一看，果然，是包裹里用毛衫包着的一瓶葡萄酒破了。杰克再次主动给发件人打电话并建议如何解决，就在当天晚上，杰克把毛衫带回家干洗，然后自己又买了同样的一瓶葡萄酒，重新包好，第二天送到了收件人手中。

随着联邦快递服务品质的不断提高，公司逐渐将这些传奇式的服务制度化，不仅如此，管理层还为此形成了一套系统，鼓励为适当的原因采取突破制度的行为，并收集这些故事进行宣传，为有创意的优质服务提供奖励。

资料来源：新浪博客(http：//blog. sina. com. cn/s/blog_4fela67101000fa7. html)。

案例思考：

1. 物流服务的目的是什么?
2. 客户满意度达到一定程度，才产生一定的客户忠诚度。从本案例看，在物流服务过程中，物流企业如何才能实现一定程度的客户满意度?

第七章 物流成本管理

学习目的和要求

- 理解物流成本的含义、物流成本管理的主要理论观点。
- 掌握企业物流成本的构成与分类，理解物流成本计算的步骤和方法。
- 理解物流成本分析的含义和内容，掌握物流成本分析的基本方法。
- 理解物流成本控制的含义，掌握物流目标成本控制法。

引 例

一家饺子馆的物流管理

三年前，小胡在居民区开了家饺子馆，如今生意还算火爆。不少周围小区的住户常来光顾小店，有些老顾客一气儿能吃半斤饺子。小胡说："别看现在生意还不错，开业这一段时间，让我头疼的就是每天怎么进货，很多利润被物流吃掉了。"

刚开始卖出一份水饺，10个定价为5元钱，直接成本为饺子馅、饺子皮、佐料和燃料，每个饺子成本大约2角钱。虽然存在价差空间，可是小胡的小店老赚不到钱，原因在于每天都有大量剩余原料，这些原料不能隔天使用，算上人工、水电、房租等经营成本，饺子的成本都接近4角钱了。小胡很有感慨，如果一天卖出1000个饺子，同时多余500个饺子的原料，相当于亏了100元左右，每个饺子的物流成本最高时有1角钱，加上前年年初粮食涨价，因此利润越来越薄。

关键在于控制数量，准确供货。其实做饺子的数量挺难掌握。做少了吧，有的时候顾客来买没有，也等不及现做，眼看着要到手的钱飞走了；做多了吧，就要剩下。从理论上说，一般有两种供应方式：每天定量供应，一般早上10点开始，晚上9点结束，这样可能会损失客流量；根据以往的经验预测，面粉每天的用量比较大，因为不管包什么馅儿都得用面粉呀，所以这部分的需求量相对比较固定。

后来小胡又开了两家连锁店，原料供货就更需统筹安排了。饺子馅的原料要根据头天用量进行每日预测，然后根据原料清单进行采购。一日采购两次，下午会根据上午的消耗进行补货，晚上采购第二天的需求量。一个饺子馆的物流管理同样容不得差错。小胡咨询了一些物流专家，这是波动的需求和有限的生产能力之间的冲突。在大企业，他们通常会提高生产柔性去适应瞬息万变的市场需求。可是，对于经营规模有限的小店来说，要做到这点太难。所以有些人建议想办法调整顾客的需求以配合有限的生产能力，用物流专业名词说，叫做平衡物流。比如用餐高峰期大概在每天12：00—13：00和19：00—20：00这两个时段，小胡就选择在11：00—11：45和18：00—18：45推出9折优惠计划，吸引了部分对价格比较敏感的顾客，有效分散了需求。如果碰到需求波动比较大的情况，也就是说某一种饺子的需求量非常大的时候，比如客户要的白菜馅没有了，小胡就要求店员推销牛肉馅或者羊肉馅，同时改进店面环境，安上空调，提供杂志报纸，使顾客在店里的等待时间平均从5分钟延长到10分钟。

小胡做了三年的水饺生意，从最初每个饺子分摊大约1角钱的物流成本，到去年的5分钱，而今年成本就更低了。由于做饺子的时间长了，需求的种类和数量相对固定下来，每个饺子的物流成本得到有效控制，大约为2分钱，主要就是采购人工、运输车辆的支出。

资料来源：世界大学城网（http：//www.worlduc.com/blog2012.aspx？bid=1080661）。

请大家谈一谈自己的本会。

第一节　物流成本管理概述

一、物流成本的概念

物流成本是指伴随企业的物流活动而发生的各种费用，是物流活动中耗用的物化劳动和活劳动的货币表现，是物品在实物运动过程中，如运输、仓储、装卸搬运、包装、流通加工、配送、物流信息处理等各个环节支出的人力、财力、物力的总和。

物流成本有广义和狭义之分。狭义的物流成本仅指由于物品移动而产生的运输、包装、装卸等费用。广义的物流成本是指生产、流通、消费全过程的物品实体与价值变化而发生的全部费用。它具体包括从生产企业内部原材料的采购、供应开始，经过生产制造中的半成品、产品的仓储、搬运、装卸、包装、运输以及在消费领域发生的验收、分类、仓储、保管、配送、废品回收等环节发生的所有成本。

随着生产的日益社会化，物流作为一种广泛存在的经济活动，普遍存在于企业内部。从原材料采购开始，到顺利加工成零部件，把零部件组装成产成品，最后产成品出厂投入消费领域，自始至终都离不开物流活动。企业物流过程，是创造时间价值、使用价值的过程。保证企业物流活动有序、高效、低耗地进行，需要耗费一定的人力和物力、投入一定的劳动。在商品经济中，一方面，物流劳动同其他劳动一样，也创造价值，物流成本在一定程度上，即在社会需要的限度内会增加商品价值，扩大生产耗费数量，成为生产一定种类及数量产品的社会必要劳动时间的一项内容，其总额必须在产品销售收入中得到补偿；另一方面，它又不完全等同于其他生产劳动，它并不增加产品使用价值总量，相反，产品总量往往在物流过程中因损坏、丢失而减少。同时，为进行物流活动，还要投入大量的人力、物力和财力。因此，企业物流成本是“使商品变贵而不追加商品使用价值的费用”。科学地管理物流成本，成为现代企业提高经济效益的重要途径。

二、物流成本管理的主要理论观点

(一)“黑大陆”说

彼得·德鲁克1962年在《财富》杂志发表的《经济的黑大陆》中认为“物流是一块未开垦的处女地”，强调应高度重视物流管理，指出“流通是经济领域的黑大陆”。这里彼得·德鲁克虽然泛指的是流通，但是由于流通领域中物流活动的模糊性特别突出，是人们尚未认清的领域，所以“黑大陆”学说主要是针对物流而言的。“黑大陆”学说是一种未来学的研究结论，是战略分析的结论，带有较强的哲学抽象性，这一学说对于研究物流成本管理起到了启迪和动员作用。

(二)物流成本冰山说

日本的西泽修教授认为现行的财务会计制度和会计核算方法都不能掌握物流费用的实际情况，人们对物流费用的了解是一片空白，他把这种情况比作“物流成本冰山”，我们只看到水面上的一小部分，而水面之下的部分却未引起人们的开发和重视。西泽修教授具体分析了彼得·德鲁克的“黑大陆”说。事实证明，物流领域的方方面面对我们而言还是不清楚的。

(三)“第三利润源”说

西泽修教授于1970年所写的《流通费用》一书中指出利用劳动对象和劳动者提高生产效率、创造利润分别是企业的第一利润源和第二利润源，在企业第一和第二利润源可利用空间越来越小的情况下，物流成为企业增加利润的“第三利润源”。很显然“第三利润源”揭示了现代物流的本质，使物流能在战略和管理上统筹企业生产、经营的全过程，并推动物流现代化发展。

(四)效益背反理论

效益背反理论指物流的若干功能要素之间存在着损益矛盾，即某一功能要素的优化和利益发生的同时，必然会存在另一个或几个功能要素的利益损失，反之也如此。主要包括物流成本与服务水平的效益背反和物流各功能活动的效益背反。这个理论强调了物流成本的整体概念，要求整个物流系统化，调整各要素之间的矛盾，把它们有机地结合起来，使物流总成本最小。

(五)其他物流成本学说

(1)成本中心说。物流在整个企业战略中，只对企业营销活动的成本发生影响。物流是企业成本的重要的产生点，是“降低成本的宝库”，因而解决物流的问题，并不只要搞合理化、现代化，不只为了支持保障其他活动，重要的是通过物流管理和物流的一系列活动降低成本。所以，成本中心既是指主要成本的产生点，又是指降低成本的关注点，物流是"降低成本的宝库"等说法正是这种认识的形象表述。

(2)利润中心说。物流可以为企业提供大量直接和间接的利润，是形成企业经营利润的主要活动。对国民经济而言，物流也是国民经济中创利的主要活动。

(3)服务中心说。物流活动最大的作用，并不在于为企业节约了消耗，降低了成本或增加了利润，而是在于提高企业对用户的服务水平进而提高了企业的竞争能力。因此，他们在使用描述物流的词汇上选择了"后勤"一词，特别强调其服务保障的职能。通过物流的服务保障，企业以其整体能力来压缩成本，增加利润。

(4)系统说。物流利润的大部分会间接转移到企业整体效益的提高上，不能仅从物流费用的节省来简单地衡量物流利润。物流产生利润实际上是物流成本、物流利润的一种重新划分，它至少包括这样几个部分：物流时间的节省，物料、半成品、产成品在物流各环节停留时间的减少，意味着物资相资金流转速度的加快；物流费用的降低；用户满意度的增加。物流费用的降低当然可以直接体现出物流利润的增加，物流速度的提高所产生的效益主要表现为生产周期的缩短，企业物资及资金流转速度的加快；用户满意度的提高有利于产品形象和企业形象的优化。

(5)战略说。物流具有战略性，是既能提供成本优势又能提供价值优势的管理领域之一。高效、合理的物流管理，既能够降低企业经营成本，又能为客户提供优质的服务，属于企业战略管理范畴。

三、物流成本管理

物流长期以来一直被称为企业的第三个利润源泉，在不少企业中物流成本占了企业生产经营总成本的大部分，因而，加强物流活动管理的关键在于对物流成本的管理，这已经成为现代企业经营管理中的重要问题。

(一)物流成本管理的概念

物流成本管理，简而言之，就是通过成本去管理物流，即管理的对象是物流而不是成本，物流成本管理可以说是以成本为手段的物流管理方法。这是因为，一是成本能真实地反映物流活动的实态；二是成本可以成为评价所有活动的共同尺度。就第一点而言，一旦用成本去掌握物流活动，物流活动方法上的差别就会以成本差别的形式明显地表现出来。就第二点而言，用成本这个统一的尺度去评价各种活动，可以把性质不同的活动放到同一场合进行比较，是有效管理物流的一种新思路。

目前，物流还是一个比较新兴的行业，对物流成本管理的研究尤其是在我国还处于起步的初级阶段，因此物流成本管理至今没有一个确切的定义。从物流成本管理的内容来看，物流成本管理是以物流成本信息的产生和利用为基础，按照物流成本最优化的要求有组织地进行预测、决策、计划、控制、分析和考核等一系列的科学管理活动。在实际活动中，企业的物流成本管理可以从两个方面进行：一是从会计的角度出发，通过建立物流管理会计系统，发挥会计职能来对物流成本进行计划、控制等；二是利用物流管理方法，通过对物流各种职能的优化，达到降低物流成本的目的。显然，这两个方面相辅相成，所以企业在进行物流成本管理过程中，需要从这两个方面同时进行。

（二）物流成本管理的环节

物流成本管理的环节是指物流成本管理的工作步骤与一般程序。一般来讲，企业物流成本管理包括以下几个环节：

1. 物流成本预测

物流成本预测是根据有关物流成本数据和企业具体的发展情况，运用一定的技术方法，对未来的成本水平及其变动趋势做出科学的估计。成本预测是成本决策、成本预算和成本控制的基础工作，可以提高物流成本管理的科学性和预见性。在物流成本管理的许多环节都存在成本预测问题，如仓储环节的库存预测、流通环节的加工预测、运输环节的货物周转量预测等。

2. 物流成本决策

物流成本决策是在物流成本预测的基础上，结合其他有关资料，运用一定的科学方法，从若干个方案中选择一个满意的方案的过程。从物流整个流程来说，有配送中心新建、改建、扩建的决策；装卸搬运设备、设施购置的决策；流通加工合理下料的决策等。进行成本决策、确定目标成本是编制成本预算的前提，也是实现成本的事前控制、提高经济效益的重要途径。

3. 物流成本预算

物流成本预算是根据物流成本决策所确定的方案、预算期的物流任务、降低物流成本的要求以及有关资料，通过一定的程序，运用一定的方法，以货币形式规定预算期物流各环节耗费水平和成本水平，并提出保证成本顺利实现所采购的措施。通过物流成本预算管理，可以在降低物流各环节方面给企业提出明确的目标，推动企业加强物流成本管理责任制，增强企业的物流成本意识，控制物流环节费用，挖掘降低物流成本的潜力，保证企业降低物流成本目标的实现。

4. 物流成本控制

物流成本控制是根据计划目标，对物流成本形成和发生的过程以及影响物流成本的各种因素和条件加以主动的影响，以保证实现物流成本预算完成的一种行为。

从企业生产经营过程来看，物流成本控制包括事前控制、事中控制和事后控制。事前控制是整个物流成本控制中最重要的环节，它直接影响以后各物流作业流程成本的高低。事前控制活动主要有物流配送中心建设控制，物流设施、设备的配备控制，物流作业过程改进控制等。事中控制是对物流作业过程实际劳动耗费的控制，包括设备耗费的控制、人工耗费的控制、劳动工具耗费和其他费用支出的控制等方面。事后控制是通过定期对过去某一段时间成本控制的总结、反馈来控制成本。通过成本控制，可以及时发现存在的问题，采取纠正措施，保证物流成本目标的完成和实现。

5. 物流成本核算

物流成本核算是根据企业确定的成本计算对象，采用相适应的成本计算方法，按规定的成本项目，通过一系列的物流费用汇集与分配，从而计算出各物流活动成本计算对象的实际总成本和单位成本。物流成本计算工作可以如实地反映生产经营过程中的实际耗费，同时也是对各种物流费用的实际支出的控制过程。

6. 物流成本分析

物流成本分析是在物流成本核算及其他有关资料的基础上，运用一定的方法，提示物流成本水平变动的原因，进一步查明影响物流成本变动的各种因素。通过物流成本分析，可以提出积极的建议，采取有效的措施，合理地控制物流成本。

上述各项物流成本管理活动的内容是相互配合、相互依存的一个有机整体。物流成本预测是物流成本决策的前提，物流成本预算是物流成本决策所确定目标的具体化，物流成本控制是对物流成本预算的实施进行监督，以保证目标的实现，物流成本核算与分析是对目标是否实现的检验。

第二节　物流成本计算

一、企业物流成本的构成与分类

(一)物流成本计算对象

企业物流成本可以物流成本项目、物流范围和物流成本支付形态作为物流成本计算对象。

成本项目类别物流成本指以物流成本项目作为物流成本计算对象，具体包括物流功能成本和存货相关成本。其中，物流功能成本指在包装、运输、仓储、装卸搬运、流通加工、物流信息和物流管理过程中所发生的物流成本。存货相关成本指企业在物流活动过程中所发生的与存货有关的资金占用成本、物品损耗成本、保险和税收成本。

范围类别物流成本指以物流活动的范围作为物流成本计算对象，具体包括供应物流、企业内物流、销售物流、回收物流和废弃物流等不同阶段所发生的各项成本支出。

形态类别物流成本指以物流成本的支付形态作为物流成本计算对象。具体包括委托物流成本和企业内部物流成本。其中，企业内部物流成本其支付形态具体包括材料费、人工费、维护费、一般经费和特别经费。

物流成本的构成与分类见图 7-1。

(二)物流成本构成

1. 物流成本项目构成

按成本项目划分，物流成本由物流功能成本和存货相关成本构成。其中物流功能成本包括物流活动过程中所发生的运输成本、仓储成本、包装成本、装卸搬运成本、流通加工成本、物流信息成本和物流管理成本，存货相关成本包括物流活动过程中所发生的与存货有关的资金占用成本、物品损耗成本、保险和税收成本。具体内容如表 7-1 所示：

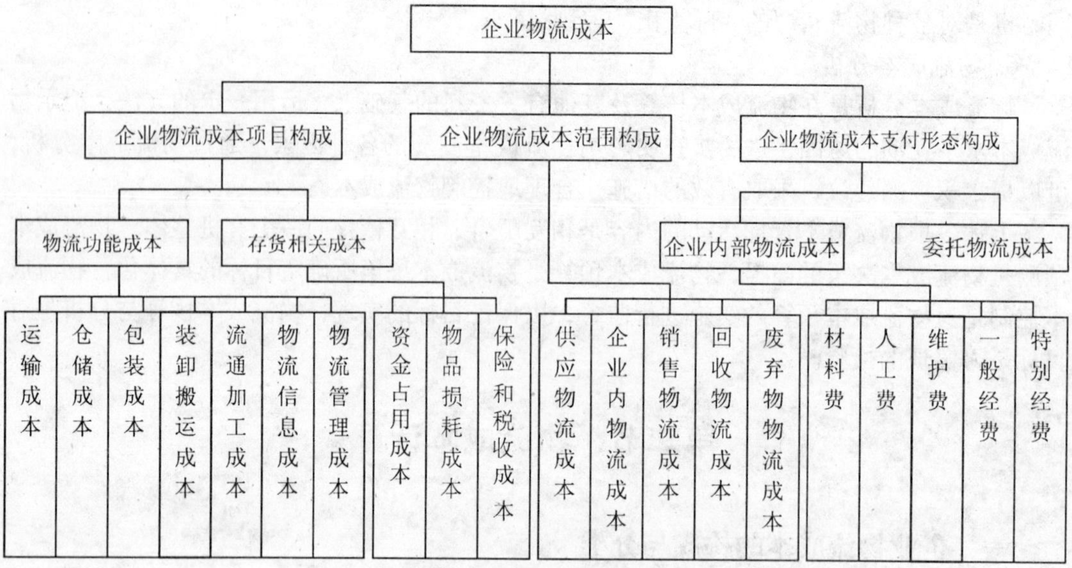

图 7-1　物流成本的构成与分类

表 7-1　　**企业物流成本项目构成表**

成本项目			内容说明
物流功能成本	物流运作成本	运输成本	一定时期内，企业为完成货物运输业务而发生的全部费用，包括从事货物运输业务的人员费用、车辆(包括其他运输工具)的燃料费、折旧费、维修保养费、租赁费、养路费、过路费、年检费、事故损失费、相关税金等
		仓储成本	一定时期内，企业为完成货物储存业务而发生的全部费用，包括仓储业务人员费用，仓储设施的折旧费、维修保养费、水电费、燃料与动力消耗等
		包装成本	一定时期内，企业为完成货物包装业务而发生的全部费用，包括包装业务人员费用，包装材料消耗，包装设施折旧费、维修保养费，包装技术设计、实施费用以及包装标记的设计、印刷等辅助费用
		装卸搬运成本	一定时期内，企业为完成装卸搬运业务而发生的全部费用，包括装卸搬运业务人员费用，装卸搬运设施折旧费、维修保养费、燃料与动力消耗等
		流通加工成本	一定时期内，企业为完成货物流通加工业务而发生的全部费用，包括流通加工业务人员费用，流通加工材料消耗，加工设施折旧费、维修保养费，燃料与动力消耗费等
	物流信息成本		一定时期内，企业为采集、传输、处理物流信息而发生的全部费用，指与订货处理、储存管理、客户服务有关的费用，具体包括物流信息人员费用，软硬件折旧费、维护保养费、通信费等
	物流管理成本		一定时期内，企业物流管理部门及物流作业现场所发生的管理费用，具体包括管理人员费用，差旅费、办公费、会议费等

续表

成本项目		内容说明
存货相关成本	资金占用成本	一定时期内，企业在物流活动过程中负债融资所发生的利息支出(显性成本)和占用内部资金所发生的机会成本(隐性成本)
	物品损耗成本	一定时期内，企业在物流活动过程中所发生的物品跌价、损耗、毁损、盘亏等损失
	保险和税收成本	一定时期内，企业支付的与存货相关的财产保险费以及因购进和销售物品应交纳的税金支出

2. 物流成本范围构成

按物流成本产生的范围划分，物流成本由供应物流成本、企业内物流成本、销售物流成本、回收物流成本以及废弃物物流成本构成。具体内容如表 7-2 所示：

表 7-2　**企业物流成本范围构成表**

成本范围	内容说明
供应物流成本	指经过采购活动，将企业所需原材料(生产资料)从供给者的仓库运回企业仓库为止的物流过程中所发生的物流费用
企业内物流成本	指从原材料进入企业仓库开始，经过出库、制造形成产品以及产品进入成品库，直到产品从成品库出库为止的物流过程中所发生的物流费用
销售物流成本	指为了进行销售，产品从成品仓库运动开始，经过流通环节的加工制造，直到运输至中间商的仓库或消费者手中的物流活动过程中所发生的物流费用
回收物流成本	指退货、返修物品和周转使用的包装容器等从需方返回供方的物流活动过程中所发生的物流费用
废弃物物流成本	指将经济活动中失去原有使用价值的物品，根据实际需要进行收集、分类、加工、包装、搬运、储存等，并分送到专门处理场所的物流活动过程中所发生的物流费用

3. 物流成本支付形态构成

按物流成本支付形态划分，企业物流总成本由委托物流成本和企业内部物流成本构成。其中企业内部物流成本按支付形态分为材料费、人工费、维护费、一般经费和特别经费。具体内容如表 7-3 所示：

表 7-3　**企业物流成本支付形态构成表**

成本支付形态		内容说明
企业内部物流成本	材料费	资材费、工具费、器具费等
	人工费	工资、福利、奖金、津贴、补贴、住房公积金等
	维护费	土地、建筑物及各类物流设施设备的折旧费、维护维修费、租赁费、保险费、税金、燃料与动力消耗费等
	一般经费	办公费、差旅费、会议费、通信费、水电费、煤气费等
	特别经费	存货资金占用费、物品损耗费、存货保险费和税费
委托物流成本		企业向外部物流机构所支付的各项费用

二、物流成本计算

(一)物流成本计算方法

1. 基本思路

(1)可从现行成本核算体系中予以分离的物流成本。对于现行成本核算体系中已经反映但分散于各会计科目之中的物流成本，企业在按照会计制度的要求进行正常成本核算的同时，可根据本企业实际情况，选择在期中同步登记相关物流成本辅助账户，通过账外核算得到物流成本资料；或在期末(月末、季末、年末)通过对成本费用类科目再次进行归类整理，从中分离出物流成本。

(2)无法从现行成本核算体系中予以分离的物流成本。对于现行成本核算体系中没有反映但应计入物流成本的费用即存货占用自有资金所产生的机会成本，根据有关存货统计资料按规定的公式计算物流成本。

2. 具体方法和步骤

(1)可从现行成本核算体系中予以分离的物流成本。对现行成本核算体系中已经反映但分散于各会计科目之中的物流成本，应按以下步骤计算：

第一步，设置物流成本辅助账户，按物流成本项目设置运输成本、仓储成本、包装成本、装卸搬运成本、流通加工成本、物流信息成本、物流管理成本、资金占用成本、物品损耗成本、保险和税收成本二级账户，并按物流范围设置供应物流、企业内物流、销售物流、回收物流和废弃物流三级账户，对于内部物流成本，还应按费用支付形态设置材料费、人工费、维护费、一般经费、特别经费费用专栏。上述物流成本二级账户、三级账户及费用专栏设置次序，企业可根据实际情况选择。

第二步，对企业会计核算的全部成本费用科目包括管理费用、营业费用、财务费用、生产成本、制造费用、其他业务支出、营业外支出、材料采购、应交税金等科目及明细项目逐一进行分析，确认物流成本的内容。

第三步，对于应计入物流成本的内容，企业可根据本企业实际情况，选择在期中与会计核算同步登记物流成本辅助账户及相应的二级、三级账户和费用专栏，或在期末(月末、季末、年末)集中归集物流成本，分别反映出按物流成本项目、物流范围和物流成本支付形态作为归集动因的物流成本数额。

第四步，期末(月末、季末、年末)，汇总计算物流成本辅助账户及相应的二级、三级账户和费用专栏成本数额，填入企业物流成本表。

(2)无法从现行成本核算体系中予以分离的物流成本。对于现行成本核算体系中没有反映但应计入物流成本的费用即存货占用自有资金所产生的机会成本，其计算步骤如下：

第一步，期末(月末、季末、年末)对存货按在途和在库两种形态分别统计出账面余额。

第二步，按照公式：存货资金占用成本=存货账面价值×企业内部收益率(或一年期银行贷款利率)计算出存货占用自有资金所产生的机会成本，并按供应物流、企业内物流和销售物流分别予以反映。

第三步，根据计算结果，填入企业物流成本表。

3. 物流间接成本分配原则

在计算物流成本时，对于单独为物流作业及相应的物流功能作业所消耗的费用，直接计入物流成本及其对应的物流功能成本；对于间接为物流作业消耗的费用，为物流作业和非物流作业同时消耗的费用、为不同物流功能作业共同消耗的费用以及为不同物流范围阶段消耗的费用，应按照从事物流作业或物流功能或物流范围阶段作业人员比例、物流工作量比例、物流设施面积或设备比例以及物流作业所占资金比例等确定。

(二)物流成本表

物流成本计算以物流成本项目、物流范围和物流成本支付形态三个维度作为成本计算对象。物流成本表也包括成本项目、范围和支付形态三个维度，具体包括企业物流成本主表(见表7-4)和企业内部物流成本支付形态附表(见表7-5)。

表7-4　**企业物流成本主表**

编制单位：　　　　年　月　　　　单位：元

范围及支付形态 / 成本项目			供应物流成本			企业内物流成本			销售物流成本			回收物流成本			废弃物物流成本			物流总成本		
			内部	委托	小计	内部	委托	小计	内部	委托	小计	内部	委托	小计	内部	委托	小计	内部	委托	合计
物流功能成本	物流运作成本	运输成本																		
		仓储成本																		
		包装成本																		
		装卸搬运成本																		
		流通加工成本																		
		小计																		
	物流信息成本																			
	物流管理成本																			
	合计																			
存货相关成本	资金占用成本																			
	物品损耗成本																			
	保险和税收成本																			
	其他成本																			
	合计																			
物流总成本																				

表 7-5　　企业内部物流成本支付形态附表

编制单位：　　　　年　月　　　　单位：元

成本项目 \ 内部支付形态			材料费	人工费	维护费	一般经费	特别经费	合计
物流功能成本	物流运作成本	运输成本						
		仓储成本						
		包装成本						
		装卸搬运成本						
		流通加工成本						
		小计						
	物流信息成本							
	物流管理成本							
	合计							
存货相关成本	资金占用成本							
	物品损耗成本							
	保险和税收成本							
	其他成本							
	合计							
物流成本合计								

第三节　物流成本分析

一、物流成本分析的含义与内容

(一)物流成本分析的含义

物流成本分析就是利用物流成本核算结果及其他有关资料，分析物流成本水平与构成的变动情况，研究影响物流成本升降的各种因素及其变动因素，寻找降低物流成本的途径。

物流成本分析的任务是：依据物流核算资料，对照成本计划和历史同期成本指标，了解物流计划完成情况和变动趋势，查找影响物流成本变动的原因，测定其影响程度，为改进物流成本管理工作，降低产品成本提供依据和建议。

(二)物流成本分析的内容

物流成本分析的内容可以概括为以下三个方面：

第一，在核算资料的基础上，通过深入分析，正确评价企业物流成本计划的执行结果，提高企业和职工追求经济效益的积极性。

第二，揭示物流成本升降的原因，正确地查明影响物流成本高低的各种因素及其原因，进一步提高企业管理水平。

第三，寻求进一步降低物流成本的途径和方法。物流成本分析还可以结合企业物流经营条件的变化，正确选定适应新情况的最合适的物流成本水平。

目前在企业财务会计核算制度中，还没有专门针对物流成本核算的方法。但是，无论是物流成本管理的哪个环节，最终的目的都是为了提高企业的经济效益。由于物流过程分为许多作业过程，很显然，除了通过成本管理来提高企业的效益以外，提高物流作业效率也是最终节约成本的有效途径。

二、物流成本分析的方法

概括而言，物流成本分析有定性分析和定量分析两种方法。企业物流成本状况及其变动，既有质的特征，又有量的界限，企业成本分析，也包括定性与定量两个方面。对物流成本变动性质的分析，称为定性分析，目的在于揭示影响资金耗费各因素的性质、内在联系及其变动趋势。对物流成本变动数量的分析，称为定量分析，目的在于确定物流成本指标变动幅度及各因素对其影响程度。定性分析是定量分析的基础，定量分析是定性分析的深化。仅有定量分析结果而无定性分析说明，或者仅有定性的说明而无定量分析资料作依据，都不可能发挥成本分析应有的作用。因而，定性分析与定量分析是相辅相成，互为补充的。物流成本定量分析方法主要有对比分析法、比率分析法、因素替代法。

(一)对比分析法

对比分析法是通过成本指标在不同时期(或不同情况下)的数据对比，来揭露矛盾的一种方法，成本指标的对比必须注意指标的可比性。

比较形式有绝对数比较，如上年物流成本与本年物流成本的比较，见表7-6；增减数比较，如本年物流成本比上年降低若干元；指数比较，如本年物流成本比上年降低的百分比。

比较标准包括本期实际与预定目标、计划或定额比较；本期实际与上期同期实际或历史最高水平比较，以及与若干期的历史资料比较；本企业实际与行业先进水平比较；本企业实际与评价标准进行比较。

比较方法有横向比较法和纵向比较法两种。横向比较法又称水平分析法，是将实际达到的结果与某一标准进行比较。纵向比较法又称垂直分析法或动态分析法，即以物流成本表的某一关键项目为基数项目，以其金额为100，而将其余项目的金额分别除以关键项目金额，计算出百分比。这个百分比表示各项目的比重，通过比重对各项目做出判断和分析。这种只有百分比而没有金额的物流成本表称为共同比物流成本表，它是纵向分析的一种重要形式。共同比物流成本表通常以物流总成本作为基数，见表7-7。

表 7-6　　××企业比较物流成本表　　（单位：万元）

成本项目		2012 年度	2013 年度	增加（减少）	
				金额	百分比
物流功能成本	运输成本				
	仓储成本				
	包装成本				
	装卸搬运成本				
	流通加工成本				
	物流信息成本				
	物流管理成本				
	合计				
存货相关成本	流动资金占用成本				
	存货风险成本				
	存货保险成本				
	合计				
其他成本					
物流成本合计					

表 7-7　　××企业共同比物流成本表　　（单位:%）

成本项目		2012 年度	2013 年度
物流功能成本	运输成本		
	仓储成本		
	包装成本		
	装卸搬运成本		
	流通加工成本		
	物流信息成本		
	物流管理成本		
	合计		
存货相关成本	流动资金占用成本		
	存货风险成本		
	存货保险成本		
	合计		
其他成本			
物流成本合计		100	100

(二)比率分析法

比率是两数相比所得的数值。在物流成本评价中，比率分析法是指在物流成本表的不同项目之间，或在物流成本表与其他财务报表的有关项目之间进行对比分析，以计算出的比率反映各项目之间的相互关系，据此评价企业的物流成本水平。

如物流成本与销售收入的比率，可以反映出单位销售额的物流成本水平，便于不同规模企业的比较；再如，物流成本与销售数量的比率，可以反映出单位产品的物流成本水平，便于企业不同年份不同销售数量的比较；再如，物流成本与企业总成本的比较，可以反映出物流成本在企业总成本中所占的比重，便于评价企业的物流成本水平是否合理，等等。

(三)因素分析法

即连环替代法，是指确定影响因素、测量其影响程度、查明指标变动原因的一种分析方法。具体方法包括连环替代法、定基替代法、差额计算法和指标分解法。

连环替代法是指确定影响因素，并按照一定的替换次序逐个因素替换，计算出各因素对物流成本相关指标影响程度的一种计算方法。

计算和评价的步骤：

第一步：计算各个因素的差额。

第二步：如果影响因素是两个，那么以第一个因素的差额乘以第二个因素的上年数(或计划数等其他数值)，求出第一个因素的影响程度。

第三步：以第二个因素的差额乘以第一个因素的本年数(或实际数等其他数值)，求出第二个因素的影响程度。

第四步：汇总各个因素对物流成本指标差异数的影响。

第五步：进行文字评价。

例如，某企业本年度和上年度存货占用自有资金所发生的机会成本、存货平均余额和企业内部收益率资料如表 7-8 所示。

表 7-8　**某企业隐性物流成本情况一览表**

项目	本年度	上年度	差异
机会成本(万元)	1.125	1	0.125
存货平均余额(万元)	25	20	5
内部收益率	4.5%	5%	-0.5%

从表 7-8 可以看出，本年度与上年度的机会成本的差异数为 0.125 万元。机会成本的计算公式为：

存货占用自有资金所发生的机会成本＝存货平均余额×内部收益率

按照上述计算公式，则：

上年度存货占用自有资金所发生的机会成本=20×5%=1(万元) (1)

第一次替代：以本年度存货平均余额替代：

存货占用自有资金所发生的机会成本=25×5%=1.25(万元) (2)

第二次替代：以本年度内部收益率替代：

存货占用自有资金所发生的机会成本=25×4.5%=1.125(万元) (3)

根据上述计算结果，可以计算出存货平均余额和内部收益率两个因素变动对本年度和上年度存货占用自有资金所发生的机会成本差异数的影响：

存货平均余额对差异的影响数=(2)-(1)=1.25-1=0.25(万元)

内部收益率对差异的影响数=(3)-(2)=1.125-1.25=-0.125(万元)

汇总各因素的影响数=存货平均余额对差异的影响数+内部收益率对差异的影响数

=0.25-0.125=0.125(万元)

根据上述计算可以得出如下评价：本年度存货占用自有资金所发生的机会成本比上年度增加0.125万元，其主要原因是：本年度存货平均余额比上年度增加5万元，从而使本年度存货占用自有资金所发生的机会成本比上年度增加了0.25万元；本年度内部收益率比上年度降低了0.5%，从而使本年度存货占用自有资金所发生的机会成本比上年度减少了0.125万元。因此，降低存货余额是今后努力的方向。

第四节　物流成本控制

一、物流成本控制的含义

物流成本控制是指企业在物流活动中，以不断降低物流成本和提高物流服务水平为目的，对影响物流成本的各种因素加以管理，及时发现与预定目标成本之间的差距，采取一定的措施，保证物流成本目标和成本预算任务的完成。

物流成本控制按物流成本发生的时间先后划分为事前成本控制、事中成本控制和事后成本控制三个阶段，也就是成本控制循环中的设计阶段、执行阶段和考核阶段。

事前成本控制是指物流活动发生前通过对物流活动的成本功能关系的分析研究，提出对物流功能和目标成本的要求，从根本上解决功能过剩、成本过高的问题。同时还要对影响物流成本的有关因素进行分析研究，制定出一整套物流成本控制制度，针对不同类型的物流成本采取不同方法约束成本开支，防止偏差和浪费的发生，它们又分别被称为成本的前馈控制和预防控制。

事中成本控制又称日常成本控制，就是指在物流成本形成过程中，企业内部各级对物流成本负有经营管理责任的单位，根据事先制定的成本目标或标准，对企业各责任中心日常发生的各项物流成本和费用进行严格的计量、监督，如发生偏差，就及时分析原因并采取措施进行调节，使各项物流成本费用不超过预定的标准，以保证物流目标成本的实现。

事后成本控制是指在物流成本发生后，把日常发生的成本差异及其原因汇总起来进行分析研究，找出成本升降的原因，明确经济责任，为下一期企业物流活动计划和物流目标成本的确定提供改进意见，又被称为成本的后馈控制。

二、物流成本控制制度和方法

物流成本控制制度是指在对影响物流成本的有关因素分析和研究的基础上，制定出一整套适合于本企业具体情况的成本控制方法和相应的规章制度。其关键是要通过企业内部设置的规章制度，针对不同的物流成本采用不同的成本控制方法，约束成本开支，预防偏差和杜绝浪费现象的发生。物流成本控制制度是企业内部控制制度的重要组成部分。

从目前国外成本控制的实践看，物流成本控制方法繁多，一般有目标成本控制法、预算成本控制法、标准成本控制法、相对成本控制法、责任成本控制法等。本章主要介绍物流目标成本控制法。

三、物流目标成本控制法

(一)物流目标成本控制的含义

物流目标成本控制是为了更有效地实现物流成本控制的目标，使客户需求得到最大程度的满足，从战略的高度分析，与战略目标相结合，使物流成本控制与企业经营管理全过程的资源耗用和资源配置协调起来，因而产生的成本控制方法。

(二)物流目标成本的确定

以第三方物流企业为例：

第一步：初步确定物流目标成本。

物流目标成本=预计服务收入-物流目标利润

预计物流目标利润的方法有：目标利润率法(从横向参照同类企业行业利润率)、上年利润基数法(从纵向参照本企业上年利润率)。

第二步：对物流目标成本进行可行性分析，收入、利润、成本分析思路见表7-9。

表7-9 收入、利润、成本分析思路

项目	分析思路
预计服务收入	• 一方面调查客户物流量、物流服务功能和特色 • 一方面分析竞争对手的基本状况 • 在此基础上，分析企业预计服务收入的可行性
物流目标利润	• 与企业阶段性利润目标对比分析 • 与企业投资回报、经营战略、市场战略对比分析 • 与行业利润率、上年利润率对比分析
物流目标成本	• 与行业物流成本率、竞争对手的物流成本率对比分析 • 与企业过去的物流成本率对比分析

第三步：物流目标成本分解，功能/范围目标成本分解表见表7-10。

表 7-10 功能/范围目标成本分解表

	供应物流	企业内物流	销售物流	回收物流	废弃物物流
运输物流成本					
仓储物流成本					
包装物流成本					
流通加工物流成本					
装卸搬运物流成本					
物流信息成本					
物流管理成本					

第四步：实现目标成本。比较物流实际成本与物流目标成本之间的差距，如果实际成本大于目标成本，则需要返回第一步进行调整。例如，表 7-11 列示了功能价值分析和成本控制。

表 7-11 功能价值分析和成本控制

物流作业环节	现实成本	按功能评价系数分配目标成本	功能价值	成本降低幅度
A	237	240	1. 012	–3
B	168	200	1. 190	–32
C	105	90	0. 857	15
D	281	180	0. 640	101
E	76	90	1. 184	–14
F	133	120	0. 902	13
合计	1000	920	5. 785	80

第五步：物流目标成本的追踪考核与物流目标成本的修订。物流目标成本与实际成本对比表见表 7-12。

表 7-12 物流目标成本与实际成本对比表

	供应物流		企业内物流		销售物流		回收物流		废弃物物流	
	目标	实际	目标	实际	目标	实际	目标	实际	目标	实际
运输物流成本										
仓储物流成本										
包装物流成本										
流通加工物流成本										
装卸搬运物流成本										
物流信息成本										

本章小结

物流成本管理是企业物流管理的核心内容。企业无论采用何种物流技术和管理模式，其最终目的不是在于这种技术和模式本身，而是要在保证一定物流服务水平的前提下实现物流成本的降低。可以说，整个物流技术和物流管理的发展过程就是不断追求物流成本降低的过程。

不论从微观企业的角度还是宏观社会的角度来看，物流成本管理都具有重要的经济意义。在物流成本管理的发展过程中，产生了"物流成本冰山"说、"黑大陆"说、"第三利润源"说等重要的理论观点。另外，在物流成本管理中，要考虑各种物流成本效益背反规律，从整体上追求物流服务水平以及总体物流成本的最佳配合。

企业物流成本管理工作，应在物流成本核算的基础上，运用专业的预测、决策、预算、控制、分析和考核等方法来进行物流成本管理，具体包括物流成本预测、物流成本决策、物流成本预算、物流成本核算、物流成本控制、物流成本分析和物流成本业绩评价等方面。

本章在对物流成本和物流成本管理进行概括性介绍的基础上，着重阐述了物流成本计算、物流成本分析、物流成本控制三个方面的相关内容。

关键概念

物流成本(physical distribution cost)
成本计算(cost finding)
成本核算(cost accounting)
成本决策(cost decision-making)
成本分析(cost analysis)
成本控制(cost control)

复习思考题

1. 什么是物流成本？物流成本管理的实质是什么？
2. "物流成本冰山"说的主要内容是什么？
3. 简述物流成本计算的基本思路。
4. 物流成本分析的基本方法有哪些？
5. 简述物流成本控制的三个阶段。
6. 选择你参与过的一项物流活动，全程记录活动的费用开支明细，分别按成本项目类别和支付形态类别统计物流成本结构。
7. 调查一家企业物流成本情况，为该企业制订一份物流成本控制的实施方案。

案例分析

储运中心就是成本中心

安利(中国)在中国拥有近3万平方米的仓库面积，其中广州本仓的面积达1万平方米，另外，北方区、华东区都有几千平方米的区域物流中心。作为负责全国产品调配计划的广州本仓储运中心发挥着非常巨大的作用。安利(中国)的物流部门主要的功能是建设补货、配送渠道，确保库存、运输、包装、安全等方面的管理。安利(中国)储运中心有员工60多人，相当重视对物流设备、设施的投资，主要的储运设施、设备多从国外进口，如各式进口电瓶叉车、进口高层货架、打包机，可升降收/出货平台及运输车辆等。考虑到仓库面积有限，但又必须满足频繁进出货的需要，仓库容量必须往纵向发展。安利(中国)采用进口的多层立体货架，来提高仓库的利用率，同时配合木质托盘进行叉车等机械作业。在近万平方米的储运中心必须放下近8000个托盘，面对平均每月7000多次托盘及货品的进出，还必须按照货物"先进先出"的原则，要求必须随时清楚了解每一个托盘的具体情况，如托盘的具体位置、装什么产品、何时进仓库等。储运中心为解决以上种种问题，经过一番研究，对所有的货架进行三维定位，用A、B、C、D等代表货架的层数，用01、02、03等代表货架的行列，用1、2、3等数字代表第几个货位。通过这三个因素来确定一个坐标，这样把所有的坐标都输入电脑存档，装卸人员只要在现场把每次存放的托盘坐标号转递给电脑录入员即可，管理人员通过电脑就可以纵览仓库内所有的货物的情况，能达到用机械盘点的效果，极大地提高了商品盘点的效率与准确性。立体货架采用叉车作业，最大限度地利用了仓储空间；同时，安利储运中心也保留了部分手工作业，处理仓内一部分收货、移货、打包、出货任务，在保证仓库运作效率、保障客户需求的同时，也节约了运作成本。

贯彻四个"right"满足顾客要求安利的物流目标是配合公司的市场营销战略。对于一个公司来说最重要的是市场与销售，针对公司产品在市场销售的快慢，调节产品流通速度，并不断提升物流运行效率，确保准确、及时地为全国所有的店铺提供货品。同时，在满足客户及消费者需求的情况下，控制合理的物流成本。为最好地服务顾客，安利(中国)物流部门贯彻四个"right"，即"to get the right products to the right place at the right time and the right cost"(以"正确的"成本费用，把"正确的"产品在"正确的"时间，送到"正确的"地点)。

高效率、快速反应的物流运作除了讲究物流管理软件系统化之外，还要讲究技术设备硬件方面的投入，但最主要还是人，只有这三方面结合在一起才能提高运作效率。安利坚持首先满足客户的需求、再降低物流运作成本的原则。

安利(中国)在中国26个省、市、自治区共开设58间店铺，分别在北京、上海、广州设有办事处。按照这种销售网络体系，安利把全国的物流配送渠道划分为三个区域，即华南区，包括广州、成都、重庆、武汉、江西、湖南、贵阳、云南、广东、广西、海南等26家店铺；华东区，包括山东、河南、浙江、安徽、福建、上海等18家店铺；北方区，包括东北和华北共14家店铺。安利在北京和沈阳设有外仓，产品从广州本仓发送到北京、沈阳外仓之后，再辐射到北方区各个城市。产品运输的形式主要有海运、陆运及海陆联运、空运快递等，当某个店铺需要进货或补货时，安利(中国)储运中心首先会充分考核当地区域库存空间有多大、区域销售业绩如何、运输时间等因素来选择最合理的运输方式，只要能够及时满足各地店铺需要，尽量用成本最低的运输方式。流通的库存对安利(中国)来说是不会增加成本，这部分费用由第三方物流公司承担。安利(中国)的目标是用最少的物流费用，达到最好的物流效率。

资料来源：法律快车网(http：//www.lawtime.cn/info/wuliu/wlgs/201009013165.html)。

案例思考：

1. 安利(中国)在物流成本管理上有哪些控制方法?
2. 安利(中国)是如何处理物流成本和物流服务的关系的?

第八章 物流设施设备与技术

学习目的和要求

- 了解物流设施设备与技术的概念。
- 理解物流设备与技术的功能和分类。
- 掌握物流设施设备的类型和特点。
- 掌握物流技术的类型和应用。

引 例

德国开发物流新技术

将货物通过设置在地下的专用通道快速投递出去；把网上订购的商品就近送到自动分拣的储物塔内，随时恭候顾客来取……这些听起来似乎是异想天开的事情，如今正在变为现实。德国北莱茵—威斯特法伦州的科研人员最近开发出两项新技术，为加速物资流通、方便消费者提出了前所未有的创新方案。

为货物运输开辟一条“地铁”线路的主意，是基于德国交通运输能力趋于饱和的现实。德国的交通系统尽管完备，但经济发展对交通的挑战日益增大，各等级公路上堵车频仍，每年因此而造成的损失高达1000亿欧元。在此背景下，德国北威州波鸿市鲁尔大学的教授迪特里希·施坦因博士领导的一个跨学科科研组，研发出了被称为除公路、铁路、水路和航空之外的第五种现代货运方式。

具体来说，就是在地下挖一条直径1.6米、铺有轨道的专用管道，然后用一种被称为“智能车”的运输工具运送货物。为保证装卸和分发的灵活性，每辆车上都配备了两块按欧洲统一标准制作的载货平板，每块80厘米宽、120厘米长。由于不受天气的影响，也不为交通拥堵所困扰，“智能车”以每小时30公里的运行速度，昼夜不间断地在地下穿行。据研究者说，这种通过电脑控制、利用空气动力原理设计的智能“地下货运车”，主要为批量不大但对时间要求甚高的货物服务，例如食品。

2002年，第一家开展地下货运业务的公司在波鸿市正式成立。在一片废弃的厂房地下，公司修建了一条长约160米的试验通道，从建筑设计、机械制造、电子控制等各个方面进行了实地测试，并在此基础上拟订了初步建设方案：不久的将来，在北威州这样城镇密集的经济发达地区，将会出现覆盖方圆150公里的专用地下货运网络，在其范围内，将配套建造许多自动化车站。至于工程的造价，据匡算，修建1公里双向地下货运通道的费用，比把同样长度的高速公路再扩展出两条车道还要低廉。因此，长远来看，地下运输系统比用载重汽车运货经济得多。对这项工程计划，北威州经济界表现出了极大的兴趣，希望能尽快付诸实施。

近年来，通过网络购物的德国人越来越多。最新的统计数据表明，已有40%的德国人采用这种购物方式。仅亚马孙网上书店在高峰日就能售出数以十万计的书籍。但是，包装和送货上门是网上购物服务的“瓶颈”。为此，不仅要耗费大量人力物力，还经常发生货物送到而收件人不在家的情况，送货员往往要跑几趟才能把货物送抵收件人手中。

针对这一问题，设在北威州多特蒙德市的弗劳恩霍夫研究院，研发出了一种新式商品存储和取货设施，名为“24小时储物塔”。储物塔高10米，有4米深入地下，因采用了节能冷却技术，其温度始终保持在2～7℃，便于保存新鲜水果和蔬菜。在每座塔里，都安装了全自动货架服务装置。该装置接收货物后，立即根据密码自动分类摆放，总计200个长60厘米、宽40厘米的塑料容器，为顾客保存着各种各样的商品。与此同时，储物塔还会通过电子邮件、手机短信等方式，将到货的消息通知顾客。顾客可在方便的时候去取，并以电子方式付款。储物塔全天24小时不停地工作，从而避免了传统送货、取货方式所带来的麻烦。这种新设施特别适用于书籍、信件和食品的存取。当然，对有关商品的规格、重量和保存时间都是有限制的。2006年，首座“24小时储物塔”在多特蒙德市落成。当地的赫尔梅斯物流集团和奥托邮购贸易公司等已开始利用这套设施，更快捷、更顺利地开展商品邮购业务。

资料来源：江建国：《德国科研人员开发两项物流新技术》，《人民日报》2007年7月10日第7版。

根据以上案例，请回答：

1. 举例说明物流技术创新是降低物流成本、提高物流服务水平的重要途径。
2. 物流技术创新的影响因素有哪些？

现代物流是一个全新的系统概念，它以现代物流设施设备与技术为基础，整合运输、包装、装卸、搬运、发货、仓储、流通加工、配送、回收加工等各种功能。现代物流的各项功能依赖于各种物流设施设备与技术得以实现。物流设施设备与技术是物流系统运行的物质基础，是物流的载体，对物流成本、物流效率、物流服务质量有非常重要的影响。现代物流的发展离不开先进的物流设施设备与技术。

随着生产和物流规模的扩大，自动化程度的提高，物流设施设备与技术在现代化生产和物流中的应用越来越广泛，发挥的作用越来越大，现代物流对物流设施设备与技术提出了更高的要求。只有规划好物流设施设备，应用各种以信息技术、网络技术等为代表的物流技术，才能实现信息交互、融合、协调管理，发挥现代物流的功效。所以了解常用的物流设施设备与技术，配置技术先进、经济上合理的物流设备，加强对物流设施设备与技术的管理，是物流管理的一项重要内容。

第一节 物流设施设备与技术概述

一、物流设施设备概述

（一）物流设施设备概念

物流设施设备是指用于储存、装卸搬运、运输、包装、流通加工、配送、信息采集与处理等物流活动的设施设备的总称。物流设施设备包括各种装卸搬运设备、运输工具、仓储设施、站场、电子计算机、通信设备等。它是组织物流活动的物质技术基础，是完成物流各项活动的工具与手段。物流的各个环节都需要相应的物流设备。离开一定的物质技术条件，任何物流活动都将无法进行。

（二）物流设施设备的分类

物流设施设备按功能可划分为储存设施设备、装卸搬运设备、运输设备、包装设备、分拣设备、信息采集与处理设备、集装单元化装备等七大类。

1. 储存设施设备

储存设施设备的主要功能是物资储藏、保管。常用的储存设备有货架、托盘、计量设备、通风设备、温湿度控制设备、养护设备和消防设备等。仓库是为防止物品丢失或损坏的"工作体"。从建筑物所用建筑材料来看，有钢架混凝土仓库、钢筋混凝土仓库、钢架挂石棉瓦仓库等；根据仓库建筑物的库内形态，有一般平地面仓库、货架仓库、自动化立体仓库等。

2. 装卸搬运设备

装卸搬运设备是用来搬移、升降、装卸和短距离输送物料或货物的机械设备，是实现装卸搬运作业机械化的基础，直接影响物流的效率和效益，贯穿于物流作业的全过程。装卸搬运设备是物流系统中使用数量最多、频度最大的机械设备，目前已形成一个专门的行业，从零部件到成品形成了一套较完整的技术标准。

3. 运输设备

运输设备是指用于较长距离运输货物的装备。运输是物流的主要功能之一，通过运输活动，使商品发生场所、空间移动的物流活动，解决物资在生产地点和需要地点之间的空间距问题，创造商品的空间效用，满足社会需要。根据运输方式不同，运输设备主要分为铁路运输设备、公路运输设备、水上运输设备、航空运输设备和管道运输设备等五种类型。运输设备必须具有安全可靠、作业效率高和运输成本低等特点，这样才能在物流中最大限度地发挥运输设备的效能。

4. 包装设备

包装是整个产品生产过程中最后一道重要工序，是实现商品价值和使用价值的重要手段。包装设备是指完成全部或部分包装过程的机器设备。按照包装设备功能标准可分为灌装机械、充填机械、裹包机械、封口机械、贴标机械、清洗机械、干燥机械、杀菌机械、捆扎机械、集装机械、多功能包装机械以及完成其他包装作业的辅助包装机械和包装生产线。

5. 分拣设备

为了进行输送、配送，把货物按品种、送达地点、收货顾客分配到特定场地，需要进行分拣作业。常用的分拣手段有机器分拣和机械分拣两大类。把分拣的货物分送到指定的分拣位置，在指定的分拣位置把各种货物分送出去，把分拣指示信息记录在货物或分拣机械上，使分支装置开动，这种控制是由自动分拣装置的控制设备来完成的。

6. 信息采集与处理设备

信息采集与处理设备是指用于物流信息的采集、传输、处理等的物流设备，主要包括计算机及网络、信息识别装置、传票传递装置、通信设备等。

7. 集装单元化设备

集装单元化设备是指用集装单元化的形式进行储存、运输作业的物流设备，主要包括集装箱、托盘、滑板、集装袋、集装网络、货捆、集装装卸设备、集装运输设备、集装识别系统等。

二、物流技术概述

物流过程是一个包括生产资料供应、消费资料供应及消费后废弃物处理的范围非常广泛的大系统，而物流技术与实现这个物流活动的全过程紧密相关，物流技术水平的高低直接关系着物流活动的各项功能的完善和有效实现。

(一)物流技术的概念

1. 物流技术的含义

物流技术指物流活动中所采用的自然科学与社会科学方面的理论、方法以及设施、设备、装置与工艺的总称，包括运输技术、配送技术、包装技术、搬运装卸技术等。随着计算机网络技术的普及，物流技术综合了许多现代技术，如数据采集技术、电子商务技术、全球定位系统等。物流技术可以表现为抽象的规划设计、图纸、说明、物流预测、计算机程序等“软技术”，也可以表现为实物形态，如在运输、装卸、储存、包装、流通加工、配送及信息系统处理的物流活动中所实用的工具、仪器和设备及其他设备等“硬技术”。随着科学技术的进步，物流技术都将得到进一步的发展和完善。

2. 现代物流技术的特性

随着物流国际化发展以及信息技术的普遍应用，现代物流技术除了其自身的搬运、运输和物资保管等功能技术之外，更多的是社会科学和自然科学各项利于技术创新结果的综合和集成，如物流信息与网络技术、物流管理技术、物流标示技术、物流仓储技术、电子数据交换技术和卫星跟踪定位技术等。物流技术具有形态多元性、功能中介性和应用专业性三个显著的特点。

(二)物流技术的分类

物流技术按照不同的标准可以进行如下分类：

1. 按物流技术形态分类

物流技术按形态可以分为硬件技术和软件技术。

物流硬件技术亦称物流技术装备，是指事物流动所涉及的各种机电设备与设施、运输工具、仓储设备与设施、装载工具与容器、搬运车辆、场站、电子计算机、通信设备等。

物流软件技术是指以提高物流系统整体效益和供应链运营效用为中心的技术方法，如物流网络布局、物流预测技术、物流系统规划、物流园区和物流中心的选址与设计、物流设施规划和布置、物流转给的优化和集成、物流功能作业的组织与管理、物流最佳途径选择、运输终端合理配置等。

2. 按科学原理分类

物流技术按科学原理可分为物流信息与网络技术、物流机械与电子技术、物流自控技术、物流标示技术、物流跟踪与定位技术、绿色物流技术、物流运筹等。

3. 按物流功能运作应用分类

物流技术按功能运作可分为物流运输技术、物料搬运与装卸技术、物流仓储技术、物流包装技术、物流集装技术、物流流通加工技术、物流配送技术等。

第二节 物流设施设备

物流设施设备是物流系统中的物质基础，伴随着物流的发展与进步，物流设备不断得到提升与发展。物流设备领域中许多新的设备不断涌现，如四向托盘、高架叉车、自动分拣机、自动引导搬运车(AGV)、集装箱等，极大地减轻了人们的劳动强度，提高了物流运作效率和服务质量，降低了物流成本，在物流作业中起着重要作用，极大地促进了物流业的快速发展。同时，物流业的快速发展对物流设备也提出了更高的要求。

一、储存设施设备

(一)仓库

1. 仓库的概念

进行仓储活动的主体设施是仓库。所谓仓库，一般是指具有储存设施，对物品进行集中、整理、保管和分发等工作的场所。日本对仓库的定义为“防止物品丢失、损伤的工作场地，或为防止物品丢失或损伤作业而提供的土地、水面等用于物品储藏保管的场所”。所以，仓库可以简洁地描述为储藏、保管物品的场所的总称。各类仓库的定义如表8-1所示。

表8-1 各类仓库的定义

种 类	定 义
仓库(warehouse)	保管、储存物品的建筑物和场所的总称
库房(storehouse)	有屋顶和维护结构，供储存各种物品的封闭式建筑物

续表

种　类	定　义
自动化仓库 (automatic warehouse)	由计算机管理和控制，采用机械化作业实现收发作业的仓库
立体仓库 (stereoscopic warehouse)	采用高层货架配以货箱或托盘储存货物，用巷道堆垛起重机及其他机械进行作业的仓库
虚拟仓库 (virtual warehouse)	建立在计算机和网络通信技术基础上，进行物品储存、保管和远程控制的物流设施，可实现不同状态、空间、时间、货主的有效调度和统一管理

2. 仓库的分类

按仓库的主要职能划分，可分为企业仓库、营业仓库和公用仓库。(1)企业仓库，以储存物品为主要目的。它又可分为供应仓库(原材料库)、生产仓库(半成品仓库)、销售仓库(产成品库)。(2)营业仓库，它的职能以流通营业为主，进出货频繁，吞吐量大，使用效率也较高，并且是提供物流时间效用的主要承担者。(3)公用仓库，是由国家或一个主管部门修建的，为社会物流业务服务的公用仓库，如车站货场仓库、港口码头仓库等。

按保管物品的不同划分可分为以下几种类别：(1)原料、产品仓库，主要是针对生产企业而建造的仓库，其目的是保持生产的连续性，是专门用来储存原材料、半成品或产成品的仓库。(2)商业、物资综合仓库，是商业、物资部门为了保证市场供应，以解决生产与消费的时差或季节性的时差所设置的综合性仓库。(3)农副产品仓库，是经营农副产品的企业专门用来储存农副产品的仓库，或经过短暂储存进行加工，再运出的中转仓库。(4)一般专用仓库，是指专门用来储存某类大宗货物的仓库，如粮食、棉花、水产、水果、木材等仓库以及货场等。(5)特种危险品仓库，是专门用来储存一些特殊物品，如危险品、易燃易爆品、毒品和剧毒品的特种仓库。(6)冷藏仓库，是专门用来储藏鲜鱼、鲜肉或其加工食品的仓库，并设有专门的冷藏设施和装备。(7)恒温仓库，是专门用来储存要求温度恒定物品的仓库，如水果、蔬菜、罐头等。(8)战略物资储备仓库，主要用来储备各种战略物资，以防止各种自然灾害和意外事件的发生。一般情况下，这些物资属国家储备物资，军队后勤仓库就是其中的一种。

(二)货架

1. 货架的功能

在仓储设备中，货架是指用支架、隔板或托架组成的专门用于存放成件物品的保管设备。货架在物流仓库中占有非常重要的地位。随着现代工业的迅猛发展，物流量的大幅度增加，为实现仓库的现代化管理，改善仓库的功能，不仅要求货架数量多，而且要求具有多功能，并能实现机械化、自动化的要求。

货架在仓储设备的总投资中所占比例较大，消耗钢材最多，对仓库的运作模式影响极大。高层货架是自动化仓库和高层货架仓库的主要组成部分，是保管物料的场所。随着单元或为重量和仓库高度的提高，要求货架的立柱、横梁的高度和强度相应地提高。因此合理选择和设计经济的货架是很重要的。要在保证货架强度、刚度和整体稳定性的条件下，尽量减轻货架的质量，降低钢材消耗，降低货架对仓库地面承压能力的要求，满足仓储需求。

2. 货架的种类

(1)组合式货架。20世纪80年代出现了各种组合式货架，这种货架由于美观经济、装拆放便，比相同规格的焊接式货架节约钢材，且能根据货物的大小随时调节尺寸，能适应仓储货物品种、规格、形式和大小的经常性变化，因此得到快速发展。组合式货架的基本结构是由带孔型钢立柱、横梁、搁板和其他各种附件，可组成通用性很强的各种货架，用于存放货物。

这种货架横梁可根据货物的高度任意调整，可实现一格一货位或一格双货位和一格多货位，可实现统一库区、不同货物的存放。货架立柱和横梁的装配有各种形式，都具有安装简便、快速、牢固可靠的优点。

(2)移动式货架。移动式货架在货架下面装有滚轮，可以沿着仓库地面的导轨进行移动。移动式货架平时互相紧密排列在一起，可以密集储存货物。存取货物时，通过轨道移动货架，形成通道进行存取作业。这样，只需留出一条通道，便可以对成排的密集货架进行货物存取作业。这就使仓库平面利用率成倍提高，从而大大提高效率。适用于库存品种多，出入库频率较低的仓库；或库存频率较高，但可按巷道顺序出入库的仓库。广泛应用于办公室存放文档，图书馆存放档案文献，金融部门存放票据，工厂车间、仓库存放工具、物料等。

(3)阁楼式货架。阁楼式货架分为上下两层，一般由底层货架或立柱承重，在上面搭置楼板，形成一层新的库面，类似居民住宅的阁楼。这种货架是在已有的仓库工作场地上面搭建而成，这可以把原有的平房仓库改造成二层的楼库。这样一来，几乎成倍提高仓库的存货面积，建筑费用也大大降低，从而提高效率。

(4)重力式货架。重力式货架又称流动式货架，这种货架有储存整批纸箱包装商品和储存托盘商品两类。货架的结构为通道式，由多层并列的辊道传送带所组成，滚道两端存在一定的高度差，纸箱或托盘依靠本身重力由货架高端入口沿滚道向低端出口运动，从而完成进货、储存、出库的作业。重力式货架拣选效率高，通过货架结构保证达到货物"先进先出"的原则。

(5)旋转式货架。旋转式货架又称回转式货架，这种货架适用电子零件、紧密机械等多品种、小批量物品的储存及管理。旋转式货架根据旋转方向又分为水平旋转式和垂直旋转式。旋转式货架移动快速，速度可达30米/小时，密集存放货物的货架，和普通货架相比，可以节约占地面积30%～50%，存取物品的效率很高。旋转式货架的主要特点是，储存密度大，货架间不设通道，易管理，投资少；采用"货到人前式"，工作人员在固定位置进行拣选，不用不断巡回于各个货架之间，这样在大幅度降低劳动强度的同时，减少疲劳，使拣选效率和拣选的准确程度大幅度增加。

二、自动化仓库

(一)自动化仓库的概念

1. 自动化立体仓库

自动化仓库系统是在不直接进行人工处理的情况下能自动地存储和取出物料的系统。自动化立体仓库是自动化仓库系统的核心，是指对集装单元货物实现自动化保管和计算机管理的仓库。自动化立体仓库具有储存和保管功能，可调节供需和货物运输能力。

自动化立体仓库能够提高仓库存取作业自动化程度，使物流系统更加方便、合理；能够扩大仓储系统的综合利用率和作业范围，由于增加了分拣、转运、配送、包装、流通加工、信息处理等设施，自动化仓库能够全面提供优质、高效的物流服务。它被广泛应用于大型生产性企业的采购件和成品件仓库、柔性自动化生产系统(FAS)，流通领域的大型流通中心、配送中心。

2. 自动化立体仓库的构成

自动化仓库是机械和电气、自动控制系统相结合的仓库。它主要由货物储存系统(货架)、存取和传输系统、控制和管理系统组成，还有与之配套的库房、供电系统、消防系统、通风及采暖系统及其他设施等。

自动化仓库货物储存系统由立体货架的货格组成，常用自动化仓库货物储存系统是配备单元货架式。货物先放在托盘或集装容器内，再装入自动仓库货架的货格中。货物存取和传输具备货物出入库和存取功能，主要由巷道堆垛起重机(有轨堆垛机)、入出库输送机系统、装卸搬运机械组成。除了自动化仓库的主体——高层货架和堆垛机外，还需要进库区与仓库、仓库与出库区之间的传输系统。常见的传输系统有各种输送机械、叉车、自动搬运小车、升降机械、分拣机构等。控制和管理系统一般采用计算机，目前自动化仓库的控制方式有三种类型，即集中式控制、分离式控制和分布式控制。自动化立体仓库的土建及公用工程设施，包括库房、消防系统、照明、通风、采暖系统、动力系统、其他排水、避雷、环保等设施。对库房设计和建设的要求是实用、安全、方便、美观，并且库房的面积要考虑未来业务的发展需要。

(二)自动化仓库设备

1. 巷道式堆垛起重机

巷道式堆垛起重机是自动化立体仓库内的主要作业机械，它是随立体仓库的出现而发展起来的专用起重机。巷道式堆垛起重机起重量一般在5吨以下，使用这种设备的新建仓库最高40米。它的主要用途是：在立体仓库的货架巷道间来回穿梭运行，将位于巷道口的货物存入货格，或者相反取出货格内的货物运送到巷道口。

2. 高架叉车

高架叉车又称作无轨巷道堆垛机，是一种变型叉车，对于作业不太频繁或临时保管、高度不太大的仓库以及为提高仓库储存能力，把现有仓库改造成中、低层货架的仓库时，这种高架叉车尤为适用。高架叉车保留了叉车的一些特点，又发展了适用于在高货架中工作的性能。

3. 分拣设备

分拣是指为进行运输、配送，把很多货物按品种，不同的地点和单位分配到所设置的场地的作业。在分拣系统中，分拣机是最主要的设备，由于分拣机使用在各行各业，分拣对象不论在尺寸、重量上还是外形上都有很大差别，因此，分拣机的种类十分繁多，主要有横向推出式、升降推出式、倾斜式、悬吊式等。

三、集装单元设备

在物流自动化作业中，为了提高效率，必须采用集装单元化作业。所谓集装单元就是采用各种不同的方法和器具把具有包装或无包装的物品，整齐地汇集成一个扩大了的，便于装卸搬运的，并在整个物流过程中保持一定形状的作业单元，称为集装单元。以这样的集装单元或集装货件来组织物资装卸、搬运、存储、运输等物流活动的作业方式，称为集装单元化作业，简称集装单元化。以集装单元化作业方式，从供给者到需要者组织物资的装卸、搬运、存储、运输等一系列物流活动。我们把一个标准的货物或容器称作单元负载，货物的载体可以是托盘、托板、滑板、集装箱等。

（一）集装箱

1. 集装箱的概念

集装箱是一种具有一定规格和强度用于货物运输，便于使用机械装卸周转的大型货箱。它的原意就是“运输货物的容器”，也称“货箱”。国际上正式使用民用集装箱运输开始于 1955 年。近年来，集装箱运输得到了迅速发展，并且逐渐走向规格化、标准化和大型化。随着大型标准集装箱的发展，出现了集装箱专用码头和专用船舶，在陆地建立了集装箱陆上运输系统，还大量发展了铁路和公路专用集装箱车辆。

一般集装箱具备下述功能：能长期反复使用；以箱为整体进行物流，途中转运时箱中货物无需倒装、换装。箱内货物只在起点和终点进行逐个处置；物流过程中以集装箱为一体进行运输的转换及运输形态和其他形态的转换；对内装货物有较强的防护、保护能力；箱内净空在 1 米^3 以上。

通用集装箱是集装箱的主体，其专门定义为：通用集装箱是用于运输和储存若干单元货物、包装货物或散装货的风雨密封型、长方形集装箱，它可以限制和防止发生货损货失，可脱离运输工具作为单元货物进行装卸和运输，无需倒装箱内货物。

2. 集装箱的优点

集装箱的优点主要包括：集装箱结构坚固，能长期反复使用；途中转运，可以不动容器内货物而直接换装；能够进行快速装卸，并且能够从一种运输工具上直接方便地换装到另一种运输工具上；能够提高货物的完好率，大大减少破损率；能够充分利用包装容积。

3. 集装箱的分类

根据货物特性和运输需要，集装箱可以用钢、铝、塑料等各种材料制成。由于用途不同，以及货物的特点不同，集装箱有许多种类。

按规格、尺寸分类，集装箱的规格尺寸由国际标准化组织 ISO/TC 104“货运集装箱”技术委员会统一制定，共分 3 个系列、12 种箱型。目前国际上通用的是 1A、1B、1C、1E 等五种。其型号和尺寸如表 8-2 所示：

表 8-2 集装箱的规格尺寸

型 号	1A	1B	1C	1D	1E
长度(英尺)	40	30	20	10	7
宽、高度(英尺)	8	8	8	8	8
重量(吨)	30	25	20	20	7

按使用材料分类，一般分为三类：铝合金集装箱，主要优点是重量轻、外表美观、防腐蚀；钢制集装箱，主要优点是强度大、结构牢、焊接性好、水密性好、价格便宜，其缺点是防腐性差；玻璃钢制集装箱，主要优点是强度高、刚性好，能承受应力。

按使用目的分类，一般分为干货类集装箱、侧开门集装箱、侧壁全开式集装箱、通风集装箱、顶开集装箱、可折叠集装箱、吊挂服装集装箱、航空集装箱等。

(二)托盘

1. 托盘的概念

托盘是一种用于自动化或机械化，便于装卸、运输、保管、使用的，可以盛装单位数量物品的集装工具。因为它好似盘子可以托起食品一样，所以形象地称为“托盘”。其基本功能是装物料，同时还应便于叉车和堆垛机的叉取和存放。

现代托盘是随着集装箱和集合包装而出现的一种新的物流器具。托盘最早产生于美国、日本等发达国家。初期它是作为叉车的附属装卸工具与叉车配套使用，以便实现机械化作业。“二战”后，托盘逐渐成为一种储存工具。至 20 世纪 60 年代，托盘已成为一种不可少的运输工具和销售工具。目前，托盘已渗透到整个物流过程，成为一种物流工具，是实现物流合理化的一个重要条件。

为了提高出入库效率和仓库利用率，实现存储自动化作、通常采用货物连带托盘的存储方法，托盘成为一种存储工具、为了消除转载时码盘、拆盘的工序，人们提出实现托盘流通或联营，即托盘从港内、站内、企业内部使用发展为随车运输，成为一种运输工具；或者按托盘装卸—托盘搬运—托盘存储—托盘运输—托盘售货的顺序，连贯发展成为托盘物流。托盘已经成为实现物流合理化的一个重要条件。

2. 托盘的优点

托盘的优点主要包括：可以有效地保护商品，减少物品的破损；可以适应港口、货物机械化作业的要求，加快装卸、运输速度，减轻工人的劳动强度；可以节省包装材料，降低包装成本，节约运输费用；可以促进国际和国内港口作业的机械化，加快包装向规格化、标准化和系列化迈进的步伐。

3. 托盘的分类

托盘按照不同的标准可以进行不同的分类，如按使用范围、使用寿命、制作材料等。这里主要介绍按托盘的结构进行分类，一般分为平托盘、柱式托盘、箱式托盘和轮式托盘等。

(1)平托盘。平托盘主要以木制为主，也有钢制、塑料、复合材料等制作的平盘，它的应用范围最广。平托盘一般分为单面使用、双面使用、两向进叉、四向进叉四种。

(2)柱式托盘。它是在平托盘上安装四个柱的托盘。安装立柱的目的是在无货架多层堆码时保护最下层货物不受损害。立柱一般可卸下，高度为1.2米，常采用钢制材料，可负荷3吨货物。

(3)箱式托盘。它是在平托盘上安装上部构造物(平板状、网状构造物等)，制成箱式设备。箱式托盘一般分为可卸式、固定式和折叠式三种。这种托盘具有使包装简易并可形成不规则的货物集装，方便运输，防止塌垛等优点。箱式托盘主要适合装载蔬菜、瓜果、薯类等农产品。

(4)轮式托盘。它是一种在平托盘下面安装四个小轮子的托盘。轮式托盘主要适用于行包、邮件的装卸搬运作业。

四、装卸搬运设备

装卸搬运设备可以实现货物在仓库里的短距离的、水平的、垂直的物料装卸搬运等作业。装卸搬运作业是物流企业的主要作业之一。随着物流业务的大力发展，装卸搬运设备所装卸的货物，品种繁多，外形和特点各异，为了适应各类货物的不同环节的要求，各种装卸搬运设备应运而生。装卸搬运设备发展到今天，种类繁多，几乎所有的装卸搬运的运作都可以借助各种机械完成，从而降低劳动强度，提高作业效率，有效地支持了物流活动。

(一)装卸搬运设备的分类

装卸搬运设备可概括为四大类，即搬运车辆、输送机械、起重机械和散装装卸机械。

1. 搬运车辆

搬运车辆包括各式手推车、托盘搬运车、电瓶搬运车、叉车和无人搬运车等；装卸搬运车辆是依靠机械本身的运行和装卸机构的功能，实现物资水平搬运和装卸、码垛(小部分车辆无装卸功能)的车辆。主要有叉车(叉车装卸机)、搬运车、牵引车和挂车等类别。

2. 输送机械

输送机械主要包括辊子输送机、链式输送机、带式输送机和悬挂输送机等；连续输送机械是一种可以将物资在一定的输送线路上从装载起点到卸载终点以恒定的或变化的速度进行输送，形成连续或脉动物流的机械。主要有带式输送机、斗式提升机、悬挂输送机械、埋刮板输送机、螺旋输送机、滚柱输送机、震动输送机、气力输送装置等类别。

3. 起重机械

起重机械包括一般通用起重机和立体仓库堆垛机等；起重机械是靠人力或动力使物资做上下、左右、前后等间歇、周期性运动的转载机械。主要用于起重、运输、装卸、机器安装等作业。有轻小型起重机(如滑车、手动或电动葫芦等)、桥式类型起重机(有梁式起重机、桥式起重机等)、门式起重机和装卸桥、臂架类型(旋转式)起重机(有门座起重机、塔式起重机、汽车起重机、轮胎起重机等)、堆垛起重机等类型。

4. 散装装卸机械

这是一种具有装卸和运输两种功能的组合机械，以装卸散装物资为主。主要有装卸机

(如装车机、装船机等)、卸载机(如链斗式卸车机、螺旋卸车机等)、翻车机、堆取料机(如取料机、堆料机等)。

(二)常用装卸搬运设备

常用的装卸搬运设备包括手推车、叉车、各种输送机、起重机等。

1. 手推车

手推车是一种以人力为主，在路面上水平输送物料的搬运车。其特点是轻巧灵活、易操作、回转半径小，适于短距离搬运轻型物料。由于运输物料的种类、性质、重量、形状及行走道路条件不同，手推车的构造形式是多种多样的。应根据具体条件进行选择。

在选择和使用手推车时，首先应考虑运件的形状及性质。当搬运多品种货物时，应考虑采用通用型的手推车；当搬运单一品种货物时，则应尽量选用专用手推车，以提高作业效率。其次还要考虑输送量及运距，由于手推车是以人力为动力的搬运工具，当运距较远时，载重量不宜太大。此外，货物的体积、放置方式、通道条件及路面状况等，在选择手推车时也要加以考虑。

2. 叉车

叉车又称铲车、叉式举货车，是物流领域最常用的装卸搬运机具。叉车是指具有各种叉具，能够对货物进行升降和移动以及装卸作业的搬运车辆。按动力方式可以将叉车分成以下三类。

(1)发动机式叉车，分为汽油机式、柴油机式及液化石油气式。其中最常用的是汽油机式叉车，其重量较轻、操作方便、输出功率较大、价格较便宜。

(2)托盘搬运车，是一种轻小型搬运设备，它有两个货叉似的插腿，可插入托盘底部。插腿的前端有两个小直径的行走轮，用来支承托盘货的重量。货叉可以通过手泵油缸抬起，使托盘或货箱离开地面，然后用手拉或电动驱动使之行走。手动油压叉车由于无动力，使用、维护简便，起重量较低。这种托盘搬运车广泛应用于收发站台的装卸或车间内各工序间不需堆垛的搬运作业。

(3)电瓶搬运车，是以蓄电池为动力的工业车辆。它用串激直流电动机驱动，广泛用于车站、码头、仓库、工厂内部等地的短距离运输。它不仅本身可以载重运输，还可用作牵引车，进行厂内运输。由于蓄电池不能经受强烈振动，故适宜在平坦的路面上行驶。行驶速度一般为 10 公里/小时左右。

3. 输送机

输送机是以搬运为主的载运设备，有些输送机兼装卸功能。

连续输送机的特点是在工作时连续不断地沿同一方向输送散料或重量不大的单件物品，装卸过程无需停车，作业连续、效率高，可以实现小范围的移动。输送路线是确定的，只有在重新安装时才会改变路线。易于统筹规划，作业稳定。在流水作业生产线上，连续输送机已成为整个工艺过程中最重要的环节之一。

根据构造的特点，输送机械主要有牵引式输送机和无牵引式输送机。

牵引式输送机主要有皮带输送机、板式输送机、悬挂式输送机、斗式提升机、自动扶梯、板式提升机及链式输送机等。

无牵引式输送机主要有滚筒式输送机、滚轮式输送机、螺旋式输送机及振动式输送机等。

4. 自动导引车(AGV)

自动导引车(Automatic Guided Vehicle, AGV)是指装备有电磁或光学等自动导引装置，能够沿规定的导引路径行驶，具有安全保护以及搬运功能的运输车。AGV以可充电的蓄电池为动力，可通过电脑来控制其行进路线以及操作。与物料输送中常用的其他设备相比，AGV的活动区域无需铺设轨道、支座架等固定装置，不受场地、道路和空间的限制。因此，在自动化物流系统中，最能充分地体现其自动性和柔性，实现高效、经济、灵活的无人化生产，人们形象地把AGV称为现代物流系统的动脉。

5. 起重机

(1)门式起重机，是框架结构的起重设备，有门式轨道式起重机和门式轮胎式起重机之分。门式轨道式起重机的支脚沿轨道运动。门式轮胎式起重机则不受轨道限制，运动范围较大。吊车在梁架上运动完成起吊作业和纵、横两个方向的移动搬运。门式起重机起重量较大，可达300吨以上，可在载荷状态下移动，同时完成装卸和搬运两项作业。门式起重机有较长的悬臂，悬臂伸离支脚轨道范围，覆盖火车、汽车或船舶装卸区，在转运中心、港口及车站特别适用。

(2)桥式起重机，又称天车，与门式起重机原理基本相同。所不同的是门式起重机有两端的高支腿，在地面上的轨道行走，而桥式起重机支腿很短，轨道架设在建筑物的立柱跨梁上，这样节省了支脚所占的地面面积。

第三节 物流技术及应用

物流信息技术是指现代信息技术在物流各个作业环节中的应用，是物流现代化极为重要的领域之一，尤其是飞速发展的计算机网络技术的应用使物流信息技术达到了新的水平。物流信息技术是物流现代化的重要标志，也被视为提高生产率和竞争能力的主要来源，与其他资源不同，信息技术正在不断地提高速度和能力，同时又在降低成本。许多信息技术已经在物流方面广泛应用，包括条形码、射频识别技术、地理信息系统技术、全球卫星定位系统技术等。

一、条形码识别技术及应用

(一)条码识别技术

条形码(bar code)自动识别技术是以计算机技术、光电技术和通信技术的发展为基础，快速、准确而可靠地采集数据的有效手段。随着电子技术的进步，尤其是计算机技术在现代化生产和管理领域中的广泛应用，条形码技术已发展成为一种成熟的数据输入技术，应用在计算机管理的各个领域，渗透到商业、工业、交通运输业、邮电通信业、物资管理、仓储、安全检查、票证管理以及军事装备、工程项目等各行各业。条形码技术的应用解决了数据录入和数据采集的“瓶颈”问题，为物流管理提供了有力的技术支持。

1. 条形码技术的定义

条形码技术是研究如何把计算机所需要的数据用一种条形码来表示，以及如何将条形码表示的数据转变为计算机可以自动采集的数据。从系统看，条形码技术涉及条形码编码原理及规则标准、条形码译码技术、条形符号设计技术、条形码印刷技术、快速识别技术、计算机技术等。

条形码简称条码，是由一组宽度不同、反射率不同的条和空按规定的编码规则组合起来的，用以表示一定信息的代码。常用的条形码是由一组字符组成，如数字 0 ~ 9，字母 A ~ E 或一些专用符号，用于表示物品的名称、产地、价格、种类等信息，其结构如图8-1所示。

图 8-1　条形码的结构

图 8-1 所示条码由 13 位数字组成：最前面的 3 个数字表示国家或地区的代码，中国的代码是 690、691、692、977、978；接着的 4 个数字表示生产厂家的代码；其后的 5 个数字表示物品品种的代码；最后的 1 个数字为交验码，用来防止机器发生误读错误。

2. 条形码的类型

条形码是一种信息记录形式，根据不同规定的编码规则所提出的条形码编号方案多达四十余种，目前应用最为广泛的有：交叉二五码、三九码、UPC 码、EAN 码等。若从印刷条码的材料、颜色分类，可分为黑白条形码、彩色条形码、发光条形码和磁性条形码等。按使用目的，可分为商品条形码和物流条形码。

(1) 商品条形码，又称为物品条形码，是以直接向消费者销售的物品为对象，以单个物品为单位使用的条形码。EAN 码是国际上通用的商品条码，我国通用商品条码标准也采用 EAN 码结构，由 13 位数字及相应的条码符号组成，在较小的商品上采用 8 位数字码及其相应的条码符号，如图 8-2 所示。

(2) 物流条形码，是物流过程中的以物品为对象以集合包装物品为单位使用的条形码。标准物流条形码由 14 位数字组成，第一位数字表示物流识别代码，其余 13 位数字代表的意思与物品条形码相同。

3. 条形码的识别

图 8-2 EAN 码

目前在条形码技术中，条码数据的自动采集和光电信号都是由光电扫描器完成。光电扫描器，也称条码扫描器(barcode reader，scanner)是用以扫描条码，读取条码所代表字元、数值及符号的周边设备。各种扫描设备都和后续的电光转换、信息信号放大及与计算机联机一道形成完整的扫描阅读系统，完成电子信息的采集。

光电扫描器的种类繁多，主要有光笔扫描器、台式扫描器、手持式扫描器、固定光电及激光快速扫描器等，其中台式扫描器和手持式扫描器常用于商场、连锁店的 POS 系统中，用于商品的品名、价格的识读，固定光电及激光快速扫描器则通常安装于物流中心或大型仓库的物品输送通道边，实现对物品的逐个扫描识别，完成物品的自动分拣。

4. 条形码技术的特点

不论哪一种条形码，都有其共同点：条形码符号图形结构简单；每个条形码字符由一定的条符组成，占有一定的宽度和印制面积；每种编码方案均有自己的字符集；每种编码方案与对应的阅读装置的性能要求密切配合。

条形码具有信息采集速度快、信息量大、灵活实用、可靠性强、成本低等特点，是迄今为止最经济、实用的一种自动识别技术，也是现代物流系统中非常重要的大量、快速信息采集技术，能适应物流大量化和高速化的要求，大幅度提高物流效率，是实现快速、准确而可靠地采集数据的有效手段。条形码技术的应用解决了数据录入和数据采集的“瓶颈”问题，为物流管理提供了有利的技术支持。在商品流通、工业生产、仓储标证管理、信息服务等领域获得了广泛的应用。

(二)条形码在物流中的应用

自 1990 年起，二维条形码技术在世界上开始得到广泛的应用，经过多年的努力，现已应用在国防、公共安全、交通运输、医疗保健、工业、商业、金融、海关及政府管理等领域。目前在我国推广应用条形码技术已具有一定的物质基础，条形码技术的应用对开发我国物品标志系统，使其规范化、标准化，并实现与国际标准兼容，以推进我国的计算机应用和现代化管理，促进国内商品经济的繁荣，增强中国产品在国际市场的竞争力，推行生产自动化、管理现代化等具有深远的意义。条形码技术在我国的发展道路仍是漫长的，它的应用推广将逐步显示其社会和经济效益。条码在物流中有较为广泛的应用，主要在以下几方面：

(1)销售时点信息系统(POS)。在商品上贴上条码就能快速、准确地利用计算机进行销售和配送管理。其过程为：对销售商品进行结算时，通过光电扫描读取并将信息输入计算机，然后输进收款机，收款后开出收据，同时，通过计算机处理，掌握进、销、存的数据。

(2)库存系统在库存物资上应用条码技术，尤其是规格包装、集装、托盘货物上，入库时自动扫描并输入计算机，由计算机处理后形成库存的信息，并输出入库区位、货架、货位的指令，出库程序则和POS系统条码应用一样。

(3)分货拣选系统。在配送和仓库出货时进行分货、拣选，需要快速处理大量的货物，利用条码技术便可自动进行分货拣选，并实现有关的管理。其过程如下：一个配送中心接到若干个配送订货要求，将若干订货汇总，每一品种汇总成批后，按批发出所在条码的拣货标签，拣货人员到库中将标签贴于每件商品上并取出用自动分拣机分货，分货机始端的扫描器对处于运动状态分货机上的货物扫描，一是确认所拣出货物是否正确；二是识读条码上用户标记，指令商品在确定的分支分流，到达各用户的配送货位，完成分货拣选作业。

二、射频识别技术及应用

(一)射频技术概况

1. 射频技术

射频技术(Radio Frequency，RF)的基本原理是电磁理论。射频系统的优点是不局限于视线，识别距离比光学系统远，射频识别卡可具有读写能力，可携带大量数据，难以伪造，具有智能。RF适用于物料跟踪、运载工具和货架识别等要求非接触数据采集和交换的场合，由于RF标签具有可读写能力，对于需要频繁改变数据内容的场合尤为适用。我国RF的应用已经开始，一些高速公路的收费站口使用RF可以不停车收费，我国铁路系统使用RF记录货车车厢编号的试点已运行了一段时间，一些物流公司也正在准备将RF用于物流管理中。

2. 射频识别技术

射频识别技术(Radio Frequency Identification，RFID)是射频技术的另一种应用形式。射频识别技术改变了条形码技术依靠“有形”的几何图案来提供信息的方式，通过芯片来提供存储在其中的数量更大的“无形”信息。它最早出现在20世纪80年代，最初应用在一些无法使用条形码跟踪技术的特殊工业场合，例如在一些行业和公司中，这种技术被用于目标定位、身份确认及跟踪库存产品等。该技术起步较晚，至今没有制订出统一的国际标准，但是其推出绝不仅仅是信息容量的提升，它对于计算机自动识别技术来讲是一场革命，它所具有的强大优势会大大提高信息的处理效率和准确度。

3. 射频识别技术原理

非接触式的RFID的基本原理是电磁理论。最简单的RFID系统由标签、阅读器和天线三部分组成，在实际应用中还需要其他硬件和软件的支持。射频识别系统的传送距离由许多因素决定，如传送频率和天线设计等。对于应用RFID的特定情况应考虑传送距离、工作频率、标签的数据容量、尺寸、重量、定位、响应速度及选择能力等。

射频识别技术在国外发展得很快，它已被广泛应用于工业自动化、商业自动化、交通运输控制管理等众多领域，如汽车或火车等的交通监控系统、高速公路自动收费系统、物品管理、流水线生产自动化、门禁系统、金融交易、仓储管理、畜牧管理、车辆防盗等。

4. 射频识别技术的优点

与条形码识别系统相比，RFID 技术具有很多优势：通过射频信号自动识别目标对象，无需可见光源；具有穿透性，可以透过外部材料直接读取数据，保护外部包装，节省开箱时间；射频产品可以在恶劣环境下工作，对环境要求低；识别距离比光学系统远，无需与目标接触就可以得到数据；具有读写能力，无需重新制作新的标签；可携带大量数据，难以伪造，具有智能；使用防冲突技术，能够同时处理多个射频标签，适用于批量识别场合；可以对 RFID 标签所附着的物体进行追踪定位，提供位置信息。

由于 RFID 技术的优点，RFID 适用于物料跟踪、运载工具和货物识别等要求非接触数据采集和交换的场合。RF 标签具有可读写能力，对于需要频繁改变数据内容的场合尤为适用。射频识别技术的采用可以使集装箱在通过专用设备或在运输设备上时，对集装箱及其装载的物品进行识别。在集装箱或箱子的外表贴上条形码标签，当集装箱或箱子在供应链的各个环节移动时，射频识别技术只要通过扫描标签就能够进行识别，甚至可以打印出货物清单。

（二）射频技术在物流中的应用

1. EAS 系统

Electronic Article Surveillance(EAS)系统是一种安装在需要控制物品出入的环节的一种射频识别技术，一般应用在超市和图书馆等场所。当物品在未经授权的情况下被从这些场所取出时，EAS 系统就会立即发出警报声。系统一般由三部分组成：附在物品上的电子标签；电子标签激活装置，以便授权物品的正常进出；监视器，用来读取电子标签的内容，用来在出入口监视物品的进出。

应用 EAS 系统时，首先在物品上贴附 EAS 标签，当物品被正常购买或合法移动时，可以使用专用装置激活标签，这样经过装置时就不会触发警报器；而未被激活的电子标签经过监视器时，EAS 系统就会立即发出警报声。

2. 射频技术在拣货系统中的应用

电子标签拣货系统的工作原理是通过射频技术和电子标签进行出库品种和数量的指示，从而代替传统的纸张拣货单，实现无纸化作业。利用电子标签可以大大提高作业效率和准确率，使用户的出库时间大大减少。在日本和韩国，电子标签已成为大部分物流配送中心的标准配置。电子标签在实际使用中，主要有两种方式：DPS 和 DAS。

DPS(Digital Picking System)，是利用电子标签实现摘果法出库。首先在仓库管理中实现库位、品种与电子标签对应。出库时，出库信息通过系统处理并传到相应库位的电子标签，显示出该库位存放货品需出库的数量，同时发出光、声音信号，指示拣货员完成作业。DPS 使拣货人员无需费时去寻找库位和核对商品，只需核对拣货数量，因此在提高拣货速度、准确率的同时，还降低了人员劳动强度。采用 DPS 时可设置多个拣货区，以进一步提高拣货速度。

DAS(Digital Assorting System)，是另一种常见的电子标签应用方式，根据这些信息可快速进行分拣作业。同DPS一样，DAS也可多区作业，提高效率。电子标签用于物流配送，能有效提高出库效率，并适应各种苛刻的作业要求，尤其在零散货品配送中有绝对优势，在连锁配送、药品流通场合以及冷冻品、服装、服饰、音像制品物流中有广阔的应用前景。

3. 射频技术在军事物流中的应用

美国和北大西洋公约组织(NATO)在波斯尼亚的“联合作战行动中”，不但建成了战争史上投入战场最复杂的通信网，还完善了识别跟踪军用物资的新型后勤系统，通过该系统各级指挥人员都可以实时掌握物资的订购、运输、仓库存储的所有信息。该系统途中运输部分的功能就是靠贴在集装箱和装备上的射频识别标签实现的。RF接收转发装置通常安装在运输线的一些检查点上(如门楼上、桥墩旁等)，以及仓库、车站、码头、机场等关键地点。接收装置收到RF标签信息后，连通接收地的位置信息，上传至通信卫星，再由卫星传送给运输调度中心、送入中心信息数据库中。

三、地理信息系统技术及应用

(一)地理信息系统(GIS)

1. 地理信息系统的定义

地理信息系统(Geographic Information System，GIS)也称为土地资源信息系统，以地理空间数据库为基础，采用地理模拟分析方法，对各种空间信息进行收集、存储、分析和可视化表达的信息处理与管理系统。其核心是管理、计算、分析地理坐标位置信息及相关位置的属性信息的数据库系统。它表达的是空间位置及所有与位置相关的信息，其信息的基本表达形式不仅仅是简单的文字和数据，而且还有一幅幅空间图形或图像。

2. GIS的构成

GIS一般由硬件、软件、数据库和用户构成，四者缺一不可。GIS的功能主要有数据输入与转换、空间数据管理系统、空间数据分析系统、图形图像处理系统、智能专家系统、数据输出支持系统等。

地理信息系统的基本功能是将表格型数据(无论它来自数据库、电子表格文件或直接在程序中输入)转换为地理图形显示，然后对显示结果浏览、操纵和分析。大到地球、国家、省市，小到村镇、街道乃至地面上的一个点位，GIS都能以直观、方便、互动的可视化方式，实现数据信息的快速查询、计算、分析和辅助决策。

3. GIS物流管理系统的特点

采用GIS建立的物流管理系统主要的特点就是在GIS的可视化环境中对企业的物流配送过程进行可视化、实时动态管理。这种动态包含时间动态和空间动态。

时间动态是和传统方式相比，所有的数据都可以更新。在数据库中包括两种数据类型：基本型与导出型。前者包括企业的生产布局、各个工作岗位物料需求、客户分布资料等；而后者是指需要经过计算的数据，如生产计划、岗位工作情况等。更新基本数据库的同时更新导出数据库。

空间动态是指GIS的地图或空间图形的显示和分析能力。查询、修改、增删数据均可以空间位置为基础，通过专用模块计算，利用专门的图形模块，建立一个动态管理的工作环境。既可以充分表现每个工位、货柜的变化情况，又能直观地对数据库进行操作，还可以根据各种计算模式对管理计划进行适当的调整。这些地图和图形显示、各种数据库、模式并不是简单地组装在一起，而主要是为操作人员提供各种可以应用的数据、模式和表达方式。这样，通过 GIS 的分析，可以在现有数据的基础上得到新的信息，对不同的方案进行比较，得出结论。

（二）GIS 技术在物流中的应用

GIS 应用于物流分析，主要是指利用 GIS 强大的地理数据功能来完善物流分析技术。国外公司已经开发出利用 GIS 为物流分析提供专门分析的工具软件。完整的 GIS 物流分析软件集成了车辆路线模型、网络物流模型、分配集合模型和设施定位模型等。

（1）车辆路线模型：用于解决一个起始点、多个终点的货物运输中如何降低物流作业费用并保证服务质量的问题，包括决定用多少辆车、每辆车的路线等。

（2）网络物流模型：用于解决寻求最有效的分配货物路径问题，也就是物流网点布局问题。如将货物从 n 个仓库运往到 m 个商店，每个商店都有固定的需求量，因此需要确定由哪个仓库提货送给那个商店所需的运输代价最小。

（3）分配集合模型：可以根据各个要素的相似点把同一层上的所有或部分要素分为几个组，用以解决确定服务范围和销售市场范围等问题。如某一公司要设立 x 个分销点，要求这些分销点覆盖某一地区，而且使每个分销点的顾客数目大致相等。

（4）设施定位模型：用于确定一个或多个设施的位置。在物流系统中，仓库和运输线共同组成了物流网络，仓库处于网络的结点上，结点决定着线路，如何根据供求的实际需要并结合经济效益等原则，在既定区域内设立多少个仓库，每个仓库的位置，每个仓库的规模以及仓库之间的物流关系等问题，运用此模型均能很容易地得到解决。

四、全球定位系统技术及应用

（一）全球定位系统的概念

GPS（Global Positioning System）即全球定位系统，全称是导航卫星定时测距全球定位系统，是具有在海、陆、空全方位实时进行三维导航与定位能力的新一代卫星导航与定位系统。目前主要的全球卫星定位系统包括美国国防部的 GPS 系统、俄罗斯的 GLONASS 系统和国际海事卫星组织的 INMARSA 系统。

以美国国防部的 GPS 为例，该系统由美国国防部为其星球大战计划耗资 100 亿美元，于 1973—1993 年用 20 年时间研制建立的一种高速度、高精度、全方位、全天候的卫星定位测量系统。GPS 由 24 颗卫星组成，分布在 2 万公里的 6 个轨道绕地球飞行，可 24 小时连续不断地提供高精度的世界范围的定位。地球上的 GPS 接收器能同时接收 3 ~ 12 颗卫星的信号，从而判断地面上或接近地面的物体的位置及移动物体的速度和方向。GPS 由空间卫星系统、地面监控系统和用户接收系统三大子系统构成。

(二)全球定位系统的特点

(1)连续覆盖全球地面。由于有24颗卫星平均分布在6条轨道上，所以地球上任何一点、在任何时刻都能不间断地实时接收方位和时间信息，从而确保全球、全天候连续实时导航与定位的需要。

(2)系统功能多，精确度高。全球定位系统可以为用户不间断提供实时的三维位置、速度和时间的信息。

(3)系统速度快。全球卫星定位系统的接收器完成定位和测速工作的时间不到一秒钟，工作速度极快。

(4)系统抗干扰能力强、保密性好。全球定位系统采用了伪码扩频技术，所以其卫星信号的抗干扰能力和保密性都极强。

(三)GPS技术在物流中的应用

GPS具有在海、陆、空全方位实时三维导航与定位能力。目前，几乎全世界所有需要导航、定位的用户，都被GPS的高精度、全天候、全球覆盖、方便灵活和质优价廉所吸引。许多领域也由于GPS的出现而产生革命性变化。GPS在物流领域的应用主要有以下几方面：

1. 车辆跟踪调度

利用GPS和电子地图可实时显示出车辆的实际位置，对配送车辆和货物进行有效的跟踪。利用这一监管系统，安装有GPS接收器的移动目标的位置、时间、状态等信息就可以实时传送到监管中心，然后可以在具有地理信息显示和查询功能的电子地图上显示出移动目标的运动轨迹，从而实现对移动目标的监控和调度。指挥中心还可随时与被跟踪目标通话，实行远程管理。车辆导航将成为未来GPS应用的主要领域之一。我国已有数十家公司在开发和销售车载导航系统。

2. 智能行车路线的规划和导航

GPS导航设备分自动和手动两种。自动路线规划是由驾驶员确定起点和终点，由计算机软件按照要求自动设计最佳行驶路线，包括最快的路线、最简单的路线、通过高速公路路段次数最少的路线等。手工路线规划是驾驶员根据自己的目的地设计起点、终点和途经点等，自己建立路线库，路线规划完毕后，系统能够在电子地图上设计路线，同时显示车辆运行途径和方向。通过GPS定位和监控管理系统对遇有险情或发生事故的配送车辆进行紧急援助，监控台的电子地图可显示求助信息和报警目标，规划出最优援助方案，通过声、光警示值班员实施紧急处理。

3. 货物跟踪管理

货物跟踪是指企业利用现代信息技术及时获取有关货物运输状态的信息(如货物品种、数量、在途状况、交货期限、始发地、目的地、货主信息以及运送车辆和人员等)的方法。

4. 双向通信

GPS的用户可使用GSM的语音功能和司机进行通话或使用本系统安装在运输工具上

的移送设备的汉字液晶显示终端进行汉字消息收发对话。驾驶员按下相应的服务、动作键，可将信息反馈到网络 GPS，质量监督员可在网络 GPS 工作站的显示屏上确认其工作的正确性，了解并控制整个运输作业的准确性。

本章小结

本章对物流设施设备与技术的基本知识进行了介绍。物流设施设备与技术是组织实施物流活动的重要手段和工具，是物流活动的基础。物流设施设备主要包括储存设备、装卸搬运设备、运输设备、包装设备、流通加工设备、信息采集与处理设备和配送中心设备等七大类。

物流信息技术是物流现代化的重要标志，也被视为提高生产率和竞争能力的主要来源。有许多信息技术已经显示其在物流方面的广泛应用。目前这些技术应用较多的包括条形码技术、射频识别技术、地理信息系统技术、全球定位系统技术。

关键概念

物流设备(logistics equipment)　自动分拣系统(automated storing system)
射频识别技术(radio frequency identification，RFID)　托盘(pallet)
全球定位系统(global positioning system，GPS)　集装箱(container)
地理信息系统(geographical information system，GIS)　条形码(bar code)

复习思考题

1. 物流设施设备的主要类别包括哪些?
2. 简述条形码在物流中的应用。
3. 什么叫 RFID? 简述 RFID 技术在物流中的应用。
4. 简述 GPS 技术在物流中的应用。
5. 选择一种物流设备，描述其使用方法。
6. 调查一家企业的物流设施设备与技术的应用状况，分组讨论企业选择物流设施设备和技术的影响因素有哪些?

☞ 案例分析

RFID 技术在美国 Megatrux 公司中的应用

美国 Megatrux 公司是世界物流业前 100 强之一，主要为众多零售商提供一步到位式的供应链服务。该公司为客户提供一流的第三方物流货运管理服务，服务领域包括陆、海、空。Megatrux 为零售商提供的一步到位式的供应链服务，可以帮助其将货物从海外制造商运往国内的仓库，继而运抵商店货架。Megatrux 下属 9 大货运管理服务部门，在美国国内设有8个仓库，主要客户包括沃尔玛、JC penny和Bed Bath and Beyond公司。

1. 面临的挑战：提高顾客服务水平和收益

Megatrux一直都在想尽办法利用各种技术保持其在第三方物流行业中的竞争性地位，他们深知：在物流行业中，顾客就是上帝。目前高速增长的燃料成本给微薄的企业利润雪上加霜，为此，该公司积极寻求改进生产流程的新方法，以期能够降低劳动力成本，同时又能提高顾客服务水平。另外，因为很多客户也是沃尔玛的供应商，所以Megatrux意识到RFID技术在货物运输过程中的重要性，积极研究RFID的解决方案。

2. 解决方案：应用RFID技术管理仓库

Megatrux认为，在仓库中应用RFID技术可以满足多种业务需求，通过将传统的手工操作自动化，可以提高仓库日清理的效率与精确度。RFID技术提供的实时数据可以使Megatrux及其客户实时跟踪发货现状。另外，Megatrux也向顾客提供RFID服务。

Megatrux选择在最繁忙的仓库测试摩托罗拉的RFID方案。

Megatrux采用的此项系统包括：在5个仓库的进出口，安装摩托罗拉XR440固定式读写器和AN400高性能RFID天线；安装针对现场打印RFID标签的RFID Gen2 EPC终端条码打印机；安装可随时随地读取RFID标签的摩托罗拉MC9090-G RFID手持读写器；将简单的设备集成到现有的业务系统中，形成Ship2Save运营管理系统(S2S-OMS)中间件应用。

结果是实现了整个仓库运营过程的流水线操作：

(1)入库应用RFID技术。货物入库之前，工作人员会现场打印RFID条码，然后贴在货物的包装箱和托盘上。之后，这些包装箱和托盘经过仓门，XR440固定式读写器和AN400高性能RFID天线就会读取标签上的原始信息，并通过网线将数据传送到S2S-OMS中间件上。接着，S2S-OMS中间件就会充当中间人的角色，解释、过滤甚至将数据加以格式化，最后传送到Megatrux的仓库管理系统(WMS)。

(2)出库应用RFID技术。货物出库时，安装的读写器和天线会读取托盘标签上的RFID信息，并将这些信息通过S2S-OMS中间件发送到WMS。信息接收之后就会自动发出单据及提前货运通知。如果司机在将托盘推上卡车时出现失误，就会有警报发出，并在仓门处的监控器上显示出来。

(3)仓库移动应用RFID技术。摩托罗拉MC9090-G RFID手持读写器可以进一步利用货物标签上的信息。在增加了移动性能之后，Megatrux已经能将RFID技术扩展到库存管理中。比如，快速扫描贴标货架和包装箱，实现特定货运或包装的快速定位。此外，移动性也使包装箱与托盘标签相匹配，从而确保每个托盘内盛装指定的包装箱。

(4)运输途中应用RFID技术。将RFID解决方案同公司的GPS系统加以整合，可以增加卡车货运过程的实时透明度。现在，Megatrux在卡车距目的地100公里时，就能通知客户为运抵的货物做好准备。

3. 收益：更好的服务、更少的失误、更少的人力以及更快的投资回报

RFID方案的应用带来了很大的收益，具体如下：

(1)更快的处理能力提升了服务质量，一些手工操作步骤被取消了。例如，货物进出仓库不再要求工作人员的亲自参与，RFID读写器能够自动获取和传送所需的实时数据。

因此，工作人员一天会处理更多的订单，提升了货运的次数和顾客的满意度，同时也减少了人力成本。

(2)100%的精确性排除了运输途中的失误，通过使用 RFID，Megatrux 可以确保特定的客户在特定时间内收到特定的货物，免除了客户不满或运输失误造成的高成本。

(3)提升客户服务水平，为公司带来更强的竞争力。Megatrux 通过应用 RFID 解决方案，可以为客户提供货运实时跟踪服务。公司凭借向沃尔玛和其他客户提供 RFID 服务，为自身赢得了竞争优势，同时也增加了收益——这些收益，抵消了 RFID 解决方案实施的成本。

(4)快速回报：RFID 技术给公司带来了众多的收益，在短短的 14~16 个月时间就会获得完全的投资回报。

Megatrux 采用的 RFID 解决方案使公司一直位居第三方物流行业的前列，可以为客户提供个性化的实时透明化信息。客户可以登录网站后，获得实时完整的跟踪、运输和物流过程的全方位数据。这一灵活的系统方案可以使数据处理简单化，从而满足特定顾客的不同需求。其业务流程的自动化，可以使库存管理人员处理更多的货运订单，从而变相地减少了劳动力的投入。通过应用 RFID 技术，Megatrux 有信心保证：客户会在指定的时间和指定的地点，收到指定的货物。

资料来源：太平洋安防网(http：//www.tpy888.cn/news/200805/23/40394.html)。

案例思考：

1. 简述 RFID 技术在 Megatrux 中的应用。
2. 简述 RFID 技术的应用对物流作业的影响。

第九章 物流管理信息系统

学习目的和要求

- 了解物流信息的基本概念、特征和分类。
- 理解物流信息系统的概念、功能和结构，理解物流管理信息系统设计方法。
- 掌握物流管理信息系统设计的目标和内容。

引 例

海尔物流信息系统

海尔集团每个月平均接到6000多个销售订单，产品品种约7000种，需要采购的物料品种有15万多种。在如此复杂的情况下经过海尔物流信息系统的整合，将呆滞物资降低了73.8%，仓库面积减少了50%，库存资金减少了67%。

在物流信息系统的支持下，海尔物流通过三个准时生产制(Just In Time，JIT，即JIT采购、JIT配送和JIT分拨)实现同步流程。海尔集团的三个准时制如图9-1所示。

海尔集团100%的采购订单从网上下达，使采购周期由原来的平均10天降为3天。海尔能将所有与供应商相关的物流管理业务信息，如采购计划、采购订单、库存信息、供应商供货清单、配额以及采购价格和计划交货时间通过信息系统发布给供应商，使供应商足不出户就能全面了解与自己相关的物流管理信息(如根据采购计划备货、根据采购订单送货等)。在这种条件下，实现原材料采购的寄售模式也成为可能。通过这个模式将备货转化为供应商库存，减少库存积压资金。货物入库后，物流部门可根据次日的生产计划，利用企业资源计划系统(ERP)进行配料，同时根据看板管理，4小时送料到工位，以实现JIT送料。在生产部门根据各种订单完成生产后，就是要将满足客户要求的各类个性化的产品送到客户手中了。目前海尔在国内建立了42个配送中心，每天可将5万多台订制产品配送到1550个海尔专卖店和9000多个营销网点，实现了JIT分拨物流。

目前海尔利用信息系统的调度管理在中心城市实现8小时配送到位，区域内24小时、全国4天以内到位。海尔在最有效地利用整个供应链的条件下，其产品从设计到送达最终

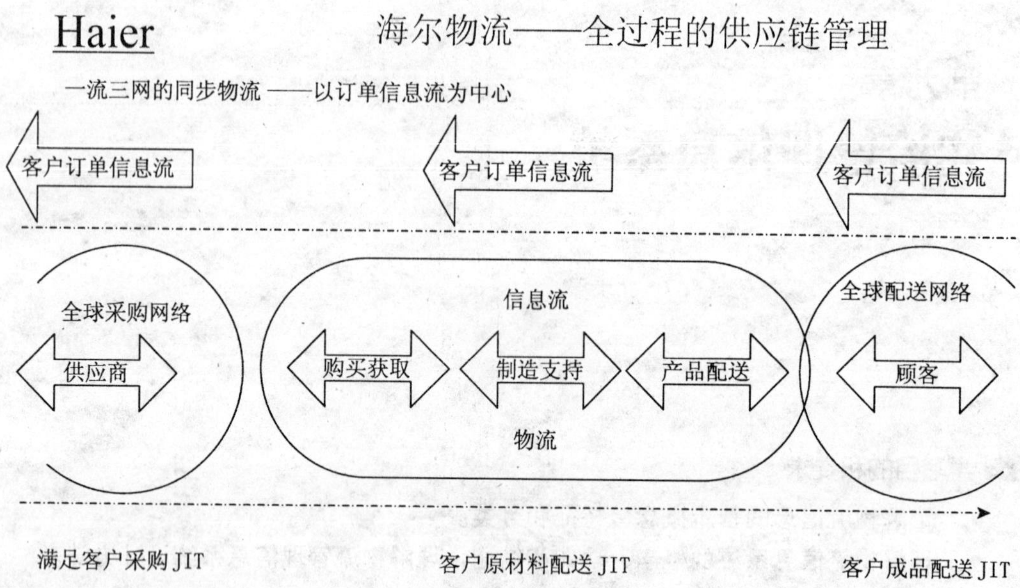

图 9-1 海尔物流的三个准时制

用户的手中，以最低成本、最快速度满足了客户的个性化需求。

资料来源：百度文库(http：//wenku. baidu. com/view/c49474d9d15abe23482f4d10. html)。

根据以上案例，请回答：

1. 海尔集团是如何应用信息流实现物流管理的？

2. 海尔集团物流管理信息系统的成功应用带给我们什么启示？

第一节 物流管理信息系统概述

一、物流信息

(一)物流信息的概念

国家标准《物流术语》(GB/T18354—2001)中定义物流信息(logistics information)是“反映物流各种活动内容中有关的知识、资料、图像、数据、文件的总称”。物流信息是伴随着企业的物流活动的发生而产生的，企业如果希望对物流活动进行有效的控制就必须及时掌握准确的物流信息。例如，在运输手段、路线的选定，运输单位的决定，库存期间的决定，接受订货和订货处理等过程中，都存在着大量必要的物流信息。物流信息贯穿于物流活动的整个过程中，并通过其自身对整体物流活动进行有效的控制，因此，人们称物流信息为现代物流的中枢神经。

因此，对物流信息的理解可以从广义和狭义两个角度来看：

(1)从狭义上看，物流信息是指与物流活动有关的信息。在物流活动的管理与决策中，如运输工具的选择、运输路线的确定、运送批量的确定、在途货物的跟踪、库容的有效利用、最佳库存数量的确定、订单管理、提高客户服务水平等，都需要详细和准确的物流信息，因为物流信息对运输管理、库存管理、订单管理、仓库作业管理、供应链管理等物流活动具有支持与保证的功能。

(2)从广义上看，物流信息不仅指与物流活动有关的信息，而且包括与其他流通活动有关的信息，如商品交易信息和市场信息等。商品交易信息是指与买卖双方的交易过程有关的信息，如销售和购买信息、订货和接受订货信息、发出货款和收到货款信息等。市场信息是指与市场活动有关的信息，如消费者的需求信息、竞争者或竞争性商品信息、与促销活动有关的信息、交通通信等基础设施的信息等。广义上的物流信息不仅能起到连接整合生产厂家，经过批发商和零售商最后到消费者的整个供应链的作用，而且在应用现代信息技术的基础上能实现整个供应链活动的效率化，具体说就是利用物流信息对供应链各个企业的计划、协调、客户服务和控制活动进行有效管理。

(二)物流信息的特征

物流信息与其他信息相比，其特征表现在以下几个方面：

(1)物流信息量大、分布广。信息的产生、加工和应用在时间、地点上不一致，在方式上也不相同。这就需要具备性能较高的信息处理设备与强大的信息收集、传输和存储能力。

(2)物流信息具有很强的时效性。绝大多数物流信息动态性强，信息的价值衰减速度快，这对信息管理的及时性要求就比较高。

(3)物流信息种类多。不仅物流系统内部各个环节有不同种类的信息，而且由于物流系统与其他系统(如生产系统、供应系统等)密切相关，因而还必须收集这些物流系统外的有关信息。这就使物流信息的分类、研究、筛选等工作的难度增加。

(4)物流信息具有明确的衡量标准。为了保证物流信息的科学性，要求物流信息具有准确性、完整性、实用性、共享性、安全性以及低成本性。准确性是指物流信息能够正确地反映物流及其相关活动的实际，且需便于用户理解和使用；完整性是指信息没有冗余或不确切的含义，数据完整、统一；实用性是指信息要满足用户的使用，便于专业和非专业人员的访问；共享性是指物流活动的各个作业组成部分必须能够充分地利用和共享收集到的信息；安全性要求信息在系统中必须安全地传送，随着信息技术的迅猛发展，出现多种信息安全措施，如防火墙技术、安全传输协议以及增强的用户验证系统等；低成本性则要求信息的搜集、处理、存储必须考虑成本问题，只有在收益大于成本的前提下，才能开展相应的信息工作。

(三)物流信息的分类

物流信息种类多、跨地域、涉及面广、动态强，尤其是运作中受自然的、社会的影响非常大，而物流信息是物流管理信息系统的基础，因此需要对物流信息有一个清晰的认识与了解。物流信息有不同的分类方法，弄清其不同分类方法，对搞好企业物流管理，实现其价值有很大的关系。下面对其中几种物流信息分类介绍。

1. 按信息载体的类型分类

在企业中，物流信息载体通常分为单据(凭证)、台账、报表、计划、文件等多种类型。

物流单据(凭证)发生在企业的操作层，一般记载物流工作实际发生情况。根据单据的制定者，单据分为企业内部和外部的单据。凡是由企业外部制定和开出的单据属于外部单据，而由企业自身制定和开出的单据则为内部单据。例如货物采购时由供应厂商开出的发票是外部单据，企业为客户开出的销售发票则为内部单据。

物流单据按照一定的要求(如时间次序、某种分类等)积累则形成物流台账。物资管理工作中的商品明细台账就是按物资类别，将某种物资的入库、出库按时间次序记载的流水账。

物流报表是按照一定的统计要求，将一定周期内的物流单据或者物流台账进行计算、汇总、排序、分类汇总等形成的信息载体。其作用是通过对一定时期生产经营的统计，检查生产经营情况，发现存在的问题，为制定相关决策提供信息。

物流计划对于企业物流管理是一种非常重要的信息，它是企业物流管理决策的具体体现。从管理职能来说，企业有不同计划，例如需求计划、采购计划、项目预算计划、财务计划等，企业的领导靠它向下传达企业下一个计划期企业生产经营的意图，用以统一指挥各部门的行动，而企业的下级通过报表反映计划的实际实施情况。

文件一般分为企业内部和外部文件。外部文件的制定者是企业的外部单位、组织，而内部文件可分为企业级的、企业各部门的。文件多为非数值型数据。

单据(凭证)、台账和报表则是确定性的，是对现实的反映；而计划具有可变性，是实现过程控制和评价的标准之一。图 9-2 描述了一般信息载体的产生。

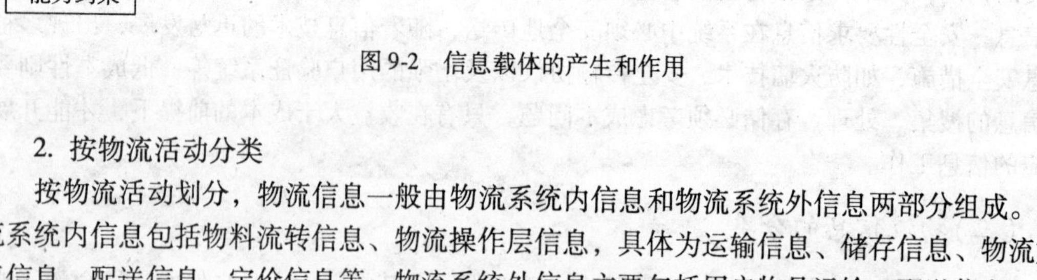

图 9-2　信息载体的产生和作用

2. 按物流活动分类

按物流活动划分，物流信息一般由物流系统内信息和物流系统外信息两部分组成。物流系统内信息包括物料流转信息、物流操作层信息，具体为运输信息、储存信息、物流加工信息、配送信息、定价信息等；物流系统外信息主要包括用户物品运输、配送信息，社会可用运输资源信息，交通和地理信息等。按照这类方法分析物流信息，其优势在于它是按信息产生源头划分，容易保证信息的搜集以及信息的正确性，但是要注意容易产生“信息孤岛”，使其不易形成不同活动共享信息。

二、物流管理信息系统

（一）物流管理信息系统的概念

物流管理信息系统（LMIS）作为企业管理信息系统中的一类，可以理解为通过对与物流相关信息的加工处理来达到对物流、资金流的有效控制和管理，并为企业提供信息分析和决策支持的人机系统。它具有实时化、网络化、系统化、规模化、专业化、集成化、智能化等特点。物流信息系统以物流信息传递的标准化和实时化、存储的数字化、物流信息处理的计算机化等为基本内容。

物流管理信息系统可以在保证订货、进货、库存、出货、配送等信息通畅的基础上，使通信据点、通信线路、通信手段网络化，提高物流作业系统的效率。

物流管理信息系统的概念可以从不同的角度去理解：

(1)从构成上看，物流管理信息系统可以看做由软件结构及硬件结构两大部分组成。软件结构主要指物流企业在完成物流活动的运输、仓储、搬运、流通加工等各个环节的各种信息系统软件，也涉及与之相关的不同层次的行业管理部门信息系统，如海关清关系统、营运货运车辆管理系统等，以及支撑以上各应用系统的操作系统与通信协议等；硬件结构主要指支撑相应软件的载体（如通信设施与计算机硬件）。

(2)从技术层面上看，物流管理信息系统是利用计算机技术、通信技术等现代高新技术对传统的货物流通管理过程进行全面的改造，用以提升物流活动的整体效益与用户服务水平而形成的信息系统，如利用条形码技术、EDI 技术、GPS 技术等实现货物的跟踪查询功能。

(3)从政府行业管理部门的角度上看，物流管理信息系统在于构筑一个政府部门协同工作的环境，通过信息技术实现行业管理及市场管理的规范化，并为宏观部门提供决策需求信息，提升物流系统参与者各方总体的效益。

(4)从企业管理角度上看，水平方向上物流管理信息系统是贯穿与物流活动中的运输、仓储、搬运、包装、流通加工及其他一系列基本功能的实现中；垂直方向上物流管理信息系统具有作业层、控制层与管理层等三个不同层面。

（二）物流管理信息系统的作用

物流管理信息系统是利用信息技术，将各种物流活动与某个一体化过程连接在一起的通道。物流系统中的相互衔接是通过信息予以沟通的，基本资源的调度也通过信息共享来实现的，因此，组织物流活动必须以信息为基本。为了使物流活动正常而有规律地进行，必须保证物流信息畅通。物流信息的网络化就是要将物流信息通过现代信息技术使其在企业内、企业间乃至全球达到共享的一种方式。

物流信息已经从“点”发展到“面”，以网络方式将物流企业的各部门、各物流企业、物流企业与生产企业和商业企业等连在一起，实现了社会性的各部门、各企业之间低成本的数据高速共享；从平面应用发展到立体应用，企业物流更好地与信息流和资金流综合，统一加工消除了部门间的冗余，实现了信息的可追溯性。

随着信息技术的发展，信息正日益被认为是一种战略资源，物流管理信息系统的作用与日俱增。从早期的数据管理，到现在的信息管理，以及正在发展的知识管理，物流管理信息系统使企业面临一次又一次创新。

数据管理阶段信息技术应用的特点表现在计算机被当做打印机、笔记本，只是简单地用于事后记录数据。信息管理阶段中信息系统的作用主要在于对信息的组织和利用，侧重于信息的搜集、分析、整理与传递，企业业务流程控制等方面。知识管理阶段则是对包括信息在内的所有智力资源进行综合决策并实施管理，它的核心是强调知识创新。知识管理的目标是力图能够将最恰当的知识在最恰当的时间传递给最恰当的人，以便使他们能够作出最好的决策。企业管理只有进入知识管理阶段，才可能最充分发挥企业员工的聪明才智，极大地提高企业的核心竞争力。

在企业的电子商务活动中，信息的生产、加工、储存和传递大多是通过 Internet 完成的。企业在网上制作自己的主页、网站；发布其产品的相关信息，供需方参考；买卖双方在网上进行产品交易，达成交易协议，同时企业也从网上获得自己需要的相关信息来指导企业进行生产、销售。通过电子商务平台，企业可以真正地实现高速信息共享，真正地实现无国界的商务活动。

第二节　物流管理信息系统功能与结构

一、物流管理信息系统的体系结构

物流管理信息系统结构(architecture of logistics information)是指构成物流管理信息系统的各组成部件、部件之间的连接关系，以及部件和连接方式对构筑物流信息系统所起的作用。

按照上面对物流管理信息系统体系结构的定义，我们认为物流管理信息系统体系结构应该表现物流管理信息系统是由哪些要素构成以及构成要素之间的关系，构成要素内部的结构和功能。与管理金字塔相对应，其决策支持、管理控制和交易处理分别对应物流管理信息系统中的战略管理层的计划管理系统、管理控制层的协调控制系统以及业务层的业务处理系统。

物流管理信息系统体系结构包括面向企业决策层，进行计划制订和调整的计划管理系统；面向企业管理层，维护企业数据和业务数据，并协调和监督业务活动的协调控制系统；面向企业业务层和客户，对各项业务进行管理和处理的业务处理系统；面向企业信息管理组织，支撑企业信息化运作的企业信息平台；面向整个信息系统，提供信息平台建设的企业信息资源基础设施。物流管理信息系统的体系结构如图 9-3 所示。

(一)计划管理系统

计划管理系统包含战略计划组件、能力计划组件、物流计划组件、制造计划组件和采购计划组件，主要功能是确定战略目标、功能目标，进行高层决策，同时对企业资源提出

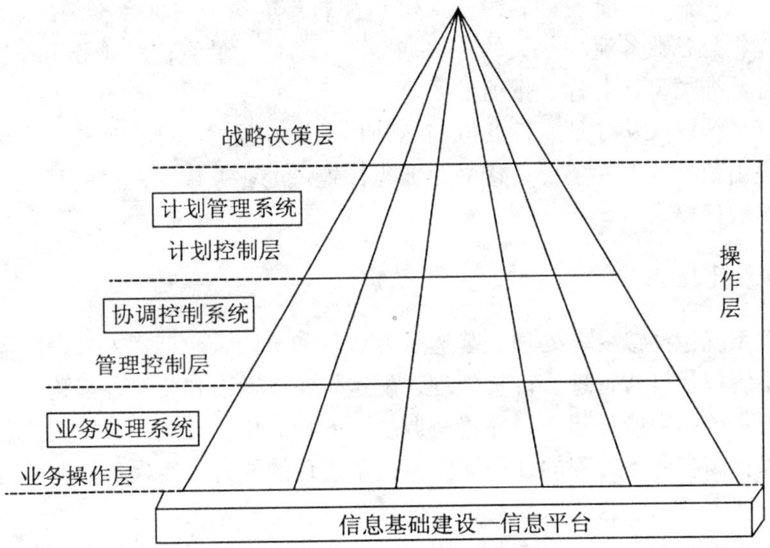

图 9-3　物流管理信息系统的体系结构

要求。

计划管理系统功能是针对企业现有资源确定能力需求、物流需求、制造需求、采购需求，并与战略计划相协调；确定指标体系，搜集业务系统运行情况的各项数据指标，对服务水平、物流系统的可得性、信息的精确性和及时性进行量化，为决策分析提供所需数据。

计划管理系统在物流管理信息系统中的地位是：表现了信息系统对战略计划的制订、高层战略、业务计划及重组计划的支持能力；同时也表现了物流企业战略规划和作业计划对信息系统建设的要求和影响。

计划管理系统输入与计划相关的实际业务数据的数据类型、名称、量值，向控制协调系统提出与计划相关的数据要求。

(二) 协调控制系统

协调控制系统包括企业数据组件、业务数据组件、预测组件、存货管理组件和存货控制组件。

协调控制系统的功能是确定制订计划所需各项企业数据指标；响应业务系统组件的要求和变更，对业务系统的其他组件提出业务数据要求；按计划管理系统建立的指标体系收集业务数据。通过收集系统运行情况的各项数据指标，对服务水平、物流系统的可得性、信息的精确性和及时性进行量化，为决策分析提供所需数据。

协调控制系统的意义在于：强调计划管理系统各组件与业务系统各组件需求和能力的协调，共同预测，防止产生过剩的制造库存和物流库存；协调和指导各项业务活动，确保服务质量、信息的准确性，提高物流系统的可得性；有效调节业务系统变更对应用系统的影响，应用系统可通过它对业务系统提供柔性的支持。

协调控制系统输出对企业计划组件提供与计划要求相关的各数据类型、名称、量值；对业务组件提供与各业务流程相关的各数据类型、名称、量值；对业务组件提出与各计划组件相关的各数据类型、名称、量值的要求。

协调控制系统输入从计划组件获取与计划相关的各数据类型、名称、量值的要求；接受计划组件提出数据挖掘的条件；接受业务组件提供的业务数据；接受某一业务组件对其他组件提出的数据要求。

(三)业务处理系统

业务处理系统包括接受、处理、装运顾客订货和协调采购订货人入库所需的各种信息活动。作业系统包括订货管理、订货处理、配送作业、运输和装船、采购。

业务处理系统的功能是建立和完善协调统一的物流作业模式，从协调控制组件中获取需要数据，以提高各业务过程的计划能力及衡量表现的能力；实现各作业组件之间信息共享，确定各作业组件的信息需求和对企业信息基础设施的要求。

业务处理系统的意义在于：协调一体化的物流作业流程，可使整个企业的顾客订货和补充订货信息顺利并一致，查看当前各业务流程的运行状态，同时能减少延迟、错误和人员需求。

业务处理系统与其他系统的联系在于：接受协调控制系统提出的数据要求；接受客户的订货要求；向协调控制系统提供各项业务的基础数据；向企业信息基础设施提出资源需求申请。

(四)企业信息平台

企业信息平台的功能是：接受来自计划系统、业务系统和协调控制系统提出的信息资源基础设施的申请要求，对所有请求进行分解并重新组合，合理分配和使用企业信息资源基础设施，创建企业信息系统的平台。

企业信息平台的意义在于：从企业全局进行考虑，对上一层系统的资源请求进行分解和再组合，确保资源请求的合理和资源支持的有效。

企业信息平台输入包括接受来自计划系统的管理基础设施和技术基础设施的要求，接受来自协调控制系统的信息基础设施和技术基础设施的请求，接受来自业务系统的技术基础设施的请求。

企业信息平台输出包括对信息基础设施提出资源要求，并对其他系统提供以下资源的支持：服务始、终端设备，存储设备和网络通信设备；系统软件、支持型软件组成；通信协议和数据交换协议；企业组织结构；信息资源设施管理人员的分工。

(五)企业信息基础设施

企业信息基础设施是指根据物流企业当前业务和可预见的发展趋势，以及对信息采集、处理、存储和流通的要求，构筑由信息设备、通信网络、数据库、系统软件和支持性软件等组成的环境。信息基础设施可分为：技术基础设施、信息资源设施和管理基础设施。

技术基础设施包括硬件、软件、协议三部分。硬件由服务始、终端设备，存储设备和网络通信设备组成；软件由系统软件和支持型软件组成；协议由通信协议和数据交换协议组成。

信息资源设施包括数据和信息本身、电子数据交换的形式和标准、信息处理方法。

管理基础设施包括物流企业中信息系统部门的组织结构、信息资源设施管理人员的分工、技术基础设施和信息资源设施的管理方法和规章制度等。

企业信息基础设施的功能是接受上一层系统对信息基础设施的要求，从信息设备、通信网络、数据库、系统软件和支持型软件等各种计算资源对企业业务进行支持。

其在整个物流信息系统中的意义在于：对企业信息系统提供最基础的信息技术支持，按照各系统对企业信息基础的要求，对企业信息基础设施进行统一的协调、规划和建设。

企业信息基础设施接受信息资源分配请求组件的要求，输出信息基础设施中各组件对资源配置、规划和建设的陈述。

在过去，绝大部分开支集中花费在改进交易系统的效率上。虽然这些改进在速度上及在降低作业成本上有所回报，但短期能在降低成本上获益往往是不现实的。因而，最近的物流信息系统应用主要集中在管理控制、决策分析及制定战略计划等构件上。例如，正在把仓储和运输交易系统结合进重要的管理控制，用来衡量劳动和设施生产率。对于决策分析，许多物流信息系统结合了定量化模型来协助评估配送设施选址、存货水平及运输路线。正在开发更新的物流信息系统应用也结合了重新构思的各种工艺。与简单的自动化物流流程不同，企业正在重新构思物流程序，以减少循环次数和相应的活动。

二、物流管理信息系统功能

物流管理信息系统的功能如图 9-4 所示。

业务管理子系统是日常业务和核心竞争力的体现和具体化；企业管理子系统是企业对运营资源的集成管理和各职能管理的实现，也是较为独立和通用的系统功能，但是由于企业业务和文化的区别，也带来一些特殊的功能，主要表现在与业务管理子系统的接口上；查询分析子系统是对业务管理和企业管理所获取的信息进行综合和分析，辅助决策的支持，主要体现在各种信息全方位、多维度的灵活查询、统计分析和报表实时生成，也是知识共享、传播和促进创新的窗口；系统维护子系统是管理信息系统运行的基础，着眼于系统的稳定性、一致性和安全性；应用接口子系统实现信息管理系统和其他信息系统的数据连接，对物流企业而言，主要是与各类系统的信息交换与共享。

其中，业务管理子系统直接和物流作业层相联系，是企业信息系统的数据源，也是企业战略决策的最终体现和执行。各个子系统主要依靠业务管理子系统联系成一个统一的整体。一方面，业务子系统与其他子系统进行数据共享；另一方面，业务子系统也接受其他子系统的监督和控制，并作相应的变更。

企业管理子系统服务于企业战术层。业务管理子系统为企业管理子系统提供大量的基础数据供其进行分析和战术决策，如客户档案、交易合同、员工绩效报告、财务日记账、

图 9-4 物流管理信息系统总体功能

质量报告、工作流程报告、内外物流资源使用情况等。它也对业务管理子系统提供监督和控制，如交易合同管理模块跟踪、调整合同的执行；人力资源管理控制各业务模块的岗位设置和操作人员；财务管理根据客户支付情况和企业资金情况对各业务模块的进行做出控制和调整；质量管理模块监督各业务模块的质量问题；工作流程模块设计和监督各业务模块的流程；内部和外部资源管理模块对各业务模块需要使用的设备、车辆等进行统一调配等。

查询分析子系统对物流管理信息系统的所有数据进行再组织和灵活查询。查询的信息大量来自业务子系统各模块的对象数据、进展状态和重要结论，如商流、客户、订单、物品、分店、车辆、在途状况、工作流程等，配合柔性查询的信息定制，在此基础上实现数据再加工和分析，得到高度浓缩的信息。

系统维护子系统是物流管理信息系统正常运转的前提，对包括业务子系统在内的整个系统进行初始化和系统环境变更维护。其中，用户权限管理对业务子系统的操作者及其权限进行定义和分配；外部数据导入将以 txt、xls 等其他格式存在的源数据导入业务子系统；内部数据导出将业务子系统的报表导出为 txt、xls 等格式；内部网络监管保证了业务子系统的运行安全可靠。

应用接口子系统是管理信息系统和其他企业信息系统的沟通纽带。面向作业层的业务子系统为其他信息系统提供了大量源数据进行共享和再利用，同时外部信息系统的决策也会影响管理信息系统的运转，最终反映到业务子系统的操作中。

第三节　物流管理信息系统设计

一、物流管理信息系统数据处理模式

信息系统数据处理模式是指处理数据和信息的方式，物流信息系统存在多种数据处理模式，这是由于系统在硬件、软件的组成上不同，系统中用户多少不同，系统中各用户所处的地理位置不同，系统中不同用户的需求也不同，本节将介绍其中最典型的几种模式。

(一)集中处理数据模式

1. 单微机数据处理方式

物流管理信息系统数据处理方式中，最基本、最简单的方式就是利用一台微型计算机进行数据处理，单微机系统是单用户、单任务或多任务数据处理方式：单微机系统通常用于解决某一个或某几个具体的、规模小的数据处理问题。

单微机系统的特点是系统简单、规模小，一台完整的微机，配备有相应的操作系统、系统软件和应用软件即可。

2. 联机系统数据处理方式

联机系统是指利用联机多用户计算机系统进行数据处理的系统，联机系统是典型的集中数据处理模式。由于联机系统，用于处理数据的计算机通常是大型、中型或小型计算机，这些计算机是由一台主计算机和多个用户输入/输出终端组成，数据处理和数据信息的存储都集中在主计算机上，所以，联机系统能同时为多个用户提供信息服务，多个用户同时共享主计算机 CPU 资源和数据存储资源。

(二)分散处理数据模式

计算机网络系统处理方式是典型的分散式数据处理方式，这种数据处理方式，管理信息系统中的各子系统通常分别被放在互联在一起的计算机，各子系统在数据处理方面互不干扰，相互独立，但通过网络各子系统之间可以相互传递数据、信息和软件等，实现整个系统之间的资源共享，物流管理信息系统采用计算机网络方式的基本结构如图 9-5 所示。

(三)分散与集中处理数据模式

客户机/服务器系统数据处理方式是典型的分散与集中处理数据方式的系统。

从系统的物理组成看，客户机/服务器系统也是计算机网络结构，但客户机/服务器系统数据处理方式是典型的集中/分散式的数据处理方式。客户机/服务器系统数据处理方式是管理信息系统中使用最广泛的、最典型的数据处理方式。

在客户机/服务器数据处理方式下，应用被分为前端(客户机部分)和后端(服务器部分)。客户机运行在微机或工作站上，而服务器部分可以运行在从微机到大型机等各种计算机上，客户机和服务器工作在不同的逻辑实体中，它们协同工作。它们通信时，客户机发出服务请求，依赖服务器执行客户方不能完成(如大型数据库管理)或不能有效地完成

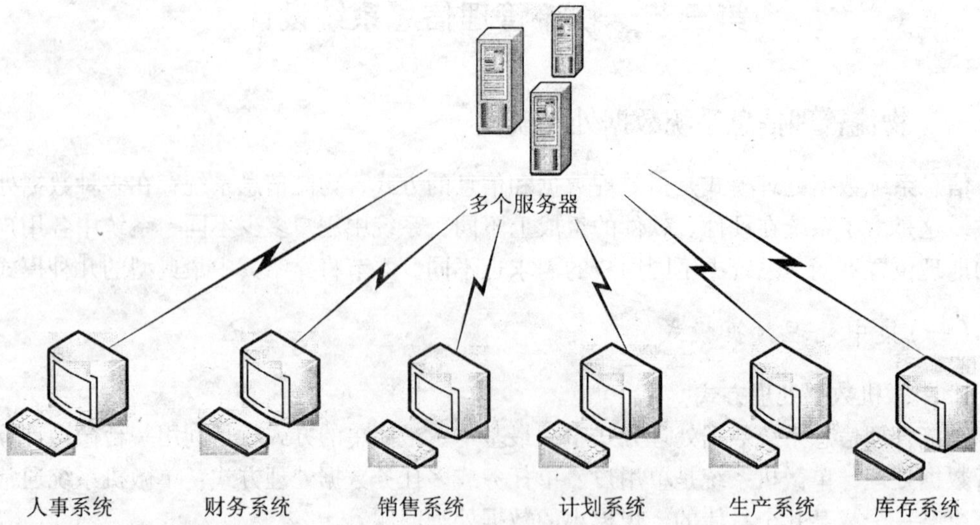

图9-5 基于计算机网络的信息系统基本结构

(如很费时的复杂运算)的工作。服务器根据客户请求完成预定的操作，然后把结果返回给客户。

客户机服务器数据处理方式最大的技术特点是，系统使用了客户机和服务器两方的智能、资源和计算机能力来执行一个特定的任务，即负载由客户机和服务器双方共同承担。采用客户机/服务器数据处理方式构造的基本结构如图9-6所示。

总之，从整体上看，客户机/服务器数据处理方式可以充分利用客户机(如微机)和服务器双方的能力，组成一个分布式应用环境，把客户机和服务器这两方面的优点结合起来，充分发挥双方的特点，完成用户指定的任务。它与传统联机系统集中数据处理方式和网络分散数据处理方式相比有许多方面的优点。

(四)浏览器/服务器系统数据处理模式

虽然客户机/服务器数据处理方式具有许多优点，但它也存在一些无法克服的缺点，例如，开放性不够，它是一种封闭式单项单系统，不同系统无法交流；用户界面风格难以统一，使用复杂，不利于推广使用；系统开发、维护和移植比较困难，升级麻烦；重复投资比较严重，无法包容已有的系统；扩展性较差，不易接纳新技术以及缺乏系统性和具有前瞻性的结构框架等。

浏览器/服务器系统基本结构是以Internet技术为基础建立起来的网络系统，它以Web为中心，采用TCP/IP传输协议，客户端通过浏览器浏览访问Web以及与Web相连的后台数据库，是一种三层C/S结构网。三层C/S结构网使服务器从LAN中脱离出来，而把服务器移到更大的网上。这种网络提供的服务是通过分布在网络上的多台服务器为客户提供服务的，这些服务器与客户机的距离无关，其所构成的服务是客户/网络(client/network)服务模式。

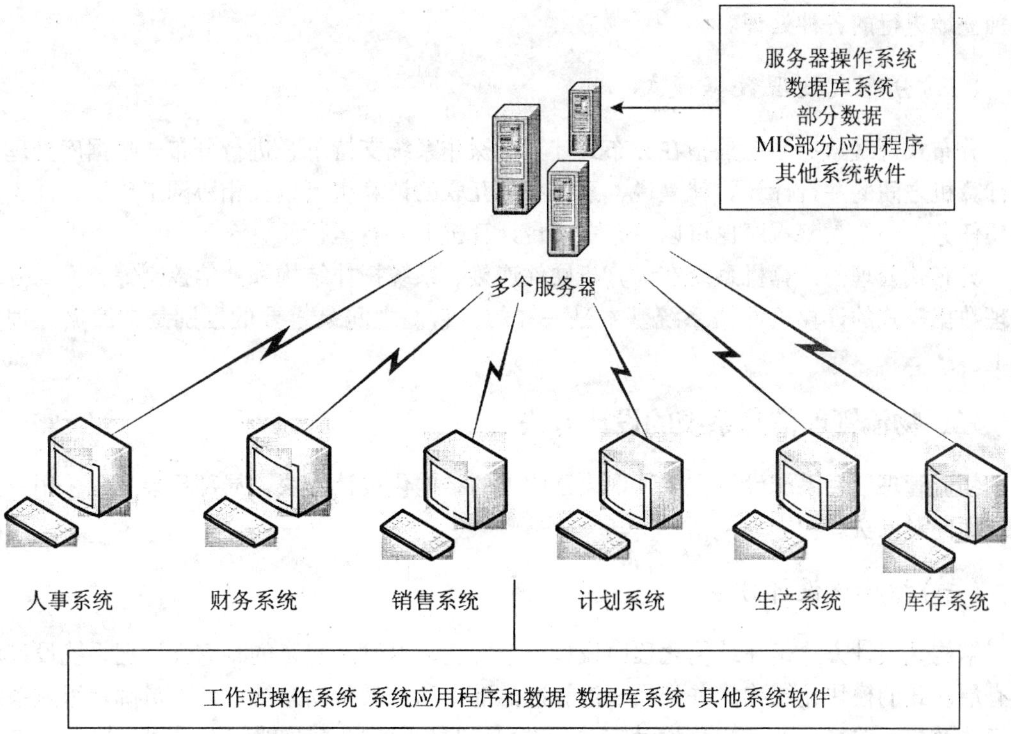

图 9-6 客户机/服务器模式下物流信息硬件结构

传统的 C/S 结构与三层 C/S 结构的系统结构如图 9-7 所示。

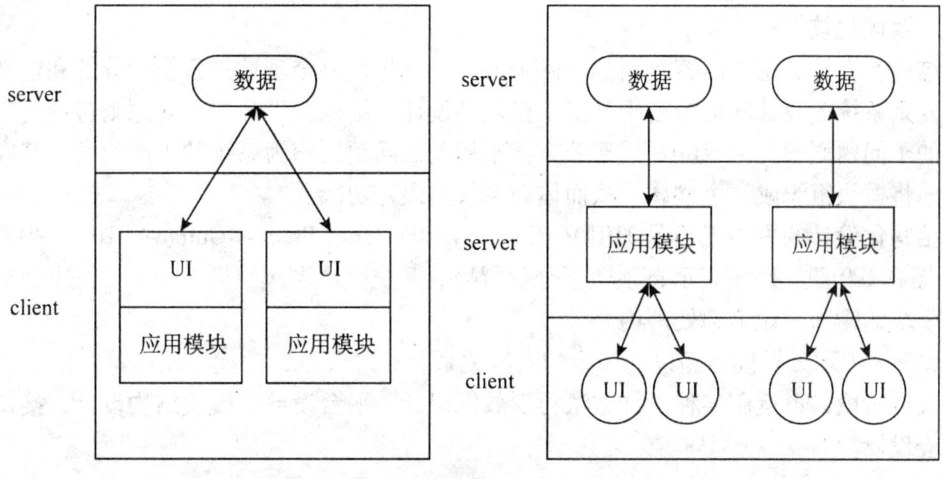

图 9-7 传统的 C/S 结构与三层 C/S 结构比较

三层 C/S 结构第一层是表示层，用于完成与用户的接口(UI)；第二层为中间层，是利用服务器完成客户的一些应用逻辑与功能；第三层是数据层，实现应客户的请求，服务器独立地进行的各种处理。

（五）分布式处理数据模式

分布式处理数据系统是指在分布式计算机操作系统支持下，进行分布式数据库处理和各计算机之间的并行计算。就是说，系统中各互联的计算机可以互相协调工作，共同完成一项任务，一个大型程序也可以分布在多台计算机上并行运行。

分布式处理的计算机系统在计算机硬件连接、系统拓扑结构和通信控制等方面与分散处理数据模式的计算机网络系统基本是一样的，它们之间最重要的区别是在数据处理方式上。

二、物流管理信息系统的设计方法

物流管理信息系统设计主要采取自顶向下的结构化设计方法，局部环节上也采用原型法或面向对象法。

（一）结构化设计方法

结构化设计方法是在结构化程序设计思想的基础上发展起来的，它强调把系统设计成具有层次式的模块化结构，并且用一组标准的准则和工具帮助系统设计人员确定组成系统的模块及相互关系，即结构化设计方法（SD）是以数据流图为基础的，采用模块化、自上向下逐步求精的基本思想，以数据流图为基础构造出模块结构图。

结构化设计具有以下特点：对一个复杂的系统，应用自顶向下、逐步求精的方法，即把系统分解成由相对独立的、功能单一的若干模块组成的结构；强调采用模块化设计方法，并有一组基本设计策略；采用结构图作为模块设计的工具；有一组评价设计方案质量的标准及优化技术。

结构化设计的主要内容包括如下两个方面。首先，要合理地进行模块分解和定义，使一个复杂系统的设计转化为若干种基本模块的设计。结构化设计的分解原则包括：把密切相关的子问题划归为系统的相同部分，把不相关的问题划归为系统的不同问题。其次，要有效地将模块组织成一个整体，从而体现系统的设计功能。

结构化设计的主要工具是 HIPO（Hierarchy Plus Input-Process-Output，HIPO）技术，包括 H 图和 IPO 图，H 图表示自顶向下分解所得的系统模块层次结构，IPO 图描述分层图中一个模块的输入、输出和处理内容。

图 9-8 表示分析模型到设计模型的对应关系。通过数据、功能模型展示的系统需求被传给设计阶段，再运用某种设计方法得到数据设计、平台设计、模块结构设计、接口设计和过程设计。

（二）原型法

原型指一个具体的可执行模型，它实现了系统的若干功能。原型法的基本思想是先按照用户提出的需求，快速、低成本地建立一个系统原型，然后提供给用户试用，在试用过

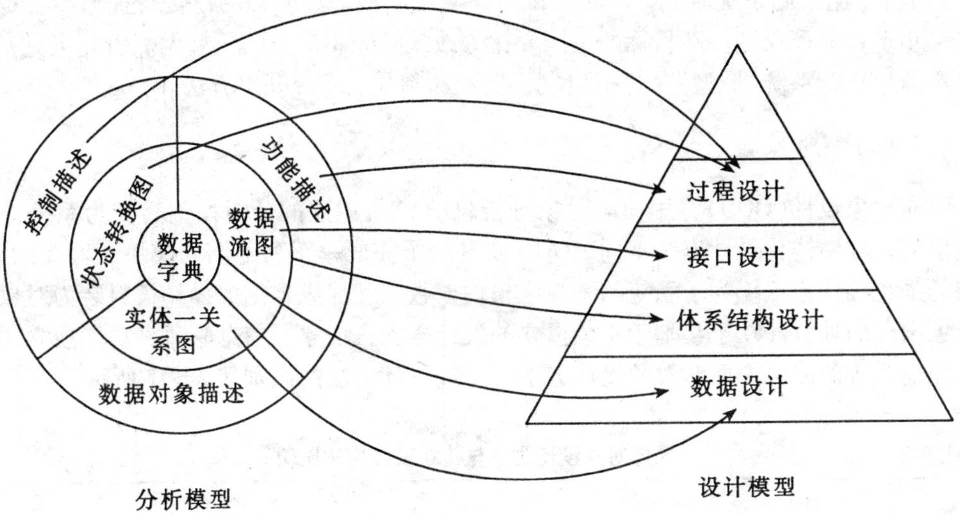

图 9-8　分析模型与软件设计的映射关系

程中不断完善。通过用户与系统原型的交互作用，用户能够不断明确自己的信息需求。被用户最终认可的原型，即可作为系统的最终开发结果。原型法的设计模型如图 9-9 所示。

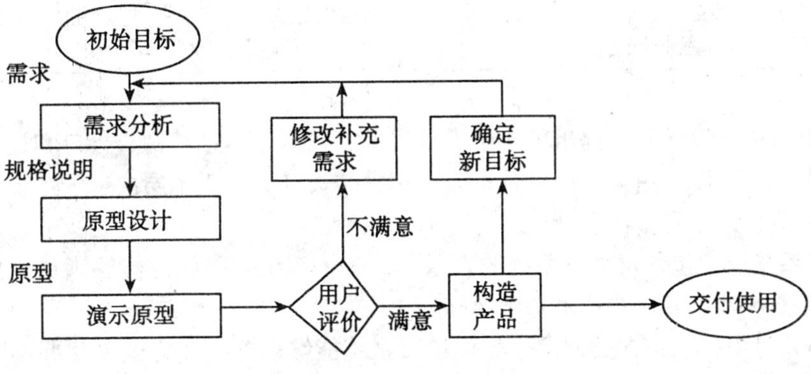

图 9-9　原型法设计模型

(1)在“需求分析”和“原型设计”两个阶段中，开发者和用户一起为想象中的系统的某些主要部分定义需求和规格说明，并由开发者在规格说明级用原型描述语言构造一个系统原型，它代表了部分系统，包括那些为满足用户需求的必要属性。该原型可用来帮助分析和设计工作，而不是一个软件产品。

(2)在演示原型期间，用户可以根据他所期望的系统行为来评价原型的实际行为。如果原型不能满意地运行，用户能立刻找出问题和不可接受的地方，并与开发者重新定义需求。该过程一直持续到用户认为该原型能成功地体现想象中的系统的主要部分功能为止。在这期间，用户和开发者都不要为程序算法或设计技巧等枝节问题分心，而是要确定开发者是否理解了用户的意思，同时试验实现其的若干方法。

(3)有了满意的系统原型，同时也积累了使用原型的经验，用户常会提出新目标，从而进一步重新原型周期。新目标的范围要比修改或补充不满意的原型大。由此可见，原型法是不断地运行系统“原型”来进行启发、揭示和判断的系统开发方法。

(三)面向对象设计方法

面向对象设计(OOD)将用面向对象分析(OOA)所创建的分析模型转变为系统构造的设计模型，和结构化设计方法不同，OOD实现一个完成一系列不同的模块性等级的设计。主要的系统构件被组织为子系统的系统级模块，数据和操纵数据的操作被封装为对象。面向对象设计的独特性在于其基于4个重要的设计概念：抽象、信息隐藏、功能独立性和模块性建造系统的能力。面向对象设计方法与传统设计方法的区别如表9-1所示。

表9-1 面向对象设计方法与传统设计方法比较

面向对象	传统技术
方法	过程、函数或子例程
实例变量	数据
消息	过程或参数调用
类	抽象数据类型
继承	无类似技术
调用处于系统控制之下	调用处于程序员控制之下

在介绍结构化设计时，提出了4个设计层次：数据、体系结构、接口和过程。在面向对象设计中，也可以使用类似的设计策略，将整个设计分为4个层次：子系统设计、类和对象设计、消息设计和责任设计。

(1)子系统层，包含每个子系统的表示，这些子系统使得软件能够满足客户定义的需求，并实现支持客户需求的技术基础设施。

(2)类和对象层，包含类层次，它们使得系统能够以通用化方式创建并不断逼近特殊需求，该层也包含每个对象的设计表示。

(3)消息层，包含使每个对象能够与其协作者通信的细节，本层建立了系统的外部和内部接口。

(4)责任层，包含针对每个对象的所有属性和操作的数据结构和算法的设计。

三、物流管理信息系统的设计内容

(一)物流管理信息系统的设计目标

物流管理信息系统设计应紧密结合用户的客观实际与模式，运用结构化设计方法，从总体出发，自上而下，将具体的管理模式进一步优化、抽象成一般的带有普遍性的信息系统管理模式；应严格划分人机工作界面，合理划分子系统，每个子系统具有本身特定的功能要求和相对独立性；各子系统之间边界清晰，相互接口用关键字连接，能互相交换有用信息，实现信息共享。具体来说，应达到以下一些目标或要求。

(1)必须较好地满足用户工作的实际要求，这是衡量系统设计工作的首要标准。

(2)系统具有通用性，能适应不同用户，不同管理模式的需要与要求，做到只要输入用户单位名称、用户信息等，就可以通过系统生成，变成用户自己的物流信息系统。

(3)系统具有可扩展性，在系统分析与设计中应充分考虑到管理模式的改变与整体管理信息系统的接口安排，做到功能上可扩展、数据量可扩展、系统本身可扩展。

(4)系统具有可维护性，系统结构设计应符合简单、合理、易懂、实用、高效的原则，数据采集要统一，设计规范要标准，系统文档应齐全。

(5)系统具有可移植性，应能在不同机型的微机上稳定运行，具有可靠性。应使用标准的程序设计语言、标准的操作系统，具有内部自动纠错功能。用户使用的计算机应具有足够大的内存容量和高速外存，运行可靠，维护方便，有硬软件方面的扩充余地。

(二)物流管理信息系统的设计原则

根据物流管理的专业特点，物流管理信息系统的设计应该遵循以下一些原则和要求。

(1)了解和熟悉国家有关部委制定的关于物流工作的各种法令和规范，系统设计必须符合物流有关计算机应用与信息系统建设标准化规范的要求，物流信息的统计方法应符合国家统计局及上级部委规定的统一要求，重要报表应使用专用程序文件，采用统一固定的报表格式输出。

(2)系统设计应遵循系统思想，采用结构化分析与设计的思想与方法，尽量采用软件工程化的新技术、新方法；努力实现功能模块的高内聚、低耦合，最大限度地减少模块间的共用信息。

(3)在进行物流信息系统设计的同时，必须考虑与横向同级信息系统及纵向(上下级)信息系统的接口关系，实现不同子系统之间的数据共享，并在软、硬件配置上留有进一步发展的余地。

(4)信息处理在速度上必须满足管理工作的要求，并有较好的可恢复性、可自检性。统计月结时应充分保持统计数据的独立性。

(5)系统应采取一定的保密措施，保证数据及时、正确、安全、可靠，对输入信息建立完善的维护体系，同时必须留有物流账目财务稽核“迹”。

(6)要求系统有较好的实用性，确保用户能切实使用起来，并方便实用。例如，物流部门每天要处理的账单繁多，数据量大，输入/输出必须操作简便、易于掌握，尽可能采用代码输入，将汉字输入量减少到最低程度，做到快速、可靠。再如，物流部门月结账与分类账的设计应满足财务部门与物流部门的实际需要，账目的科目设置应与统一的财务标准一致，保证各种经济技术指标与统计数据都能从原始数据中取得。

(三)物流管理信息系统的设计内容

物流管理信息系统设计的主要内容包括以下几个方面：

(1)总体设计。系统总体设计是根据系统分析结果和组织的实际情况对新系统的总体结构形式和可利用的资源进行的大致设计，系统总体设计是宏观、总体上的设计和规划。总体设计阶段主要包括决定系统的模块结构，进行系统配置方案设计两方面内容。

(2)代码设计和设计规范的制定。

(3)系统物理配置方案设计。包括设备配置、通信网络的选择和设计及 DBMS 的选择。

(4)数据存储设计。包括数据库设计、数据库安全保密设计等。

(5)计算机处理过程设计。包括输入/输出设计、处理流程图设计及编写程序设计说明书等。

物流管理信息系统设计的内容可以分为总体设计和详细设计两部分。在总体设计中，根据系统分析的成果数据流程图进行代码设计、输入/输出设计、信息分类和数据库设计，最后是模块功能设计。详细设计是对总体设计的结果进一步细化，直至符合小组编程的要求。总体设计和详细设计并没有特别明显的界限，前者是后者的前提和先导，后者是前者的细化和说明，它们合在一起就构成了物流管理信息系统设计的整体内容。

本章小结

本章从物流信息的基本概念出发，简要介绍了物流信息、物流管理信息系统功能与结构、物流管理信息系统设计等相关知识。

物流管理信息系统作为管理信息系统的子系统，是利用信息技术，将各种物流活动与某个一体化过程连接在一起的通道。在物流管理信息系统设计上，一般采取自顶向下的结构化设计方法，局部环节上也采用原型法或面向对象法。

关键概念

物流信息(logistics information)

物流管理信息系统(logistics management information system)

面向对象设计(object-oriented design)　　面向对象分析(object-oriented analysis)

复习思考题

1. 简述物流信息的含义、特征和分类。
2. 简述物流管理信息系统的结构和功能。
3. 简述物流管理信息系统的数据处理模式。
4. 简述物流管理信息系统设计方法。
5. 简述物流管理信息系统设计的内容。
6. 了解并使用一套物流管理信息系统，分析该系统的结构与功能，用图描述其中某些模块的操作流程，分析流程并提出优化的意见。

7. 选择一家企业，在分析其物流管理信息系统需求的基础上，设计系统结构及其功能。

☞ 案例分析

中海北方物流信息系统

1. 中海北方物流有限公司概况

中海北方物流有限公司是中海集团物流有限公司所属的八大区域物流公司之一。公司注册资金5000万元人民币，管理着东北地区18家子公司、分公司、办事处和50个配送网点。其业务涵盖物流策划与咨询、企业整体物流管理、海运、空运、码头、集装箱场站、铁路班列运输、集卡运输、仓储配送等。

公司建有现代化的集装箱场站和码头，通过集团发达的国际、国内集装箱航线，可将货物运抵国内任意指定港口和国际各主要港口；拥有集装箱冷藏班列，独立经营着冠名为“中国海运一号”大连—长春内外贸集装箱班列；组建了实力强大的集卡车队和配送车队，拥有配备GPS系统的集卡拖车200余辆，配送车50辆，构成了纵贯东北内陆的陆上运输体系，可将货物运往东北任意指定地点。公司在大连港建有10万平方米的现代化物流配送仓库，采用以条码技术为核心的信息管理系统，配有国际先进的物流仓储设备。并以大连为中心，按照统一标准在各主要城市建有二、三级配送中心，形成了辐射东北三省的梯次仓储配送格局；公司的冷藏高温仓库，成为新鲜瓜果蔬菜存储、加工、包装、分拨和配送中心。

公司具有多年的物流服务经验，吸纳了国内一流的物流人才，拥有完备的物流硬件设备，具有较强的物流策划与实施能力。公司恪守“使客户满意，使客户的客户也满意”的服务宗旨，遵循“5R”原则，提供“安全、优质、便利、快捷”的整体优化服务。主要客户有顶新集团、青啤集团、露露集团、海信电器、TCL电器、上海家化及沈阳金杯等公司。

2. 业务流程

具体业务流程见图9-10。

3. 物流信息系统简介

中海北方物流公司的物流信息系统是以Intranet/Extranet/Internet为运行平台的，以客户为中心的、以提高物流效率为目的的，集物流作业管理、物流行政管理、物流决策管理于一体的大型综合物流管理信息系统，由电子商务系统、物流企业管理软件、物流作业管理系统和客户服务系统组成：

(1) 电子商务系统使客户通过Internet实现网上数据的实时查询和网上下单。

(2) 物流企业管理系统对企业的财务、人事、办公等进行管理，对数据进行统计、分析、处理，为企业提供决策支持。

(3) 物流作业管理系统则通过集成条码技术、GPS/GSM技术、GIS技术等物流技术，实现物流作业、管理、决策的信息化。

(4) 客户服务系统为客户提供优质的服务。

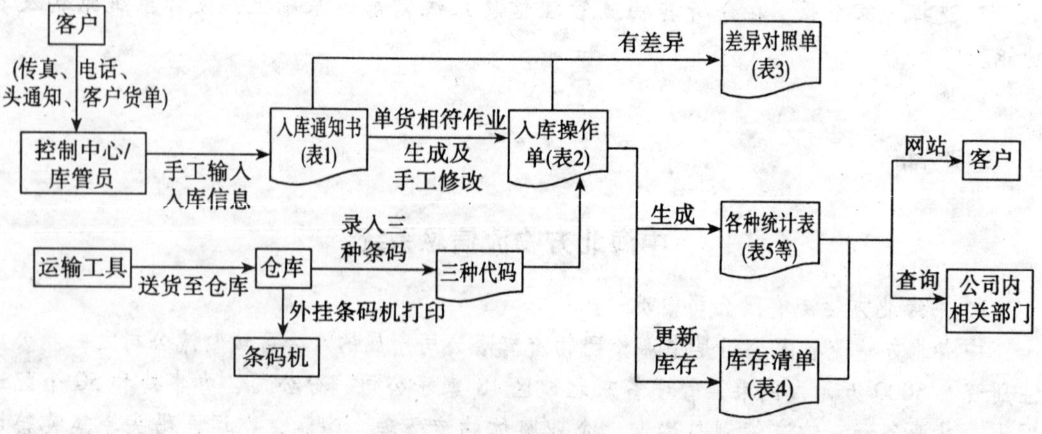

图 9-10 中海北方物流有限公司业务流程图

其整体构架如图 9-11 所示，而实际应用流程如图 9-12 所示。

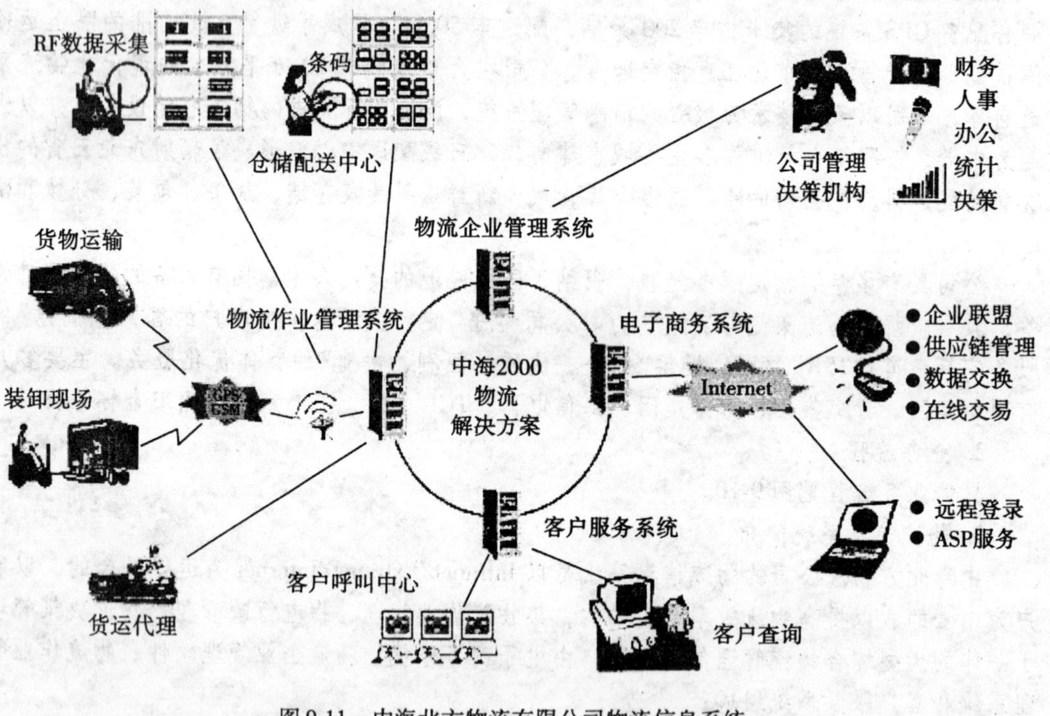

图 9-11 中海北方物流有限公司物流信息系统

4. 中海北方物流信息系统功能

(1)中海物流信息系统的模块结构见图 9-13。

(2)各系统功能简述如下：

①物流业务管理系统，由 11 个子系统组成，分别是：

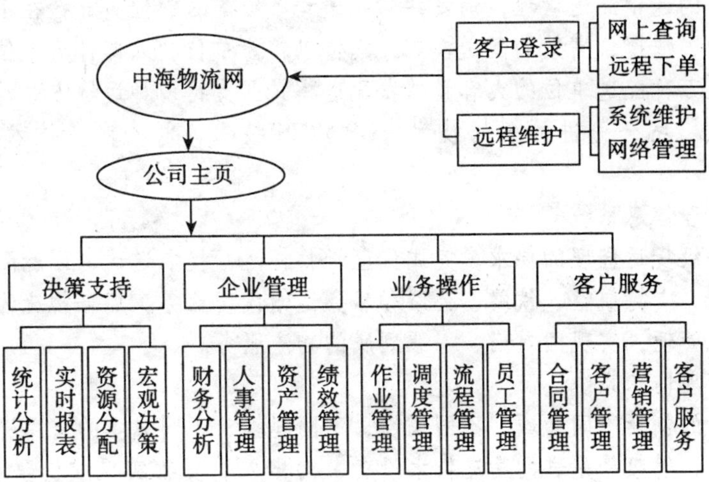

图 9-12　物流管理信息系统实际应用流程

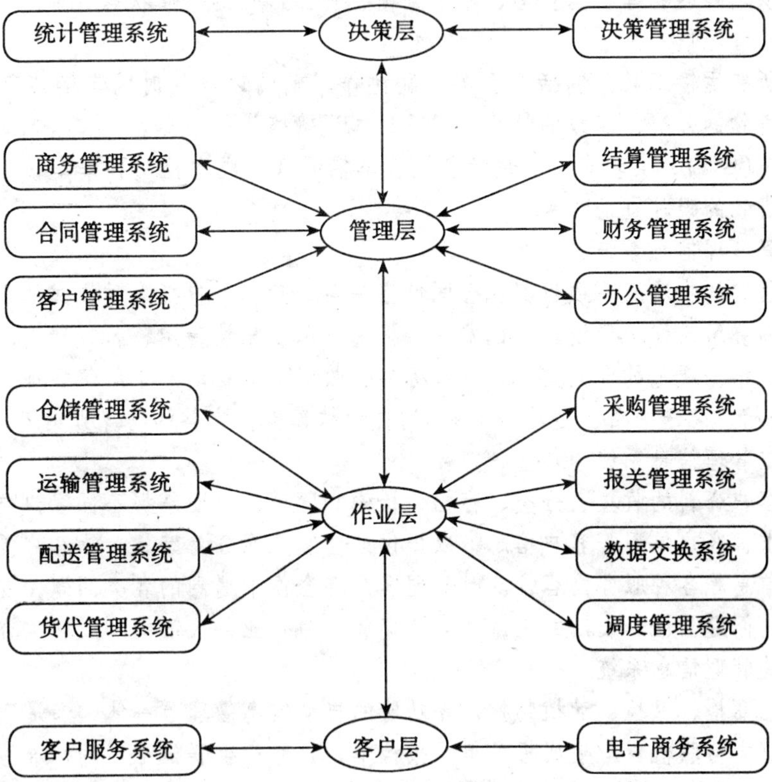

图 9-13　系统模块结构图

- 配送管理信息系统

按照即时配送(JIT)原则，满足生产企业零库存生产的原材料配送管理，满足商业企业小批量多品种的连锁配送管理，满足共同配送和多级配送管理。支持在多供应商和多购买商之间的精确、快捷、高效的配送模式。支持以箱为单位和以部件为单位的灵活配送方式。支持多达数万种配送单位的大容量并发配送模式；支持多种运输方式，跨境跨关区的跨区域配送模式。结合先进的条码技术，GPS/GIS技术，电子商务技术，实现智能化配送。

- 货代管理信息系统

满足国内一级货运代理的要求，完成代理货物托运、接取送达、订舱配载、多式联运等多项业务需求，支持航空、铁路、公路和船务运输代理业务。配合物流的其他环节，实现物流的全程化管理，实现门对门、一票到底的物流服务。

- 仓储管理信息系统

可以对所有的包括不同地域、不同属性、不同规格、不同成本的仓库资源，实现集中管理。采用条码、射频等先进的物流技术设备，对出入仓货物实现联机登录、存量检索、容积计算、仓位分配、损毁登记、简单加工、盘点报告、租期报警和自动仓租计算等仓储信息管理。支持包租、散租等各种租仓计划，支持平仓和立体仓库等不同的仓库格局，并可向客户提供远程的仓库状态查询、账单查询、和图形化的仓储状态查询。

- 运输管理信息系统

可以对所有运输工具，包括自有车辆和协作车辆的以及临时的车辆实行实时调度管理，提供对货物的分析，配载的计算，以及最佳运输路线的选择。支持全球定位(GPS)和地理图形系统(GIS)，实现车辆的运行监控、车辆调度、成本控制和单车核算。并提供网上车辆以及货物的跟踪查询。

- 结算管理信息系统

对企业所有的物流服务项目实现合同价格一条龙管理，包括多种模式的仓租费用、运输费用、装卸费用、配送费用、货代费用、报关费用、三检费用、行政费用、办公费用等费用的计算，根据规范的合同文本、货币标准、收费标准自动产生结算凭证，为客户以及物流企业(仓储、配送中心、运输等企业)的自动结算提供完整的结算方案。

- 客户管理信息系统

通过对客户资料的收集、分类、存档、检索和管理，全面掌握不同客户群体、客户性质、客户需求、客户信用等客户信息，以提供最佳客户服务为宗旨，为客户提供方案、价格、市场、信息等各种服务内容，及时处理客户在合作中遇到的各类问题，妥善解决客户合作中发生的问题，培养长期的忠诚的客户群体，为企业供应链的形成和整合提供支持。

- 报关管理信息系统

集报关、商检、卫检、动植物检疫等功能的自动信息管理于一体，满足客户跨境运作的需求。系统支持联机自动生成报关单、报检单，自动产生联机上报的标准格式，自动发送到相关的职能机构，并自动收取回执，使跨境物流信息成为无缝物流信息传递，使报关、报检业务迅速、及时、准确，为物流客户提供高效的跨境物流服务。

- 数据交换信息系统

系统提供电子商务化的WEB-EDI数据交换服务，通过电子商务网站或者基于Internet的数据交换通道，提供标准的EDI单证交换，实现与供应链上下游合作伙伴之间的低成本的数据交换，为供应链企业数据交换、电子商务数据交换以及未来开展电子支付、电子交易创造条件。

- 合同管理信息系统

合同是商务业务和费用结算的依据，系统通过对合同的规范化、模式化和流程化，合理地分配物流服务的实施细则和收费标准，并以此为依据，分配相应的资源，监控实施的效果和核算产生的费用，并可以对双方执行合同的情况进行评估以取得客户、信用、资金的相关信息，交客户服务和商务部门作为参考。

- 采购管理信息系统

采用规范化的企业采购模式和管理流程，满足企业开放式或供应链采购方式，包括网上招标、供应商管理、采购计划管理、需求管理、报价管理、审批管理、合同管理、订货管理、补货管理、结算管理、信用管理、风险管理等功能，从成本降低、效率提高和流程控制等不同方面为企业创造价值。

- 调度管理信息系统

用于大型物流企业的业务集中调度管理，适用于网状物流、多址仓库、多式联运、共同配送、车队管理等时效性强，机动性强、需要快速反应的物流作业管理，以应对客户的柔性需求，减少部门之间的沟通环节，保证物流作业的运作效率。

②物流企业管理系统，由5个子系统组成，分别是：

- 商务管理信息系统

物流企业专业营销管理，包括物流市场预测、物流营销策划、物流项目论证、物流资源整合、物流方案设计、价格政策制定、物流绩效评估等，结合合同管理和客户管理系统，准确地把握企业的市场方向、政策动向和客户需求，灵活地制定营销策略，实现企业发展战略目标。

- 财务管理信息系统

结合成熟的财务管理理论，针对物流企业财务管理的特点，根据财务活动的历史资料进行财务预测和财务决策，运用科学的物流成本核算、作业绩效评估手段，从财务分析的角度，对企业发展战略、客户满意度、员工激励机制、企业资源利用，企业经济效益等方面进行分析，并得出有关财务预算、财务控制，财务分析报告，为实现企业价值最大化提供决策依据。

- 统计管理信息系统

统计工作作为企业管理的基础，按照物流行业的标准，针对物流企业的经营管理活动情况进行统计调查，统计分析，统计监督，并提供统计资料。按照物流企业的统计要求，对物流企业的各项经营指标及经营状况进行分类统计和量化管理。

- 办公管理信息系统

以降低管理成本、提高管理效率为目的，为物流企业的规范化、流程化和科学化管理提供包括办公管理、项目管理、资源管理、人事管理、知识管理在内的统一的企业管理平台，通过电子公文传递、资源动态分配、多方网络会议、邮件自动管理、定位信息传呼等实现企业的无纸化办公。

- 决策支持信息系统

及时地掌握商流、物流、资金流和信息流所产生的信息并加以科学地利用，在数据仓库技术、运筹学模型的基础上，通过数据挖掘工具对历史数据进行多角度、立体的分析，实现对企业中的人力、物力、财力、客户、市场、信息等各种资源的综合管理，为企业管理、客户管理、市场管理、资金管理等提供科学决策的依据，从而提高管理层决策的准确性和合理性。

③物流电子商务系统，通过"中海物流网"实现的电子商务系统功能主要有：

实时查询：客户在网上实时查询库存情况、运输情况和账单。

清单录入：客户可以直接录入作业指令单、订车单、订仓单等。

网上下单：客户可以直接输入物流服务的需求。

信息反馈：客户对物流服务提出建议或投诉。

网上报价：客户可以在线发出询价请求并得到报价回复。

网上交易：物流服务项目的在线查询、交易撮合和电子签约。

网上联盟：通过联盟的形式整合社会物流资源。

数据交换：通过 EDI 方式实现异构信息系统的数据对接。

信息外包：以 ASP 方式实现远程物流信息系统功能外包。

项目招标：通过电子招标的形式获得最佳的供货方。

④客户服务系统，系统实现的客户服务内容包括：

流程查询：查询有关作业的流程状态。

在库查询：查询有关的库存状况。

在途查询：查询货物运输途中状况。

定制查询：按照客户的要求选择查询内容。

账单下载：在线获取结算清单。

实时跟踪：查询有关货物的地理位置图形。

定制信息：按照需要发出客户所指定的专业信息。

咨询服务：在线解答客户在物流活动中的疑难问题。

5. 特点

(1)全过程的物流信息采集和处理。系统实现了全球采购、运输、仓储、配送、包装、流通加工、装卸搬运、转运、报关、报检、分拣、结算等全过程的信息采集、储存、处理、统计和查询，使信息流通达物流作业和管理的每个环节。

(2)生产物料配送的零库存 JIT 管理。系统支持零库存生产企业的 JIT(即时)和 ECS(高效)物料配送作业，同时满足多供应商对单一生产厂家和多供应商对多生产厂家的配送模式。是唯一能支持精确配送的信息系统。

(3)数字化仓库的智能化管理。系统实现了仓库的数字化、条码化和局部智能化管理。

(4)基于 GPS/GIS 技术的车辆调度管理。系统对不同类型的车辆实行统一管理和调度，利用 GPS/GIS/GSM 技术实现最佳线路管理。

(5)基于 Web 方式的客户服务。系统建立在 Intranet/Extranet 的网络拓扑结构下，实现内网和外网的各自独立运作而又以宽带网络连接。通过 Web 可以为全球客户提供实时在线查询、下单和结算。

(6)基于EDI方式的海关通关管理。系统自动生成符合国际EAFACT标准的EDI单证，可以和深圳海关、商检的EDI系统直接连接，实现联网通关报验和报检。

(7)国际结算管理体系。系统支持物流作业的即时清算，当一单作业完成之后，产生的费用结算单已经提交到财务结算，并通过信息渠道告知客户，分别按照约定的结算规则完成国际和国内结算。

(8)良好的移植性。遵循J2EE规范构建本系统，将JAVA、HTML、XML、TCP/IP、数据仓库等计算机技术和条码、GPS/GSM、GIS、RF、动态规划等物流技术有机结合，实现了系统的跨平台运行和广泛适用性。

6. 实施作用

通过实施这套基于Internet/Intranet的物流信息系统，中海北方物流公司可以高效率、低成本的提供下列服务：

(1)综合物流服务。在数码仓库网络和数码配送体系的基础上，从事专业物流业务，包括为客户提供全过程物流解决方案，组织全国性及区域性的仓储、配送、加工、分销、国际货运代理、信息等综合物流服务，为客户选择合理的运输及配送方式，以最低的物流成本提供最佳的物流服务。

(2)销售增值服务。充分利用数码仓库和数码配送体系的服务优势，整合销售资源、分行业建立生产商直销系统，消除销售环节的不合理现象，为大型生产企业提供销售增值服务。

以网上交易为手段，进行资源整合、提供物流支持，全面发展电子商务业务，利用先进的互联网技术帮助企业提高其经营效率、降低经营成本、提高客户的满意度，使买卖双方获得更多的贸易机会，在提高市场的运作效率的基础上发展销售增值服务。

(3)采购增值服务。面向采购环节，积极挖掘市场，以企业采购、政府采购工程为服务对象，提供适应现代采购业务需要的物流支持和相关服务。

(4)信息系统增值服务。这部分增值服务可分为两部分：

①信息增值服务。充分利用信息系统建设所产生的货物流量、流向及价格等信息资源，进行市场客户化工作，为客户提供实时的信息发布与查询，向社会各界提供有偿的市场信息服务。

②物流软件增值服务。依托于数码仓库应用系统和数码配送应用系统平台，面向企业客户提供从专家咨询、系统规划、网络集成、软件的客户化、用户培训、数据准备、系统交付到系统维护的、一整套的全面ASP(应用服务提供商)服务，最终协助用户实现成功的物流、商流和资金流的管理。

资料来源：百度文库(http://wenku.baidu.com/view/aec8b54f852458fb770b5618.html)。

案例思考：

1. 简述中海北方物流信息系统的结构。
2. 简述中海北方物流信息系统的主要功能。

第十章 第三方物流

学习目的和要求

- 了解第三方物流的概念、基本特征、优势及其发展趋势。
- 理解第三方物流企业的概念、基本条件与类型，理解第四方物流的基本内涵和特点。
- 掌握第三方物流的选择及评价要素以及第三方物流企业的市场定位及其战略选择。

引 例

联邦快递的物流新模式

联邦快递是美国的一家以航空快递运输为主营业务的公司，成立于1973年，经过多年的发展，已成为世界最大的空运公司，在世界上200多个国家都有分公司，员工人数达14万之多，自有飞机640余架。多年以来一直名列财富500强之内。

人们只知它是运输公司，却不知它还是一个巨大的网络公司，在全世界它的电脑和网络工程师达到6000多人，其网络规模可见一斑。就其网络发展历史而言，它有以下几个特点：一是联邦快递的网络是建立在传统行业之上的。也就是说，它先有传统的运输业，由于业务和管理的需要，网络的发展则是水到渠成的事。网络和运输相辅相成，共同促进。二是联邦快递早已利用网络进行B2B和B2C业务，客户可以在网上下订单、网上跟踪查询货物信息，打印运单、发票等。三是联邦快递不但自己具有强大的网络服务，可以直接面对客户。它同时还为其他网络公司服务，比如亚马逊公司就是利用联邦的运输网络服务客户的。

但网络公司能从中学到些什么呢？网络公司的物流配送一直是一大难题，网络公司能否建立自已的物流公司呢？首先，物流运输公司需要巨大的资金投入，动辄以亿计。其次，管理一家运输公司和管理一家网络公司是不一样的。一家网络公司去组建一家物流公司，它们会发现它们实际上已经不再是网络公司了，因为它们几乎无暇顾及网络，时间和金钱全部被物流公司所占有。

资料来源：现代物流协会网(http://wlxh.zjiet.edu.cn/ViewInfo.asp? id=152)。

根据以上案例，请回答：

1. 联邦快递采取了什么样的运营模式？

2. 如果以网络开展自己的事业，你会采取何种运营模式？

第一节 第三方物流概述

一、第三方物流的概念

第三方物流兴起于20世纪80年代末90年代初，由于外包(outsourcing)成为工商企业的重要发展方向，企业越来越重视集中于自己的主要资源和业务，而把其他资源和业务外部化，第三方物流由于其在专业技术和综合管理方面的显著优势得到了迅速的发展。

第三方物流(Third-Party Logistics, TPL)，是由物流业务的供方和需方之外的第三方去承担的物流。因为它常常以物流外包合同的形式进行操作，因此有时又被称为合同物流(contract logistics)、物流外包(logistics outsourcing)。又因为第三方物流公司一般是比较专业化的物流公司，能够承担全部的物流服务，所以有时又被称为全方位物流公司(Full-Service Distribution Company, FS-DC)、物流联盟(logistics alliance)。

第三方物流是第三方物流服务提供者在特定的时间段内按照特定的价格向使用者提供的个性化的系列物流服务。这种物流服务是建立在现代电子信息技术基础上的，企业之间是联盟关系。第三方物流服务业这一称呼中的所谓"第三方"，是相对于"第一方"托运人和"第二方"收货人而言的。它是通过与第一方或第二方，或者与这两方合作，承包提供其专业化的物流服务。于是，对第三方物流服务业可以理解为：本身不拥有货物，而是为其外部客户的物流作业提供管理、控制和专业化作业服务的公司和企业。第三方物流有别于传统的外包物流，传统的外包物流只限于一项或一系列分散的物流功能，如运输公司提供运输服务、仓储公司提供仓储服务。第三方物流服务则根据合同条款规定而不是根据临时需求的要求，提供多功能甚至全方位的物流服务。

二、第三方物流的产生与发展

(一)企业物流活动方式的发展变化

从历史的角度看，企业对物流服务的需求最初是以自我提供方式实现的。企业为了提高物流活动效率和服务水平，需要对物流活动进行管理，于是，在企业的生产经营管理中，物流管理成为一项重要的内容。这种"自给自足"的方式成为企业早期物流活动的重要特征。与"自给自足"方式相对应的是"对外委托"方式，即将一部分或全部物流活动委托给外部的专业物流企业来完成。采取对外委托方式的原因可以归纳为以下几点。

(1)企业从事物流活动需要投入大量的资金用来建设物流设施，购买物流设备，这对于缺乏资金的企业，特别是中小企业来说是个沉重负担。

(2)企业自己从事物流活动，会因生产规模过小或生产的季节性等原因降低物流效率。

(3)大批的物流投资存在事实上的风险。

(4)企业的物流手段有限，无法承担诸如集装箱运输+铁路运输以及国际间运输等活动。

(5)对物流系统存在高度化需求等。

从对外委托的形态上看，第一种是货主企业自己从事物流系统设计以及库存管理、物流信息管理等管理性工作，而将货物运输、保管等具体的物流作业活动委托给外部的物流企业；第二种是由特殊物流企业将其开发设计的物流系统提供给货主企业并承担物流作业活动；第三种是由专业企业站在货主企业的角度，代替其从事物流系统的设计，并对系统运营承担责任。前两种对外委托形态在发达国家已被企业普遍采用，第三种对外委托形态逐渐受到重视。

(二)国外第三方物流的发展趋势

"第三方物流"这个词是从国外引进的，在国外简称为3PL，也有人称之为物流集成商。现在，国外第三方物流的发展趋势有以下几个方面：

第一，市场特别需要物流集成商，它提供的是一个计算机接口、一个接触点、一份合同、一份集单，买卖双方把所有的与物流有关的业务交给这个公司全权代理，不管它是自己运作，还是再去转包给别人，反正这个第三方是与货主联系的唯一的接触点。

第二，第三方物流的利润空间很大。第三方物流除了给第一方、第二方带来利润以外，自己也能赚到钱，如果利用更加严格的内部成本控制和更好地使用信息技术，提供一些增值服务，第三方物流就能赚取更多的利润。随着经济全球化，越来越多的厂商到国外去办厂，第三方物流也要跟着走，这样随着厂商的市场扩大，第三方物流的市场也跟着扩大。

第三，客户将更加依赖于第三方物流。因为第三方有现成的比客户自己做要好得多的物流解决方案，所以，客户都非常愿意把物流业务外包出去，从而第三方物流和客户之间就构成一种不可分割的供应链关系。

(三)中国第三方物流的发展趋势

作为国际物流领域上新兴的产业，第三方物流业指向货主提供物流代理服务的各种行业。过去很少能由一个企业代理货主的全部环节的物流服务，所提供的服务往往局限于仓库存货代理、运输代理、托运代办、通关代理等局部业务，而完善的第三方物流的代理则是全部物流活动系统的全程代理。专业人士普遍认为，尽管目前仍有许多制造商不愿将物流业务转交给第三方物流公司，但从长远看，第三方物流业可以帮助企业提高生产力、削减成本，并显著减少劳动力。有迹象表明，公司对第三方物流服务商的利用频率越来越高，范围也将越来越广。

三、第三方物流的基本特征与优势

(一)第三方物流的基本特征

(1)合同承包。第三方物流最显著的特征就是合同承包，完全依据双方共同指定的承包合同的规定来承担指定的物流业务。承包合同规定了服务内容、服务时间、服务价格等，规定了承包和被承包双方的责任和义务。合同期满，承包业务关系就结束。第三方物流是合同导向的一系列服务。第三方物流则根据合同条款规定的要求，提供多功能，甚至全方位的物流服务。一般来讲，第三方物流为委托客户企业提供的服务有基本业务、附加值业务以及高级物流服务，如表 10-1 所示。

表 10-1 第三方物流为委托客户企业提供的服务项目

基本业务				附加值业务						高级的物流服务			
仓储	长途运输	市内配送	装卸	订单处理	货物验收	仓库再包装/加工	代理货物保险	送货代收款	货物回收/替换	库存分析报告	库存控制	分销中心的建立	供应链的设计建立

(2)个性化服务。第三方物流服务因为都是面向一个个具体企业承包物流业务，企业不同，业务的具体内容就不同。因此要求第三方物流服务应按客户的业务流程来定制，体现个性化的物流服务理念。

(3)多样性、复杂性、随机性。第三方物流因为面向所有企业，所以业务种类多，就必然复杂，在时间上是随机发生、随机结束的。因此第三方物流企业必须具有能够承担各种业务、应付各种复杂局面的能力。

(4)规模化、专业化。第三方物流公司一般要承包很多客户的物流业务。实际上是面对整个物流市场提供服务。因此能够容易达到较大的业务规模，取得规模效益。

(5)信息化、科技化。在网络经济时代和信息技术高度发展的今天，市场竞争非常激烈，第三方物流企业只有运用现代信息技术及时地与客户交流和协作，才能够赢得客户、赢得市场，才能生存和发展。

(二)第三方物流的优势

第三方物流概念的提出可以说是物流业的一次革命，因为它有着很多传统物流所无法比拟的优势，主要表现在以下几个方面：

第一，可以集中核心业务，发挥核心竞争力的作用。企业可以实现资源的优化配置，将有限的人力、物力和财力集中于核心业务，进行重点研究，发展核心技术，开发新产品，参与世界竞争。

第二，可以统筹运作，协调配合。第三方物流的客户多，市场范围广，规模大，可以将其承包的所有物流业务，在较大的范围内实行统筹运作、协调配合，这样可以在较大的范围内充分利用资源、节省运力、节省费用、降低成本。

第三，可以减少库存。企业不能承担多种原料和产品库存的无限增长，尤其是高价值的部件要被及时送往装配点，实现零库存，以保证库存的最小量。第三方物流服务提供者经过对物流程序的精心策划，可以最大限度地减少库存，改善企业的现金流量，实现成本优势。

第四，可以提高企业形象。第三方物流服务提供者与顾客是战略伙伴关系，他们为顾客着想，通过全球性的信息网络使顾客的供应链管理完全透明化，顾客随时可以通过 Internet 了解供应链的情况；第三方物流服务提供者利用完备的设施和训练有素的员工对整个供应链实现全程的控制，减少物流的复杂性；他们通过全球性的运输网络所提供的服务大大缩短了交货日期，帮助顾客改进服务，树立自己的品牌形象。

第五，规模优势。第三方物流大多是多客户运作，形成规模优势将大大提高资源设备的利用率，提高专业化水平和工作效率，这样将大大降低物流运作成本。

第六，专业化优势。第三方物流企业的核心竞争力，除了信息优势和规模优势以外，还能为客户提供高水平的运作技能。这种技能包括将客户业务与整个物流系统综合起来进行分析、设计的能力，采用专用设备、专用工具进行运输、储存的能力，先进的装卸能力，先进的自动识别、自动分拣技术等。这些专业化的技术能力将大大提高物流管理效率，降低物流成本，这是一般的非第三方物流企业所难以达到的。

第七，信息优势。第三方物流企业面向整个物流市场，能够比较及时、全面地了解掌握物流市场的信息。它们一般都建立了基于 Internet 的计算机信息网络系统，因此信息收集快，处理速度快，给物流作业以及用户查询提供了方便的条件，大大提高工作效率，提高用户服务水平。

第八，服务优势。第三方物流具有基于因特网的计算机信息网络，因此有很好的客户关系处理能力，顾客可以在网上下订单，第三方物流企业可以随时接受客户询问和查询，可以根据顾客的要求和客户的特点“量身定制”物流服务。

第二节　第三方物流企业

一、第三方物流企业的概念与类型

（一）第三方物流企业的概念

第三方物流企业，就是能够按照现代物流的理念，为客户制定物流方案提供物流一体化全程服务的专业物流服务提供商。它包括三个方面的内涵和外延：一是企业必须从事运输（含运输代理、货物快递）或仓储等基本业务；二是企业能够对物流过程的各个环节进行一体化的组织和管理，最终满足客户需求；三是企业必须建立与物流服务相应的信息管理系统。

(二)第三方物流企业需具备的基本条件

(1)具有提供整合运输、仓储及配送的能力。整合运输、仓储及配送包括多式联运、买家指定集运、门到门送递、户到户送货、运输中途整合、交接运输、卖家物流中心，配送中心及地区配送中心、逆向物流及退货处理等。

(2)具有较强的货物运输实力和一定规模的仓库及基础设施。目前，全球运输网已经完成，第六代配载6600箱的集装货船具有惊人的运力，配载7200箱的集装货船投入运作，广体货机广泛应用，如波音747-400的货机可载货100吨及安东诺夫AN-225货机可载货250吨，在运力与覆盖方面为全球贸易提供了不可缺少的硬件条件。此外，包括堆场和停车场等货运基础设施及加工、包装、生产厂房在内的物流作业基地也是必不可少的要素。

(3)具有提供各式各样的增值服务及全面解决方案的能力。增值服务与全面解决方案包括分析客户需求、为客户及客户的供应商提供需求预测、报关清关、质量管控、简单组装、金融与保险服务、特殊组合包装服务、再包装服务、再循环服务以及咨询、管理输出和专业人才培训等。

(4)具有健全的网络体系及与之配套的信息系统。在网络方面，能提供连接全球业务的网络，尤其是与亚洲及北美两大经济体系的连接。在地域覆盖方面，怎样在中国提供服务将是最大的挑战。在信息系统方面能提供先进的资讯科技，如核心活动流程电子化(货运代理、仓储管理及配送系统等)及电子数据交换(EDI)已成为物流行业重要的资讯软件。此外，提货单电子组织亦积极提倡以电子文件替代纸张贸易文件、货物追踪系统、在线订舱、按客户需求设计各种报告以及自动以电邮报告货物抵岸情况等都是现代物流企业应具备的信息系统资源。

(5)具有客户至上的经营理念。时时、处处为客户着想和“双赢”的经营理念能最大限度地适应和满足客户的物流需求，并能在切实为客户降低物流费用的同时，通过延伸服务和增值服务提高企业自身的经济效益。

(6)具有高素质的现代物流人才。现代物流作业过程环节复杂、信息量大、对技术要求高，而且各种物流信息具有不确定、难以捕捉的特点。因此，现代物流企业属于人才与技术密集型企业。一个将来要在第三方物流行业立于不败之地的物流企业必须拥有一批熟悉现代物流运作的规律、懂得生产管理并具备计算机网络技能的人才。

(三)第三方物流企业的类型

就美国而言，有400多个第三方物流供应商，其中大多数公司并不一开始就是第三方物流公司，而是逐渐发展进入该行业的。大多数第三方物流公司以传统的“类物流”业为起点，如仓储业、运输业、空运、海运、货代、公司物流部等。下面是以美国为例的各类第三方物流公司。

1. 以运输为基础的物流公司

这些公司都是大型运输公司的分公司，有些服务项目是利用其他公司的资产完成的。其主要的优势在于公司能利用母公司的运输资产，扩展其运输功能，提供更为综合性的物流服务。这类公司有 Menlo Logistics（CP）、Roadway Logistics（BOLS）、UPS Worldwide Logistics。

2. 以仓库和配送业务为基础的物流公司

传统的公共或合同仓库与配送物流供应商，已经扩展到了更大范围的物流服务。以传统的业务为基础，这些公司已介入存货管理、仓储与配送等物流活动。经验表明，基于设施的公司要比基于运输的公司转为综合物流服务更容易与简单些，如 GATX Logistics、DSC Logistics 和 USCO。

3. 以货代为基础的物流公司

这些公司一般无资产，非常独立，并与许多物流服务供应商有来往。已证明它们具有把不同物流服务项目组合，以满足客户需求的能力。这类公司包括 Kuehne & Negel、Fritzard C. H. Robinson。当前，它们已从货运中间人角色转为更广范围的第三方物流服务公司。

4. 以托运人和管理为基础的物流公司

这一类型的公司是从大公司的物流组织演变而来的。它们将物流专业的知识和一定的资源如信息技术，用于第三方作业的优势来源。这些供应商具有管理母公司物流的经验，因此，它对外部客户证明了它的能力，如 Caterpillar Logistics Service（Caterpillar Inc.）、IBM（IBM Corporation）和 KLS（Kaiser Aluminum）。

5. 以财务或信息管理为基础的物流公司

这种类型的第三方供应商能提供如运费支付、审计、成本会计与控制和监控、采购、跟踪和存货管理等管理工具，包括 GE Information Service（GE 电子）、Encompass（CSX 和 AMK 的合资公司）。

二、第三方物流企业的战略选择和市场定位

由物流企业的界定和类型不难看出，物流企业和商品制造企业一样，要根据现有资源情况和市场上物流服务的需求情况有针对性地选择目标市场。本书从物流企业的资产专用性和机能整合性两方面来分析物流企业的战略形式，将物流企业划分为综合性、系统性、集成性和柔软性四种类型，如图 10-1 所示。

资产专用性是指现代物流企业自身拥有的耐久性、专门性的资产，包括物流人力资本专用性、信息技术专用性、网络专用性、物质资产和专项资专用性等。资产专用性越高，退出成本就越高，也就是说阻止其他物流企业进入同一经营领域的壁垒就越高。

机能整合性主要指现代物流企业的管理技术能力，即自身不拥有资产或者拥有资产不足时，能够通过自身独特的管理优势，高效率、低成本地整合社会资源的能力。

（一）综合性物流企业战略——先驱型物流企业

先驱型物流企业的特点是不但拥有大量的专用性资产，而且具有很强的资产机能整合能力。它是一种综合性物流企业，既拥有超前的物流管理理念、经验丰富的专业物流人才和先进的信息技术，又具独特的品牌优势、规模优势、先进的仓储运输设备优势和遍布全国甚至全球的网络体系。它能对客户的全球化经营从事国际物流，优点是能实现一站式全

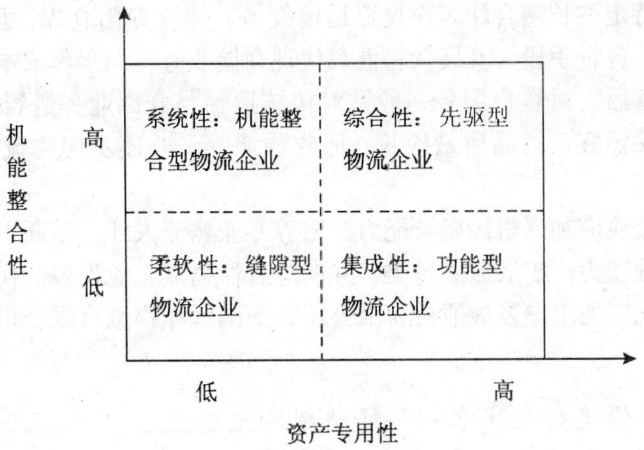

图 10-1 物流企业的类型

程托运。随着客户活动的不断扩大，发货、入货范围逐渐延伸到全国或海外市场，整合社会资源，对不同的运输工具通过多式联运形式完成全程运输，利用自身的管理整合能力，能够实现物流服务供给社会资源的共有化，充分利用闲置的社会资源，使其在效益方面产生乘数效应。

这类企业经营战略的重点是通过不断引进、学习国外先进的管理技术和管理方法，巩固资产专用性，加强其社会资源的整合能力，注重规模优势，提升规模经济壁垒，确立行业寡头之地位。代表企业主要有美国的 FedEx、UPS 和我国的宝供物流企业集团有限公司、宅急送快运有限公司、中国物流等。

(二)系统性物流企业战略——机能整合型物流企业

机能整合型物流企业资产专用性比较低，但机能整合度较高。它一般不拥有或拥有少量的物质资产或专用性资产，但它具有很强的整合社会资源的能力，从而获得低成本的竞争优势。这类企业一般由咨询管理类、货代类企业经过业务拓展转变而来，具有很强的管理、整合社会公共资源能力，能够实现物流服务供给社会资源的共有化，充分利用闲置的社会资源，使其在效益方面产生乘数效应。其特征是取得物流项目的总承包后整合社会资源再进行二次外包。

因此，这类企业应不断提升信息处理能力，集中有限的资源整合社会公共资源，与工商企业结成联盟关系，增加专用性资产，向规模化、深层次的综合第三方物流方向发展。代表企业主要有新加坡的叶水福集团、日本的住友商社、韩国的三星爱商网和我国的天津东方瑞泰科技发展有限公司等。

(三)集成性物流企业战略——功能型物流企业

功能型物流企业的主要特点是资产专用性高，对社会资源的机能整合能力弱。它们主要由传统的仓储企业、运输企业发展而来，对客户提供的服务功能单一、服务种类少，但提供大量的运输、仓储服务。服务范围广、机能整合度低，是物流市场中的运输代理者。

这类企业一般为特定的长期合作客户投资运输设备、建立专门仓库，虽然综合运用铁路、航空、船舶运输等各种手段，开展货物混载代理仓储业务，但运作成本较高，缺乏网络化服务，信息技术落后。对客户服务一般是对传统运输与仓储业务进行拓展，提供增值服务，如再包装、贴标签、商品质量检验、回收物流等，并逐步向物流过程管理、库存控制、订货方向发展。

功能型物流企业应加强机能整合能力，培养专业物流人才，不断引进现代电子信息技术，提升信息处理能力，扩展服务种类，并向综合性物流企业发展。代表企业主要有德国的邮政世界网和我国的中储发展股份有限公司、中国远洋物流有限公司、扬子江快运航空有限公司等。

（四）柔软性物流企业战略——缝隙型物流企业

缝隙型物流企业的主要特点是机能整合度低，资产专用性低。它们是伴随着电子商务的出现而发展起来的小型物流企业，起步晚、规模小、物流服务范围窄，在经营资源数量和质量方面都受到限制。它们通常是以局部市场为对象，将特定的物流服务活动集中于特定的客户层，是一些从事流通业务的小型物流公司。目前，这方面比较突出的物流服务主要有搬家综合服务、代收商品服务、网上订书、鲜花递送等个性化消费品的配送服务。

因此，这类物流企业必须发挥在特定机能或特定物流服务方面的优势，在战略上实现物流服务的差别化和低成本化。代表企业主要有美国的亚马逊网络书店和我国的广东邮政物流配送服务有限公司等。

第三节　第三方物流的选择与评价

一、第三方物流的选择过程

作为物流服务需求方的工商企业，在选择第三方物流服务之前，应考虑以下几个方面的问题：使用第三方物流后产品和服务质量是否会更好？是否可以改善现金流和降低库存水平？是否对企业和客户都有利？一般要进行外包风险的分析，才能做出购买物流服务的决策。

成功的物流外包可以帮助企业降低成本，提高竞争力，改善质量，提高生产率。但是它同时也会遇到一些问题。首先，外包可能减少企业对业务的监控，但同时可能增加企业责任外移的可能性。企业必须不断地监控企业的行为并与之建立稳定长期的联系。其次，外包的业务量增多，员工就会担心失去工作，导致员工对企业失去信心，降低业绩和生产率水平。由于企业希望降低劳动力成本，将许多业务转移到不发达国家，可能会引发其他一系列问题，这些方面均有可能出现外包失败。因此，应权衡物流外包的利弊，谨慎决策。作为物流服务需求方的工商企业，购买物流服务的决策过程一般包括以下几个步骤：

(1)需求的概念化。这一步包括客户完全意识到物流需求，并把它们明确地表达出来。从而形成对潜在第三方物流服务供应商的服务需求。由于大多数第三方物流的决策对企业目标的实现，关系重大，决策的过程复杂，所以开始时对需求的理解所花费的时间较长。

(2)确定可选目标。该步骤的一半时间用来确定选择第三方物流供应商的标准。第一步中有关对需求的表达应使确定选择标准在可管理的范围内。虽然物流部门经理一般首当其冲地参与对第三方物流服务商选择的决策，但是其他部门包括财务、制造、营销、信息系统、人力资源部的经理也常常参与其中。另外，公司总裁参与第三方物流供应商的选择决策也是常见的。田纳西大学对谁是外协主要的支持者或促成者的调查结果表明，物流部门占64%，财务部门占58%，总裁占50%，制造部门占24%，营销部门占20%。

(3)选择供应商。这一步非常关键。第三方物流供应商的选择只有对可能的候选人的信誉作非常详细的考虑后才能做出。它必须对候选人有专业性的接触与了解。如第二步所讨论的，公司多个部门经理在决定第三方物流购买过程中起着至关重要的作用。在最终选择的决策中，应鼓励在他们之间进行一定程度的协调，保证他们中的每一位对做出的决策有一致的理解，并了解对被选的物流公司的期望。

(4)第三方物流服务关系的实施。一旦做出选择第三方物流供应商的决策，就必须认识到与该物流公司的相互理解与合作是非常重要的，可以说这一过程与前三步是一样重要的。根据与新的第三方物流服务关系的复杂程度，整个实施过程可以是相对较短的，也可以延续一段时间。如果这一过程包括对顾客物流系统网络的显著改变和重构，则完全付诸实施就需花费更多的时间，而当第三方的作用较为直接与简单时，则实施过程可以较快。

(5)过程改进。传统的购买过程结束于选择第三方物流的实施阶段。对于第三方物流供应商的参与，第三方物流供应商应对可以继续的类型改进负责，同时突破性的改进也是必需的，因为只有这样，才可能增加客户公司的竞争优势。要达到此目标，需要鼓励第三方物流供应商打破传统的思维方式，创造性地进行思维。

二、第三方物流的评价要素

美国学者 Steven E. Leahy 等对第三方物流提供者认为相对重要的因素进行了研究。调查要求被调查公司回答有关公司的信息，产生了代表合同物流服务提供者与它们的客户之间成功关系的25个因素。表10-2列出了文献中经常提及第三方物流成功关系的主要因素。表10-3列出了25个第三方物流成功关系的决定因素。

表10-2　**文献中经常提及第三方物流成功关系的主要因素**

最重要因素	平均等级	最重要因素	平均等级
为顾客着想	3.57	集中主业	3.24
可信赖性	3.54	节约成本	3.24
柔性	3.38	顾客业务知识	3.22
准时	3.32	整个公司的投入	3.19
方便	3.30	长期关系	3.14
改进服务	3.27	管理专业知识	3.11
相互信任	3.27	共享相关知识	3.11

调查对象要求根据下列等级评价25个因素的重要性：0代表无重要性；1代表轻微重要；3代表中等重要；4代表最重要。表10-2的结果清楚地显示，第三方物流提供者认为所有因素对与顾客的成功业务关系是重要的。

物流服务中，为顾客着想是最重要的，它包括提供者对购买者的需求顾客化与定制的能力。第二重要的因素是可靠性，即以一致与可靠的方式提供服务。第三重要的因素是变通，即提供者能适应不断变化的商业环境，提高应急能力，不使系统中断。次重要的因素是人力资源与设备的共享，它表示提供者与购买者协议共享设备与人力。另一等级低于2.5的因素是退出条款的存在，它表示如果考虑长期利益，提供者与购买者可以自由退出合作。

此外，被调查者要求指出最重要的与最不重要的因素。如表10-4所示，17.1%的公司认为为顾客着想是最重要的，11.4%的公司认为节约成本是最重要的。40%的公司认为最不重要的因素是共享人力与设备，即供需双方协议共享设备与工人。而有27%的公司认为退出条款最不重要。

分析表明，被调查的公司总体同意决定成功的第三方物流关系的重要因素。

表10-3 **25个第三方物流成功关系的决定因素**

因　素	平均等级
1. 为顾客着想——对顾客需求反应迅速，这包括提供者能顾客化或为顾客定制服务	3.57
2. 可靠性——以一致与可靠的方式提供服务	3.54
3. 变通——不断改进(革新)提供者能适应不断变化的商业环境，提高应急能力不使系统中断	3.38
4. 准时——提供给使用者的服务与信息迅速与及时	3.32
5. 方便——提供者是随时准备的、合作的和容易达成交易的	3.30
6. 控制与工作评价——在提供者与购买者之间有关于工作评价标准的合同	3.30
7. 改进服务——提供者能同时提供高水平服务的外协	3.27
8. 相互信任与为对方考虑——使提供者与使用者双方都清楚经营目标与动力	3.27
9. 集中主业——使提供者与使用者双方专业化于它们的主业	3.24
10. 整个组织的投入——具有多层次的合作，包括在提供者与使用者高层管理人员之间	3.24
11. 提供者具有顾客的业务知识，对对方的能力与局限性有清楚的认识	3.22
12. 成本的节约——提供者可以同时以低成本进行外协	3.19
13. 强调长期关系——提供者与购买者的关系是合约者而不是交易者的关系	3.14
14. 管理专业知识——提供者雇用有经验的专家管理供应链的所有方面	3.11
15. 共享相关信息——建立信息系统、程序与会议，使使用者与提供者共享相关信息	3.11
16. 合作方具有最新技术——使购买服务方能使用最新技术和设备而无投资的负担	3.08
17. 财务实力——提供者与使用者的财务状况保证有资源应付不同问题	3.05

续表

因　素	平均等级
18. 渠道观点——所有参与方(即提供方与使用者)从总渠道或供给链的系统观点着眼处理它们之间的关系渠道观点	2.98
19. 享有共同目标(价值一致)——提供者与使用者的企业文化与哲学一致具有共同目标	2.98
20. 具有解决问题与争议的指南——建立对双方都有利的发现和讨论问题的程序	2.81
21. 提供服务的数量——提供者提供整套综合增值服务，满足顾客的需求	2.78
22. 利益风险共享——建立激励计划，包括对任何提供者与使用者的合作性努力的利益与风险共享	2.76
23. 提供者对外部或竞争环境的知识——提供者具有竞争对手，行业规章、政治和市场条件的知识及提供者对外部环境的知识	2.65
24. 有退出条款——稳定的关系依赖于买卖双方当考虑长期利益时，能进出自由	2.41
25. 设备与人力资源的共享——提供者与使用者共享设备与雇员，设备与人力资源共享	1.87

表 10-4　　**第三方物流成功关系中最重要的与最不重要的因素**

单项最重要因素	比例(%)	单项最不重要因素	比例(%)
为顾客着想	17.1	共享设备人力资源	42.4
成本节约	11.4	退出条款的存在	27.4
整个公司的投入	11.4	提供者对外部环境的知识	12.1

第四节　第四方物流

一、第四方物流的基本内涵

第四方物流的概念最早由 Anderson 咨询公司提出，并拥有其称呼的专用权，其他公司因为前者拥有商标权而没有直接使用这个名称，都用“总承包商”或“领衔物流服务商”来取代该术语。约翰·加托纳(John Gattorna)的定义是：“第四方物流供应商是一个供应链的集成商，它对公司内部和具有互补性的服务供应商所拥有的不同资源、能力和技术进行整合和管理，提供一整套供应链解决方案。”

(1)第四方物流既非委托企业全部物流和管理服务的外包，也非完全由企业自己管理和运作物流，而是一种中间状态，这一点与第三方物流的外包性质有所不同。

(2)第四方物流组织往往是主要委托客户企业与服务供应组织(如第三方、IT 服务供应商以及其他组织)之间通过签订合资协议或长期合作协议而形成的组织机构。

(3)第四方物流是委托客户企业与众多物流服务提供商或 IT 服务提供商之间唯一的中介。

(4)第四方物流大多是在第三方充分发展的基础上产生的。

由此可以看出，第四方物流的管理能力应当是非常高的，它不仅要具备某个或某几个业务管理方面的核心能力，更要拥有全面的综合管理能力和协调能力，其原因是它要将不同参与企业的资源进行有机整合，并根据每个企业的具体情况，进行合理安排和调度，从而形成第四方独特的服务技能和全方位、纵深化的经营诀窍，这显然不是一般的企业所能具备的，如图 10-2 所示。从发展的规律看，第四方物流的构成主体除了主要委托客户企业外，高度发达和具有强大竞争能力的第三方才是第四方孕育的土壤，这些企业由于长期从事物流供应链管理，完全具有相应的管理能力和知识，并且目前优秀的第三方已经在从事各种高附加价值活动的提供和管理，具备了部分综合协调管理的经验，所以，这类企业才有可能发展成为第四方；相反，没有第三方市场的充分发展，特别是优秀第三方物流企业的形成和壮大，第四方物流是很难形成的。

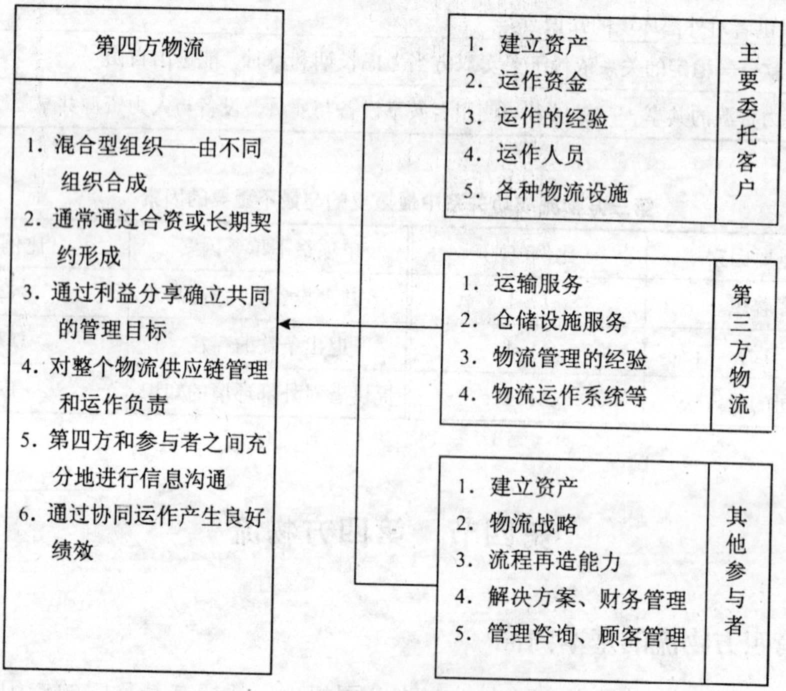

图 10-2 第四方物流的能力构成

二、第四方物流的特点

(一)第四方物流提供了一个综合性供应链解决方法

第四方物流的特点之一是其提供了一个综合性供应链解决方法，以有效地适应需方多样化和复杂的需求，集中所有资源为客户完美地解决问题。

(1)供应链再建，通过供应链的参与者将供应链规划与实施同步进行，或利用独立的供应链参与者之间的合作提高规模和总量。供应链再建改变了供应链管理的传统模式，将商贸战略与供应链战略连成一线，创造性地重新设计了参与者之间的供应链，使之达到一体化标准。

(2)功能转化，主要是销售和操作规划、配送管理、物资采购、客户响应以及供应链技术等，通过战略调整、流程再造、整体性改变管理和技术，使客户间的供应链运作实现一体化。

(3)业务流程再造，将客户与供应商信息和技术系统一体化，把人的因素和业务规范有机结合起来，使整个供应链规划和业务流程能够有效地贯彻实施。

(4)实施第四方物流，开展多功能、多流程的供应链业务，其范围远远超出传统外包运输管理和仓储运作的物流服务。企业可以把整条供应链全权交给第四方物流运作，第四方物流可为供应链功能或流程的全部提供完整的服务。

(二)第四方物流通过影响整个供应链来获得价值

第四方物流的特点之二是通过影响整个供应链来获得价值，即与类似外包的供应链的区别之一在于其能够为整条供应链的客户带来利益。

(1)利润增长。第四方物流的利润增长取决于服务质量的提高、实用性的增加和物流成本的降低。由于第四方物流关注的是整条供应链，而非仓储或运输单方面的效益，其为客户及自身带来的综合效益会出现惊人进展。

(2)运营成本降低。通过利用运作效率提高、流程增加和采购成本降低，即通过整条供应链外包功能以达到节约的目的。流程一体化、供应链规划的改善和实施将使运营成本和产品销售成本降低。

(3)工作成本降低。采用现代信息技术、科学的管理流程和标准化管理，使存货减少而可望得到占总成本30%的工作成本的降低。

(4)提高资产利用率。客户通过第四方物流减少了固定资产占用和提高了资产利用率，使得客户通过投资研究设计、产品开发、销售与市场拓展等获得经济效益的提高。

第四方物流成功地影响着大批的服务者(第三方物流、网络工程、电子商务、运输企业等)以及客户的能力和供应链中的伙伴。它作为客户间的连接点，通过合作或联盟提供多样化服务。第四方物流的优点使得迅速、高质量、低成本的运送服务得以实现。不少人认为第四方物流由于难以获得委托者的信任而只是一个设想，但随着社会经济的不断发展，第四方物流将得到广泛的运用。

本章小结

第三方物流是物流服务提供者在特定的时间段内按照特定的需求向使用者提供的个性化系列物流服务。对外委托是实现物流社会化、合理化的有效途径，企业要实现经营资源的有效利用，物流外包是一种可选方案，主要是因为第三方物流有着传统物流无法比拟的优势及特点。第三方物流企业是从事商品实体流通活动的经济组织，应具备相应的基本条件，其战略选择和市场定位是第三方物流企业成功运作的关键。第三方物流关系成功的要素为第三方物流的选择与评价提供了指导依据。

第四方物流供应商是一个供应链的集成商，它是对公司内部和具有互补性的服务供应商所拥有的不同资源、能力和技术进行整合和管理，提供一整套供应链解决方案。

关键概念

第三方物流(third-party logistics)
物流外包(logistics outsourcing)
物流联盟(logistics alliance)
物流行业(logistics industry)
物流企业(logistics enterprise)
第四方物流(fourth-party logistics)

复习思考题

1. 第三方物流的内涵和优势是什么?
2. 第三方物流企业的概念与基本条件是什么?
3. 简述物流企业的市场定位及其战略选择的类型。
4. 简述第三方物流的选择过程。
5. 简述第三方物流的主要评价要素。
6. 简述第四方物流的基本内涵及特点。
7. 调查自己熟悉的一家企业，描述该企业选择物流企业的主要依据是什么。
8. 设计一套调查问卷，调查大学生对快递企业服务的评价状况。

案例分析

中外运为摩托罗拉提供的物流服务

中外运空运公司是中国外运集团所属的全资子公司，是具有较高声誉的大型国际、国内航空货运代理企业之一，下面是中外运空运公司(以下简称中外运)为摩托罗拉公司(以下简称摩托罗拉)提供第三方物流服务的相关情况。

1. 摩托罗拉对物流服务要求和考核标准

(1)摩托罗拉的服务要求如下:

①提供24小时的全天候服务。主要包括:保证摩托罗拉业务人员、天津机场、北京机场两个办事处及有关负责人通信联络24小时畅通;保证运输车辆24小时运转;保证天津与北京机场办事处24小时提货、交货。

②服务速度快。摩托罗拉对提货、操作、航班、派送都有明确的规定，时间以小时计算。

③服务的安全系数高。要求对运输的全过程负全责，要保证航空公司及派送代理处理货物的各个环节都不出问题，一旦某个环节出了问题，将由服务商承担责任，赔偿损失，而且在过失达到一定程度时，将被取消做业务的资格。

④信息反馈快。要求公司的电脑与摩托罗拉联网，做到对货物的随时跟踪、查询，掌握货物运输的全过程。

⑤服务项目多。根据摩托罗拉货物流转的需要，通过发挥中外运系统的网络综合服务

优势，提供包括出口运输、进口运输、国内空运、国内陆运、国际快递、国际海运和国内提货的派送等全方位的物流服务。

(2)摩托罗拉选择中国运输代理企业的基本做法是：通过多种方式对备选的运输代理企业的资信、网络、业务能力等进行周密的调查，并给初选的企业少量业务试运行，以实际考察这些企业服务的能力与质量，对不合格者，取消代理资格。对获得运输代理资格的企业进行严格的月度作业考评。主要考核内容包括运输周期、信息反馈、单证资料、财务结算、货物安全、客户投诉。

2. 中外运的服务方式

(1)制订科学规范的操作流程。摩托罗拉的货物具有科技含量高、货值高、产品更新换代快、运输风险大、货物周转快以及仓储要求零库存的特点。为满足摩托罗拉的服务要求，中外运从1996年开始设计并不断完善业务操作规范，并把业务流程纳入了程序化管理；对所有业务操作都按照服务标准设定工作和管理程序进行，先后制订了出口、进口、国内空运、陆运、仓储、运输、信息查询、反馈等工作程序，每位员工、每个工作环节都按照设定的工作程序进行，使整个操作过程井然有序，提高了服务质量，减少了差错。

(2)提供24小时的全天候服务。针对客户24小时服务的需求，中外运实行全年365天的全天候工作制度，周六、周日和节假日均视为正常工作日，厂家随时出货，公司随时有专人、专车提货和操作。在通信方面，相关人员从总经理到业务员实现24小时的通信畅通，保证了对各种突发性情况的迅速处理。

(3)提供门到门的延伸服务。普通货物运输的标准一般是从机场到机场，由货主自己提货，而快件服务的标准是从门到门、桌到桌，而且货物运输的全程都在监控之中，因此收费也较高。中外运对摩托罗拉的普通货物虽然是按普货标准收费的，但提供的却是门到门、库到库的快件服务，这样既提高了摩托罗拉货物的及时运输，又保证了安全。

(4)提供创新服务。从货主的角度出发，推出新的更周到的服务项目，最大限度减少货损，维护货主的信誉。为保证摩托罗拉的货物在运输中减少被盗，中外运在运输中间增加了打包、加固的环节，为防止货物被雨淋，又增加了一项塑料袋包装，为保证急货按时送到货主手中，还增加了手提货的运输方式，解决了客户的急、难问题，让客户感到在最需要的时候，中外运都能及时快速地帮助解决。

(5)充分发挥中外运的网络优势。经过多年的建设，中外运在全国拥有了比较齐全的海、陆、空运输与仓储、码头设施，形成了遍布国内外的货运营销网络，这是中外运发展物流服务的最大优势。国内为摩托罗拉提供服务的网点已达98个城市，实现了提货、发运、派送全过程的定点定人及信息跟踪反馈，满足了客户的要求。

(6)对客户实行全程负责制。作为摩托罗拉的主要货运代理之一，中外运对运输的每一个环节负全责，即对货物由工厂提货到海、陆、空运输及国内外的异地配送等各个环节负全责。对于出现的问题，积极主动协助客户解决，并承担责任和赔偿损失，确保了货主的利益。

资料来源：233网校(http：//www.233.com/wuliu/shanji/20110819/091329666.html)。

案例思考：

1. 中外运和摩托罗拉合作的第三方物流的服务关系是否成功？为什么？
2. 第三方物流服务商与委托客户之间的关系获取成功的决定因素是什么？

第十一章 供应链管理

学习目的和要求

- 了解供应链的概念、结构和特征以及供应链管理的含义和特点。
- 理解供应链的设计原则、构建步骤和五大基本业务流程。
- 掌握供应链的设计策略、供应链绩效评价的特点、原则以及相关指标体系。

引 例

加特舍瑞铸铁厂一体化物流体系

加特舍瑞铸铁厂(Gartsherrie)是苏格兰最大的铸铁厂……工厂每24小时就需要消耗1000多吨煤。为了说明其厂址的区位优势，先看看以下一些数据：工厂炼铁中所需的煤是从半英里以内的煤矿输送而来的，煤矿距离炼铁炉非常近……从煤矿中采掘的煤通过自动传输通直接输送到炼铁炉中。过去，加特舍瑞铸铁厂所需的大部分铁矿石是从附近的铁矿中运来的，而现在工厂不得不从2~25英里以外的地方运来铁矿石，工厂为了保证铁矿石的运输，还在工厂与铁矿厂之间修建了一条完整的铁路运输系统……

加特舍瑞铸铁厂也与通往苏格兰全境的主要铁路运输系统相连，并且可以流经工厂中心地区的芒克兰兹运河支流作为航运通道……加特舍瑞成品铁几乎都是经过运河运送出去的。加特舍瑞共有16个炼铁炉，排成两列，伫立在运河的两侧。……加特舍瑞的煤和铁矿石的需求数量是可以估算出来的，因此，工厂煤和铁矿石的库存量很低，而且运送铁矿石的火车每天都很准时，从火车上卸下的铁矿石立即投入加工……

资料来源：[美]肖尚纳·柯恩等著，汪蓉等译：《战略供应链管理》，人民邮电出版社2006年版。

根据以上案例，请回答：

1. 加特舍瑞铸铁厂生产体系的合理性主要体现在哪些方面?
2. 分析加特舍瑞铸铁厂物流作业环境及作业效果。

第一节　供应链管理概述

一、供应链基本知识

（一）供应链的概念

供应链(Supply Chain，SC)是指生产和流通过程中，涵盖将产品或服务提供给最终用户活动的所有上游与下游企业之间所形成的网链结构。

具体来说，供应链是指产品生产和流通过程中所涉及的原材料供应商、制造商、批发商、零售商以及最终消费者组成的供需网络，即由物料获取、加工并将成品送到用户手中这一过程所涉及的企业和企业部门组成的网络。

供应链是社会化大生产发展到一定阶段的产物，是重要的流通组织形式和市场营销方式。它以市场组织化程度高、规模化经营的优势，有机地连接生产与消费，对生产和流通有着直接的导向作用。

供应链分为内部供应链和外部供应链。内部供应链是指企业内部产品生产和流通过程中所涉及的采购部门、生产部门、仓储部门、销售部门等组成的供需网络。而外部供应链是指企业外部与企业相关的产品生产和流通过程中所涉及的原材料供应商、生产厂商、储运商、零售商以及最终消费者组成的供需网络。内部供应链与外部供应链共同组成了企业产品从原材料到成品再到消费者的供应链，可以说，内部供应链是外部供应链的缩小化。

（二）供应链的结构

根据以上供应链的定义，可以将供应链的结构描述为如图 11-1 所示的模型。

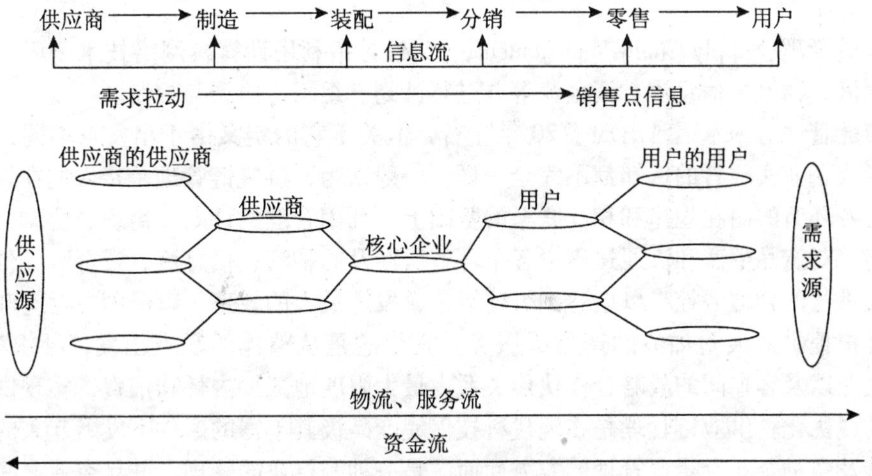

图 11-1　供应链结构图

从图 11-1 中可以看出，供应链由所有加盟的节点企业组成，其中一般有一个核心企业(可以是产品制造企业，也可以是大型零售企业)，节点企业在需求信息的驱动下，通过供应链的职能分工与合作(生产、分销、零售等)，以资金流、物流、服务流为媒介实现整条供应链的不断增值。

(三)供应链特征

从供应链的结构模型可以看出，供应链是一个网链结构，由围绕核心企业的供应商、供应商的供应商、客户、客户的客户组成。一个企业是一个节点，节点企业和节点企业之间是一种需求与供应的关系。供应链主要具有以下特征：

(1)复杂性。因为供应链节点企业组成的层次不同，供应链往往由多个不同类型的企业甚至不同国别的企业构成，涉及不同的组织文化或民族文化背景，所以供应链结构模式比一般单个企业的结构模式更为复杂。

(2)动态性。节点企业为了适应战略和市场需求的变化，需要动态地更新，这就使得供应链具有明显的动态性。

(3)面向用户需求。供应链的形成、存在、重构，都是基于一定的市场需求而发生，并且在供应链的运作中，用户的需求拉动是供应链中物流、信息流、资金流运作的驱动源。

(4)交叉性。节点企业可以是多条不同供应链的成员，众多的供应链形成交叉结构，众多的供应链形成交叉结构，增加了协调管理的难度。尤其是在信息系统的建设和使用上，会产生接口的协调问题，需要有信息技术的支持使之标准化，才能满足节点企业处在多条供应链上交叉点的现实需求。

二、供应链管理

(一)供应链管理的定义

供应链管理(Supply Chain Management，SCM)是指利用计算机网络技术全面规划供应链中的商流、物流、信息流、资金流等并进行计划、组织、协调与控制。

供应链管理这一术语已出现了 20 年左右，但关于它的定义由于出发点不同，每个理论研究者或企业实践者的认知都不完全一样。一般认为，供应链管理是指人们在认识和掌握供应链各环节的内在规律和相互联系的基础上，利用管理的计划、组织、协调、控制和激励职能，对产品生产和流通过程中各个环节所涉及的物流、信息流、资金流、价值流以及业务流进行的合理调控，以期达到最佳组合，发挥最大的效率，以最短的时间和最小的成本为客户提供最大附加值的产品或服务。其目的是从整体的观点出发，寻求建立供、产、销企业以及客户间的战略合作伙伴关系，最大限度地减少内耗和浪费，实现供应链整体效率的最优化。供应链管理是在现代科技促使产品极其丰富的条件下发展起来的管理理念，它涉及各种企业及企业管理的方方面面，是一种跨行业的管理，并且企业之间作为贸易伙伴，为追求共同经济利益的最大化而共同努力。

(二)供应链管理的特点

供应链管理比传统企业管理更强调供应链整体的集成和协调，要求各连接企业围绕物流、信息流、资金流以及工作流进行信息共享与经营协调，实现柔性的、稳定的供需关系。其本质特点如下：

(1)基于流程的集成化管理模式。传统的管理建立在各职能部门基础上，往往由于职能矛盾、利益目标冲突、信息分散等原因，各职能部门无法完全发挥其潜在效能，因而很难实现整体目标最优。供应链管理则是以流程为基础，物流、信息流、价值流、资金流、工作流贯穿于供应链的全过程，通过业务流程再造，消除各职能部门以及供应链企业成员的自我保护主义，实现供应链组织的集成和优化；通过核心企业管理思想在整个供应链上的扩散和移植，实现管理思想的集成；通过准时制管理、企业资源计划、快速反应、全面管理思想等管理技术方法的综合运用，实现供应链管理方法的集成；通过现代信息技术手段的运用，信息共享，实现供应链管理手段的集成；通过资源整体优化配置，有效运用价值链激励机制，寻求非增值活动及相应结构的最小化，实现供应链管理效益的优化和集成。

(2)强调全过程的战略管理。供应链是由各个不可分割的、环环相扣的环节而组成的一个有机整体。因此，从总体上考虑，如果只依赖部分环节的信息，可能因信息的局限和失真而导致决策失误、计划失控、管理失败。在供应链管理过程中，高层管理者必须从战略的高度统筹安排，协调资源及可能存在的冲突，这样才能实现供应链管理的目标。

(3)全新的库存观。传统的库存思想认为，库存是维系生产和销售的必要措施，因而企业与其上下游企业之间在不同的市场环境下只是实现了库存的转移，整个社会库存总量并不减少。供应链的形成使链上各个成员建立了战略合作伙伴关系，通过快速反应致力于总体库存的大幅度降低，库存是供应链管理的平衡机制。

(4)以客户为中心。无论供应链上的节点企业类型和数量有多少，供应链的完善都是由最终客户的需求驱动的，正是最终客户端的需求使得供应链存在。

(5)注重核心竞争力。核心竞争力是指企业内部经过整合的知识和技能，尤其是协调各方面资源的知识和技能。只有企业自身具有核心竞争力，供应链业务伙伴关系才能持久。

第二节　供应链的构建

一、供应链的设计策略

供应链设计和管理的目标是降低成本、提高利润，其前提是供应链能保证产品在流通中畅通无阻、供应链对客户的需求变化能做出迅速反应，这体现了以产品为中心的供应链设计策略。为了保证供应链对客户需求变化保持敏捷反应，保证产品流通的顺畅，供应链设计中需要研究客户的需求、产品生命周期、需求变化、产品多样性、前置期等。在讨论供应链设计策略之前，我们先对产品类型和供应链特性进行分析。

(一)产品类型

不同流通特性的产品对供应链设计有不同的要求，一般来说，产品可分为两大类，即功能性产品(functional product)和革新性产品(innovative product)。其中，功能性产品是指满足用户基本功能需要的产品，其主要特点是随时间改变不大、生命周期较长、边际利润较低，日用品一般属于这种类型。革新性产品是指增加了特殊功能的产品，或在技术和外观上具有革新性的产品，其主要特点是具有较高的边际利润、生命周期短、市场需求无法预测，如时尚产品。表 11-1 是这两类产品的比较。

表 11-1　　**功能性产品与革新性产品的比较**

需求特征	功能性产品	革新性产品
需求预测	可预测	不可预测
产品生命周期(年)	>2	1~3
边际贡献(%)	5~20	20~60
产品多样性(类/产品目录)	低(10~20)	高(数以千计)
预测的平均边际错误率(%)	10	40~100
平均缺货率(%)	1~2	10~40
季末降价率(%)	0	10~25
按订单生产的前置期	6~12 个月	1~14 天

(二)供应链的类型

供应链具有两种不同的功能：物理功能与市场中介功能。按功能可将供应链划分为两种类型：有效性供应链(efficient supply chain)和反应性供应链(responsive supply chain)。有效性供应链主要体现供应链的物理功能，即如何有效地从供货方开始，沿着供应链上的各个节点，把原材料转变为在制品、半成品和成品，最后到达需求方。反应性供应链主要体现供应链的市场中介功能，即如何对无法预测的需求做出迅速反应。表 11-2 是这两种类型供应链的比较。

表 11-2　　**有效性供应链和反应性供应链的比较**

比较项目	反应性供应链	有效性供应链
基本目标	对无法预测的需求做出尽可能快的反应，使缺货、降价、废弃最小化	以最低的成本供应可预测的需求
生产方面	配置富裕的缓冲能力	保持较高的平均利用率

续表

比较项目	反应性供应链	有效性供应链
库存策略	配置零部件或成品的缓冲库存	实现高周转，保持整个链中库存最低
前置期	大力投资以缩短前置期	在不增加成本的前提下压缩前置期
供应商选择依据	速度、灵活性和质量	成本和质量
产品设计策略	通过模型设计尽可能地减少产品差别	最大化绩效和最小化成本

(三)基于产品的供应链设计策略

革新性产品和功能性产品的供应链设计策略不同。M. L. Fisher 认为，功能性产品的供应链管理应尽量减少链中物理功能的成本，如订单流程和付款机制、仓库和交货、产品质量保证系统控制的自动化。革新性产品供应链应少关注成本而更多地关注向客户提供所需求属性的产品，强调弄清客户需求并对此做出反应，选择具有速度和灵活性的供货方。反应性供应链应最大限度地控制货物过量或不足现象的发生，虽然反应性供应链在货物物理交货上不是成本最低的，但由于有效地扩充高价值革新性产品的销售量或缩减其存货，这将为供应链带来更多的利润。

与产品需求一致的供应链设计策略如图 11-2 所示。

	功能性产品	革新性产品
有效性供应链	匹　配	不匹配
反应性供应链	不匹配	匹　配

图 11-2　供应链与产品类型匹配策略矩阵

在分析了产品和供应链的特性后，不难得出矩阵中 4 个元素的值，它们分别代表了企业在产品和供应链的选择上的不同组合的优劣状况。功能性产品具有用户已接受的功能，根据历史数据可对未来或季节性需求做出较准确的预测，产品很容易被模仿，产品的边际利润低。与这类产品匹配的供应链应当能尽可能地降低链中的物理成本，追求以最小的成本占据市场和利润优势。因此，对于功能性产品，应采取有效性供应链，见矩阵的左上角。革新性产品追求创新，不惜一切努力来满足用户差异性需求。这类产品往往具有某些独特的、能投部分用户所好的功能，由于创新而不易被模仿，具有高边际利润，在产品供货中强调速度、灵活性和质量，甚至通过增加供应链物理成本的方法来提升这些指标。由于很难对创新功能的需求变化做出反应。这时，只有反应性供应链才能抓住产品创新机会，以速度、灵活性和质量获取高边际利润。我们在这里强调速度和灵活性，是因为：一方面，革新性产品如果有较大市场，表现出供不应求，自然会被对手模仿，这时革新性产品可能会变成功能性产品。在这种情况下，反应性供应链能一边利用先占优势继续供应这类产品，一边又不惜成本地开发新的革新性产品。另一方面，如果革新性产品并不受用户青睐，反应性供应链能很灵活地转向开发另一类新的革新性产品。对于反应性供应链来说，因为它用模型设计尽可能地减少产品差别，所以很容易开发出一种新的稍微有变化的产品。

并非管理者缺乏判断才造成不匹配的现象。理论上很容易得出有效性供应链匹配功能性产品、反应性供应链匹配革新性产品的判断，但实践中，由于市场行情、用户需求、企业经营状况等因素的变化，匹配和不匹配也是相对的。一方面，原本相匹配的产品和供应链可能变成不相匹配的。例如，对于革新性产品采取反应性供应链，这时二者是匹配的。随着时间的推移，革新性产品的创新功能也会被模仿，一旦革新性产品变成功能性产品，原来匹配的情形就会相应变成不匹配的情形。这时，应在矩阵中人为地进行垂直上移，重返匹配的情形。另一方面，原本不匹配的产品和供应链也可能变成相匹配。由于革新性产品具有高边际利润，企业在产品开发中，由于市场信息不灵，不知对手已推出相同的产品而将自己刚刚开发出的功能性产品误认为是革新性产品(相对于一定的用户需求)，进而错误地使用反应性供应链，这时是不匹配的情况。随着用户需求的增加，这类功能性产品在一段时间内对某些用户可能表现出革新性的特征，这时不匹配的情况变成匹配的情况。但如果在产品表现出革新性特征时，由于没有认清形势，错误地从矩阵中的左下角移向左上角，又会造成新的不匹配。

三、供应链的构建步骤

在以上原则和策略的指导下，我们认为，供应链的构建包含以下几个关键性步骤，如图 11-3 所示。

(一)分析市场竞争环境

供应链管理也是通过生产销售产品来获取利润的。这就决定了供应链管理和企业管理一样要分析市场环境。分析市场竞争环境就是要分析目前市场(要具有全球市场的战略眼光)上急需什么产品、需求量有多大，决定是开发功能性产品还是开发革新性产品。如果开发功能性产品，则要进行竞争对手分析，包括了解谁是对手，对手的实力如何，对手能做什么、正在做什么和将要做什么，以及本产品未来可能的市场占有额等；如果开发革新性产品，则要注重分析客户需求偏好这个环节是供应链设计的第一步，它需要花费相当大的人力、财力和时间。在市场分析中，要善于利用先进的数据处理软件，如经营环境扫描、技术跟踪软件包等，在复杂的市场环境中发现具有前瞻性的规律。分析的输出是按需求量排列的产品类型和每一产品按重要性排列的市场特征，同时对市场不确定性和需求变化趋势应做出分析和评价。

(二)分析企业现状(现有供应链分析)

分析企业现状主要是分析企业当前的管理状况。如果企业本身已存在于某供应链上，则重点分析所处的供应链状况，包括供应链的管理、效率和所带来的利润，以及供应链的发展前景，如现有的供应链能否实现最优化的客户响应(如灵活性)、最小化的成本、最

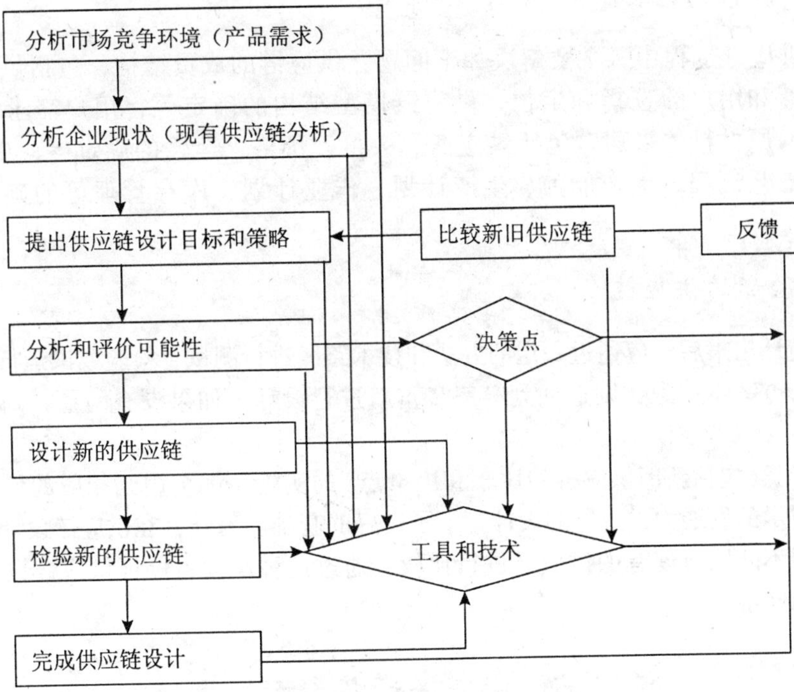

图 11-3 供应链设计步骤模型图

佳化的效率和最优化的资产使用结构。此外，还要分析企业在供应链中的地位、企业自身的适应能力和发展能力。如果对一个企业来说，它加入某个供应链比不加入该供应链更糟糕，或者某个供应链可以用另外一个更好的供应链来替代，那么，可以认为，该供应链的现状是令人不满的。

（三）提出供应链设计目标和策略

供应链一旦构建完成，应在一定时期内具有稳定性。为此，应当预先提出明确的设计目标。供应链的设计目标项目主要包括：进入新市场、开发新产品、客户关系管理、市场营销分析、降低成本、供应链的集成管理。但这并不意味着供应链设计完成后便可万事大吉。在竞争激烈的市场环境下，为了向客户提供差异性产品以获取利润，供应链的变动和发展在所难免。目标设计好后，要根据特定的目标要求制定相应的策略。

（四）分析和评价可能性

在制定了新供应链设计目标和策略后，要结合企业的实力，对新的方案进行可行性分析。这是一个决策的过程，如果认为可行，则继续往下执行；如果认为不可行，则要反馈到上一个环节重新设计供应链的目标和策略。

(五)设计新的供应链

在设计供应链过程中，主要解决如下问题：供应链的成员结构，包括供应商、制造商、分销商和用户的选择和定位，供应链模型结构的确定等；用户需求和产品销售能力分析；原材料的采购，包括供应商、数量、价格、运输的确定等；生产设计，主要是生产工艺流程、生产能力、生产计划、作业计划、库存管理等的确定；信息系统设计。

(六)检验新的供应链

供应链设计出来后，应通过一定的方法和技术路线进行测试、检验或试运行，如果发现结果与设计方案不一致，则返回到第三步重新进行设计。如果没有问题，则可以用于实践。

以上各步骤(包括新旧供应链的比较和决策点)的实施，都会用到相应的信息工具和技术，信息技术的发展为供应链的设计打下了良好的基础。另外，在供应链设计过程中的每一步，都要不断地与现有的供应链进行比较，通过这种反馈，保证供应链设计的先进性、前瞻性和经济性。

第三节　供应链运营参考模型

一、关于SCOR模型

(一)SCOR模型的起源

SCOR(Supply-Chain Operations Reference)模型是由国际供应链协会(Supply-Chain Council)开发支持，适合于不同工业领域的供应链运作参考模型。1996年，两个位于美国波士顿的咨询公司——Pittiglio Rabin Todd & McGrath (PRTM)和AMR Research (AMR)为了帮助企业更好地实施有效的供应链，实现从基于职能管理到基于流程管理的转变，牵头成立了供应链协会(SCC)，并于当年年底发布了供应链运作参考(SCOR)模型。

(二)什么是SCOR模型

SCOR模型就是将众所周知的一些概念，如业务流程重组、标杆设定及业务流程的管理集成为多功能一体化的模型结构。其涵盖的范围如图11-4所示。

SCOR模型包括：所有与客户之间的相互往来，从订单输入到货款支付；所有产品(物料实体和服务)的传送，从你的供应商的供应商到你的客户的客户，包括设备、原材料、配件、大批产品、软件等；所有与市场之间的相互影响，从对累计总需求的理解到每项订单的完成。

SCOR模型不试图描述以下每一个商业流程或活动：销售和市场(需求的产生)、技术研究开发、产品开发和一些关于货物运送后技术支持的元素。

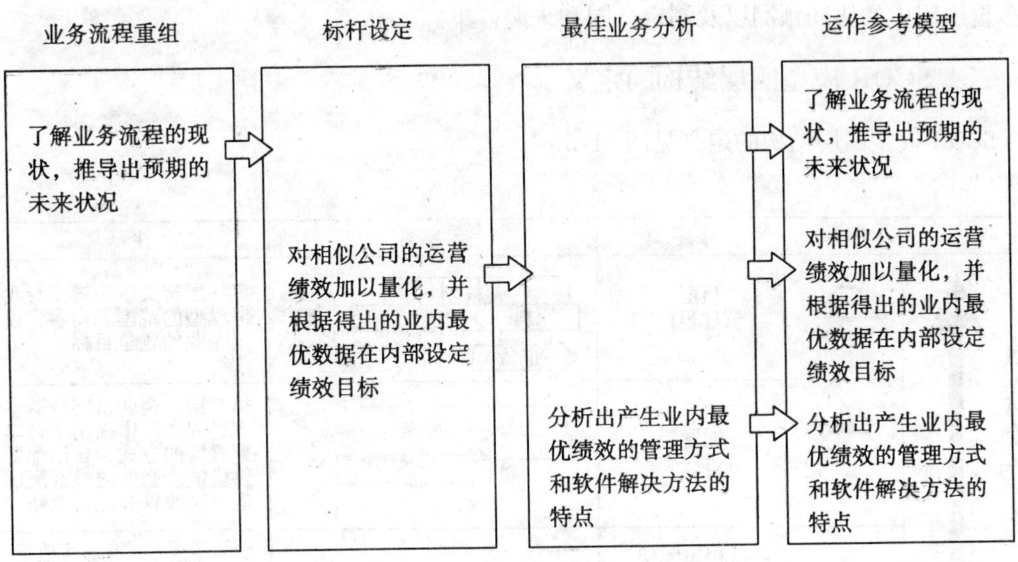

图 11-4　SCOR 模型涵盖的范围

SCOR 模型呈现但并不清楚定义：培训、质量、信息技术管理、行政(非供应链管理)。

(三)SCOR 模型的结构

SCOR 模型建立在 5 个不同的管理流程之上，即计划、采购、生产、配送、退货，见图 11-5。

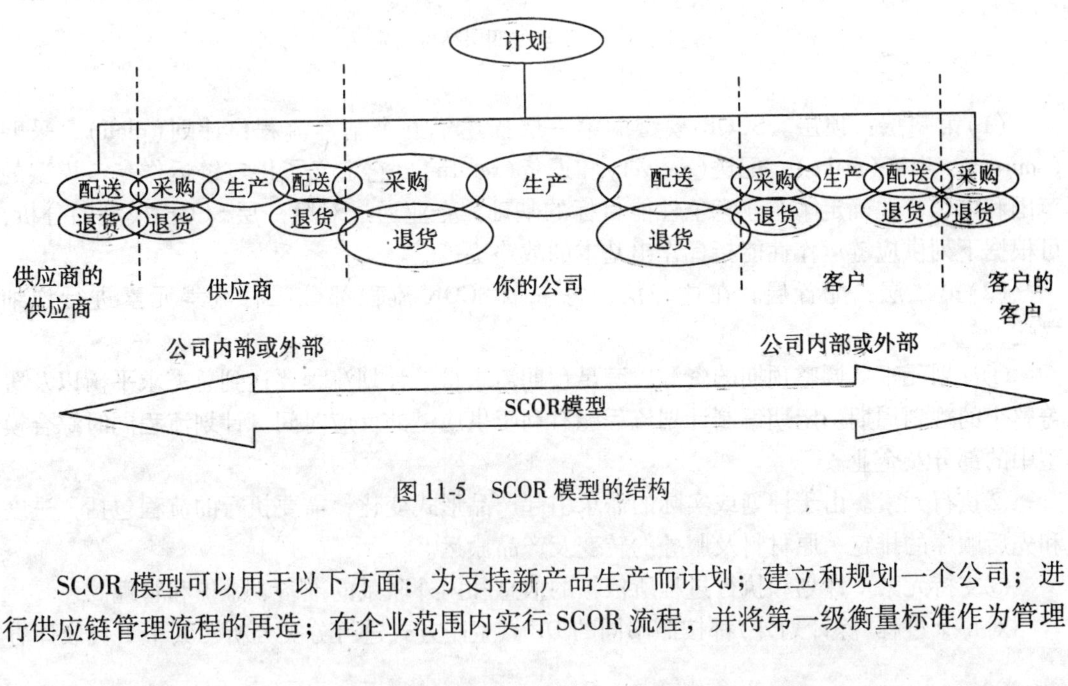

图 11-5　SCOR 模型的结构

SCOR 模型可以用于以下方面：为支持新产品生产而计划；建立和规划一个公司；进行供应链管理流程的再造；在企业范围内实行 SCOR 流程，并将第一级衡量标准作为管理层的评价标准；将物流工作组按照计划、采购、生产、配送和退货五个方面进行重组；用于多重组织中的协同预测以及制定合同和采购订单。

二、SCOR 模型四层结构的定义

SCOR 模型四层结构的定义见图 11-6。

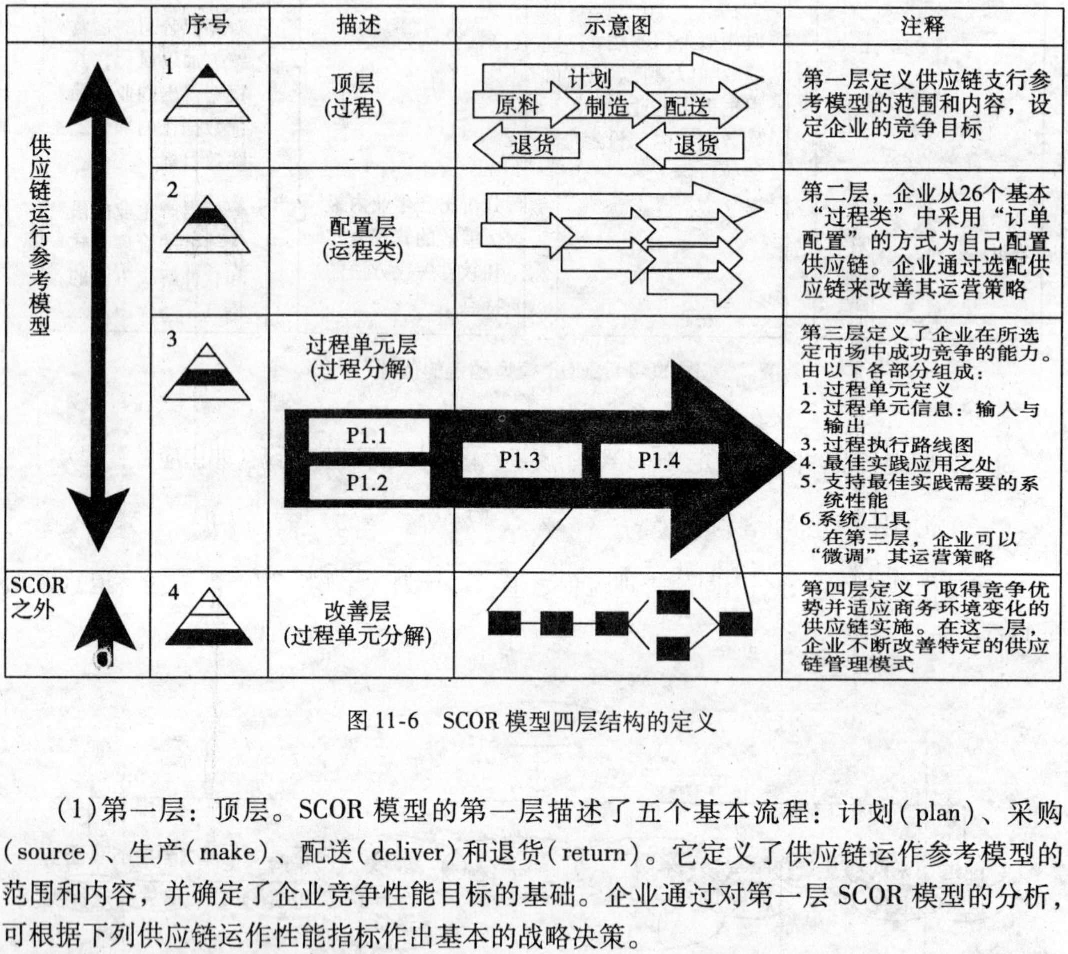

图 11-6　SCOR 模型四层结构的定义

(1)第一层：顶层。SCOR 模型的第一层描述了五个基本流程：计划(plan)、采购(source)、生产(make)、配送(deliver)和退货(return)。它定义了供应链运作参考模型的范围和内容，并确定了企业竞争性能目标的基础。企业通过对第一层 SCOR 模型的分析，可根据下列供应链运作性能指标作出基本的战略决策。

(2)第二层：配置层。在这一层，每一个 SCOR 流程都分三种流程元素进行详细描述：

①计划元素。调整预期的资源以满足预期需求量。计划流程要达到总需求平衡以及覆盖整个的规划周期。定期编制计划流程能有利于供应链的反应时间。计划流程同时综合模型中的部分及企业。

②执行元素。由于计划或实际的需求引起产品形式变化，需要执行的流程包括：进度和先后顺序的排定、原材料及服务的转变及产品搬运。

③支持元素。计划和执行过程所依赖的信息和内外联系的准备、维护和管理。

对每个过程(除计划外)都按照不同的 DP 点生产方式进行分类分析，其中 1 代表库存式生产，2 代表订单式生产，3 代表订单设计式生产。如 S1 代表采购库存产品，M1 代表库存生产，D1 代表配送库存产品，如图 11-7 所示。

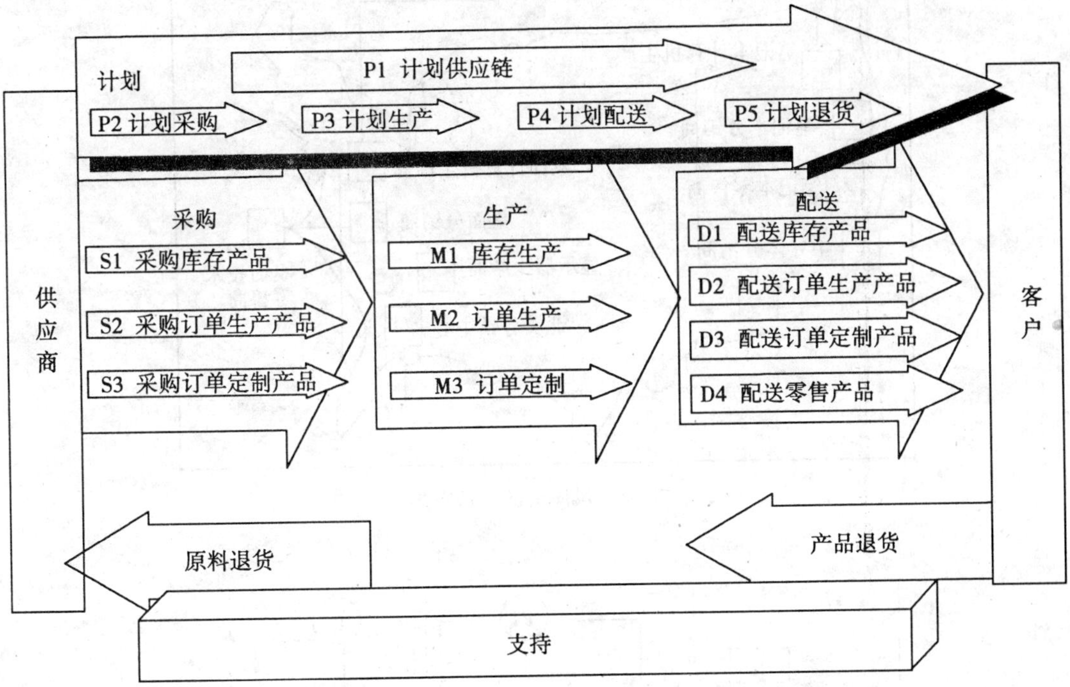

图 11-7　配置层结构图

(3)第三层：流程元素层(分解流程)。这一层定义了一个公司在其市场上竞争成功的能力，包括：流程元素定义、流程元素信息的输入与输出、流程性能指标、最佳运作方式适用哪些地方、要求系统信息支持较佳运作方式。公司在第三级供应链上对其运营战略进行微调。

(4)第四层：实施层(分解流程元素)。公司在这个层次实施具体的供应链管理运作，定义了具体的运作方式以获得竞争优势和适应不断变化的商业环境。

接下来，以一家 IT 制造企业 ACME 为例，来介绍企业如何利用 SCOR 模型来供应链。为了使用 SCOR 这个供应链诊断工具，第一步应从企业供应链的物理布局(physical layout)开始构建供应链的工作，如图 11-8 所示。

第二步就是根据企业自身供应链流程的特点，适当选择 SCOR 模型第二层中定义的标准流程元素来描述其供应链，如图 11-9 所示。

此时，企业通过使用 SCOR 模型可以了解每一个流程元素需要哪些信息输入，并期望哪些信息输出，如图 11-10 所示。

SCOR 模型是一个崭新的基于流程管理的工具。SCOR 不是软件指南，而是业务流程指南，但它也可作为供应链管理软件开发商的参考。大多数公司是从 SCOR 模型的第二层开始构建他们的供应链，此时常常会暴露出现有流程的低效或无效，因此需要花时间对现

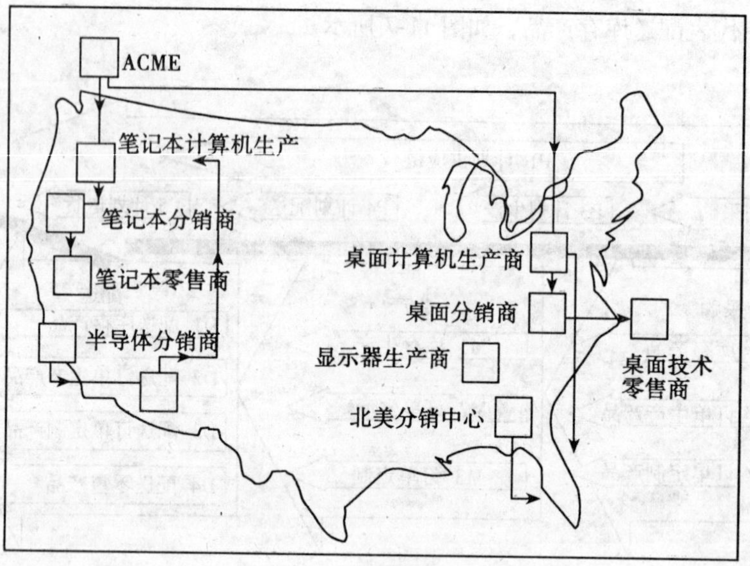

图 11-8　供应链的物理布局

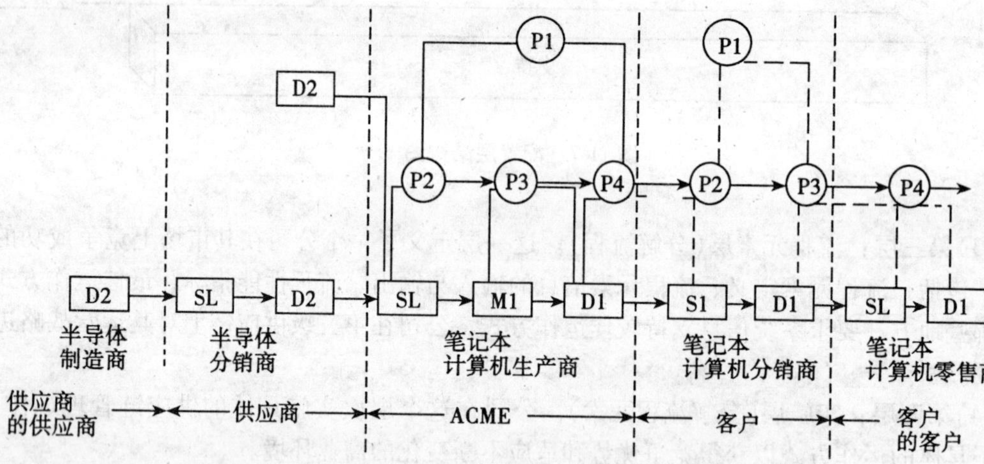

图 11-9　用 SCOR 模型第二层流程元素描述的供应链流程

有的供应链进行重组。典型的做法是减少供应商、工厂和配送中心的数量，有时公司也可以取消供应链中的一些环节。一旦供应链重组工作完成，就可以开始进行性能指标的评测和争取最佳业绩的工作。

企业在运营中自始至终必须努力提高其供应链管理的效率。在提高其自身运作效率的同时，企业可以开始同供应商和客户一起发展被称为“扩展企业”（extended enterprise）的一种供应链成员间的战略伙伴关系。

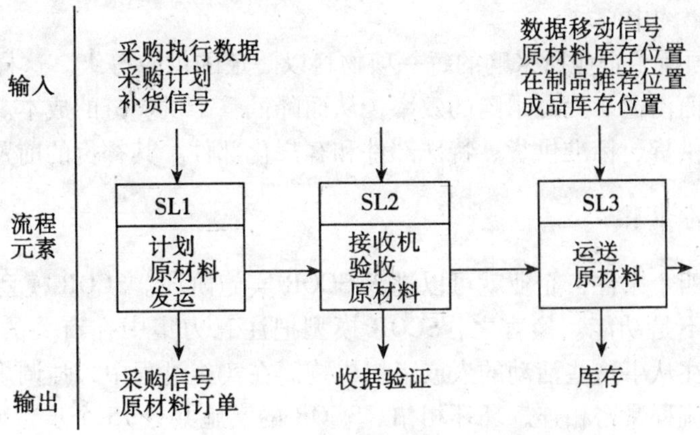

图 11-10　流程元素所需要的输入和可能的输出

三、SCOR 的实施

(一)实施的条件

一般来说，可以对 SCOR 模型从纵横两个方面去理解：从横向来讲，SCOR 认为任何企业的内部活动都可以划分为计划、采购、生产、发货和回流 5 项；从纵向来看，企业的上述任一项活动都应该根据产品、客户订单的不同特征进行分类。

首先，SCOR 主要涉及三方当事人：供应商、核心企业(本企业)和客户。其中，核心企业又由两部分构成：制造中心和集约中心。制造中心全面负责产品的设计和生产；集约中心一般由物流中心、流通加工中心、订单管理部门及其他一些职能部门组成。在制造中心的制造线上，普遍采用的是 MTS(Make-To-Stock)生产模式。采用这种模式的根本原因在于，制造中心生产的产品并非是最终产品而是通用件，而集约中心的流通加工部采用的则是典型的 ATO(Assemble-To-Order)模式，这有利于企业对客户订单做出快速反应，在满足客户个性化需求的同时，大大地缩短订货前置时间(lead time)。

其次，SCOR 的实施需满足几个基本条件：

条件 1：赋予每一客户订单以明确的订单等级。企业对所有收到的客户订单划分等级，等级高的可以向客户承诺较短的订货前置时间，而等级较低的则只能承诺较长的前置时间，这样就避免了采购和生产部门在销售部门的催促下业务活动无序的混乱状态。通常可将客户订单分为四个等级：组件、标准产品、客户化产品和特殊设计产品。

条件 2：由集约中心的订单部门对客户订单全权负责。通常情况下，客户订单在企业内流转，涉及销售部、财务部、生产车间、采购部等多个部门。多个部门对客户订单负责也意味着谁都不对客户订单负责，其结果必然是订单延迟、客户不满、销量下降。为了从根本上解决这一问题，必须由一个部门对客户订单负全责。在 SCOR 中，这一部门就是集约中心的订单管理部门。

条件 3：工厂制造部门必须采用拉式生产模式。SCOR 的重要目标之一就是减少库存，而要实现这一目标，工厂制造部门必须采用拉式生产模式。这里，拉动生产信号(pull signal)主要来自于集约中心。

条件4：必须赋予企业所采购的每一项物料以一定的供应等级。这样做的根本目的在于更好地与供应商沟通，提高采购的效率，从而降低整个供应链的成本。通常，供应等级分为四级：直接供货、标准供货、特殊部件和客户化部件。其补货的前置时间依次递增。

(二)实施的步骤

满足了以上四个条件，企业就可以进入SCOR实施阶段。SCOR模型描述的是供应链的业务流程，而不是功能。换言之，SCOR模型把注意力集中在有关的供应链业务活动上，而不是去关注从事这些活动的人或组织机构。在实施过程中，强调规范运作，各部门各司其职，各个流程紧密相连，环环相扣。SCOR的实施共分15个步骤：

步骤1：集约中心的订单管理部门收到客户订单后，根据相应规则赋予每一客户订单以一定的订单等级(不同的订单等级对应着不同的订货前置时间)。

步骤2：客户订单录入订单管理部门信息系统，成为整个流程的拉动生产信号。

步骤3：集约中心的流通加工部获得订单信息，开始按照订单要求做好装配准备。

步骤4：流通加工部向集约中心的仓库发出要货(通用件)请求。

步骤5：集约中心仓库准确无误地将相关通用件递交流通加工部。

步骤6：流通加工部在收到通用件后，安排装配，并最终将装配好的产成品递交集约中心的配送部门。

步骤7：集约中心配送部门将符合客户要求的货物及时交给客户(到此完成了第一个环路，客户订单得到完成，其订货前置时间是比较短的)。

步骤8：集约中心仓库向集约中心采购部发出补充通用件库存的请求(从步骤5可知，集约中心仓库的库存已被消耗，需及时补货)。

步骤9：集约中心采购部将采购信息及时传递给各相关供应商和各相关工厂(外购件采购信息传递给各相关供应商，自制件采购信息传递给各相关工厂)。

步骤10：各相关供应商及工厂在收到集约中心发出的采购订单后，直接调取库存，将有关部件(通用件)递交集约中心(因为各供应商及工厂采用的都是面向库存生产MTS模式，所以可直接将通用件库存提交集约中心)。

步骤11：集约中心仓库收到所需部件，填充库存(以上完成了第二个环路，集约中心仓库库存得到补充)。

步骤12：工厂通用件库存的消耗作为一个拉动生产信号，向工厂生产车间发出生产信号，生产车间做好生产准备。

步骤13：生产车间向工厂原材料仓库发出要货(原材料)请求。

步骤14：工厂原材料仓库从库存中分拣出生产车间所需的物料，及时递交生产车间。生产车间完成生产后，填充工厂成品(通用件)库存。

步骤15：工厂原材料仓库向工厂采购部门发出要货请求，采购部门安排采购。

通过以上分析可以看出，SCOR模型的运作将供应商、核心企业和用户紧密地联系起来，共同为满足客户需求服务。整个过程实现了无缝链接，其效率大大提高，各个阶段的

Lead time 都得到了有效控制，并最终大幅度降低了供应链中的库存，使所有的供应链成员共同获益。

SCOR 模型是一个崭新的基于流程管理的工具，它建立了 SCM 系统的整体框架和流程的细节。SCOR 还将当前最重要的管理改进方法——业务流程再造（BPR）、标杆（benchmarking）和最佳实践分析集成在一起作为供应链实施的指导。SCOR 不是软件，而是在一定信息化基础上对原有的管理方法进行优化，并在必要时对某些软件模块进行简单改造，因此运用起来比较容易。

第四节 供应链的绩效评价

一、现行的企业绩效评价指标的特点

如前所述，供应链管理是通过前馈的信息流和反馈的物料流及信息流将供应商、制造商、分销商直到最终用户联系起来的一个整体的管理模式，因此它与现行企业管理模式有着较大区别，在对企业运行绩效的评价上也有许多不同。

现行企业绩效评价指标侧重于单个企业，评价的对象是某个具体企业的内部职能部门或者职工个人，其评价指标在设计上有如下一些特点：

(1)现行企业绩效评价指标的数据来源于财务结果，在时间上略为滞后，不能反映供应链动态运营情况。

(2)现行企业绩效评价主要评价企业职能部门工作完成情况，不能对企业业务流程进行评价，更不能科学、客观地评价整个供应链的运营情况。

(3)现行企业绩效评价指标不能对供应链的业务流程进行实时评价和分析，而是侧重于事后分析。因此，当发现偏差时，偏差已成为事实，其危害和损失已经造成，并且往往很难补偿。

鉴于此，为衡量供应链整体运作绩效，以便决策者能够及时了解供应链整体状况，应该设计出更适合于度量供应链企业绩效的指标和评价方法。

二、供应链绩效评价指标的特点

根据供应链管理运行机制的基本特征和目标，供应链绩效评价指标应该能够恰当地反映供应链整体运营状况及上下节点企业之间的运营关系，而不是孤独地评价某一供应商的运营情况。例如，对于供应链上的某一供应商来说，该供应商所提供的某种原材料价格很低，如果孤立地对这一供应商进行评价，就会认为该供应商的运行绩效较好。若其下游节点企业仅仅考虑原材料价格这一指标，而不考虑原材料的加工性能，就会选择该供应商所提供的原材料，而该供应商提供的这种价格较低的原材料，其加工性若能满足该节点企业生产工艺要求，势必增加生产成本，从而使这种低价格原材料所节约的成本被增加的生产成本所抵消。所以，评价供应链运行绩效的指标，不仅要评价该节点企业（或供应商）的运营绩效，而且还要考虑该节点企业（或供应商）的运营绩效对其上层节点企业或整个供应链的影响。

现行的企业绩效评价指标主要是基于部门职能的绩效评价指标，见图 11-11。供应链绩效评价指标是基于业务流程的绩效评价指标(如图 11-11 所示)。通过示意图，可以看出它们之间的差异。

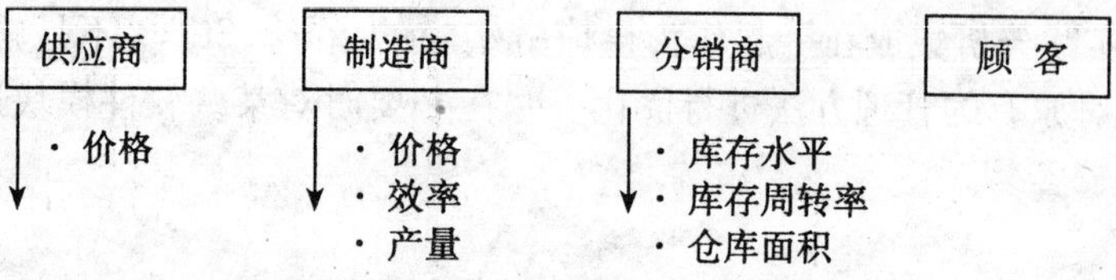

图 11-11　基于职能的绩效评价指标示意图

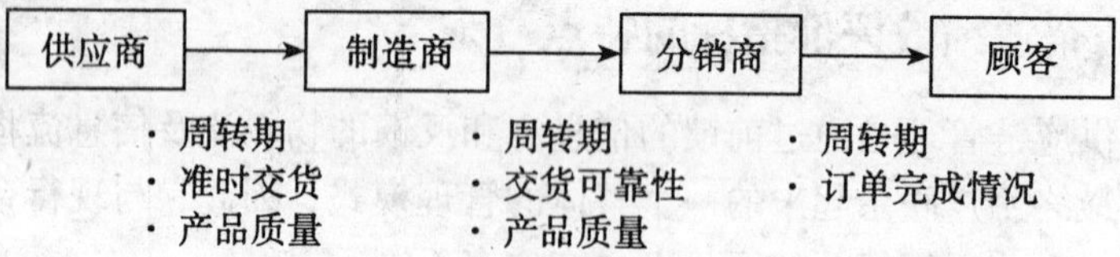

图 11-11　基于供应链业务流程的绩效评价示意图

三、供应链绩效评价指标的作用

为了能评价供应链的实施给企业群体带来的效益，方法之一就是对供应链的运行状况进行必要的度量，并根据度量结果对供应链的运行绩效进行评价。因此，供应链绩效评价主要有以下 4 个方面的作用。

(1)用于对整个供应链的运行效果做出评价。主要考虑供应链与供应链间的竞争，为供应链在市场中的存在(生存)、组建、运行和撤销的决策提供必要的客观依据。目的是通过绩效评价而获得对整个供应链的运行状况的了解，找出供应链运作方面的不足，及时采取措施予以纠正。

(2)用于对供应链上各个成员企业做出评价。主要考虑供应链对其成员企业的激励，吸引企业加盟，剔除不良企业。

(3)用于对供应链内企业与企业之间的合作关系做出评价。主要考察供应链的上游企业(如供应商)对下游企业(如制造商)提供的产品和服务的质量，从用户满意度的角度评价上、下游企业之间的合作伙伴关系的好坏。

(4)除对供应链企业运作绩效的评价外，这些指标还可起到对企业的激励的作用，包括核心企业对非核心企业的激励，也包括供应商、制造商和销售商之间的互相激励。

为了达到这些目的，供应链的绩效评价一般从三个方面考虑：一是内部绩效度量，二是外部绩效度量，三是供应链综合绩效度量。

(1)内部绩效度量。内部绩效度量主要是对供应链上的企业内部绩效进行评价。常见的指标有：成本、客户服务、生产率、良好的管理、质量等。

(2)外部绩效度量。外部绩效度量主要是对供应链上的企业之间运行状况的评价。外部绩效度量的主要指标有：用户满意度、最佳实施基准等。

(3)综合供应链绩效度量。正如有人指出的那样，21 世纪的竞争是供应链与供应链之间的竞争，这就引起人们对供应链总体绩效和效率的日益重视，要求提供能从总体上观察透视供应链运作绩效的度量方法。这种透视方法必须是可以比较的。如果缺乏整体的绩效衡量，就可能出现制造商对用户服务的看法和决策与零售商的想法完全背道而驰的现象。综合供应链绩效的度量主要从用户满意度、时间、成本、资产等几个方面展开。

关于供应链绩效评价的一般性统计指标如表 11-3 所示。

表 11-3 供应链绩效评价的一般性统计指标

客户服务	生产与质量	资产管理	成　本
饱和率	人均发运系统	库存周转	全部成本/单位成本
脱销率	人工费系统	负担成本	销售百分比成本
准时交货率	生产指数	废弃的库存	进出货运输费
补充订单	破损率	库存水平	仓库成本
循环时间	退货数	供应天数	管理成本
发运错误	信用要求数	净资产回报	直接人工费
订单准确率	破损物价值	投资回报	退费成本

除了以上一般性统计指标外，供应链的绩效还辅以一些综合性的指标如供应链生产效率来度量，也可由某些定性指标组成的评价体系来反映，例如用户满意度、企业核心竞争力、核心能力等。

四、供应链绩效评价指标

(一)反映整个供应链业务流程的绩效评价指标

为了客观、全面地评价供应链的运营情况，这一节从以下几个方面来分析和讨论供应链绩效评价指标体系。在这里，整个供应链是指从最初供应商开始直至最终用户为止的整条供应链。反映整个供应链运营的绩效评价指标，目前国内外研究得很少，本书综合考虑和指标评价的客观性和实际可操作性，提出了如下反映整个供应链运营绩效的评价指标：

1. 产销率指标

产销率是指在一定时间内已销售出去的产品数量(S)与已生产的产品数量(P)的比值。因为 $S<P$，所以产销率小于或等于 1。

产销率指标又可分成如下 3 个具体的指标：供应链节点企业的产销率、供应链核心企业的产销率、供应链产销率。

该指标反映供应链在一定时间内的产销经营状况，其时间单位可以是年、月、日。随着供应链管理水平的提高，时间单位可以取得越来越小，甚至可以做到以天为单位。该指标也反映供应链资源(包括人、财、物、信息等)的有效利用程度，产销率越接近 1，说明资源利用程度越高。同时，该指标也反映了供应链库存水平和产品质量，其值越接近 1，说明供应链成品库存量越小。

2. 平均产销绝对偏差指标

$$平均产销绝对偏差 = \frac{\sum_{i=1}^{n} | P_i - S_i |}{n}$$

上式中，n 表示供应链节点企业的个数，P_i 表示第 i 个节点企业在一定时间内生产产品的数量，S_i 表示第 i 个节点企业在一定时间内已生产的产品中销售出去的数量。

该指标反映在一定时间内供应链总体库存水平，其值越大，说明供应链成品库存量越大，库存费用越高。反之，说明供应链成品库存量越小，库存费用越低。

3. 产需率指标

产需率是指在一定时间内，节点企业已生产的产品数量与其上层节点企业(或用户)对该产品的需求量的比值。具体分为如下 2 个指标：

供应链节点企业产需率，即一定时间内节点企业已生产的产品数量和一定时间内上层节点企业对该产品的需求量的比值。该指标反映上、下层节点企业之间的供需关系。产需率越接近 1，说明上、下层节点企业之间的供需关系协调，准时交货率高，反之，则说明下层节点企业准时交货率低或者企业的综合管理水平较低。

供应链核心企业产需率，即一定时间内核心企业生产产品数和一定时间内用户对该产品的需求量的比值。该指标反映供应链整体生产能力和快速响应市场能力。若该指标数值大于或等于 1，说明供应链整体生产能力较强，能快速响应市场需求，具有较强的市场竞争能力；若该指标数值小于 1，则说明供应链生产能力不足，不能快速响应市场需求。

4. 供应链产品出产(或投产)循环期(cycle time)或节拍指标

当供应链节点企业生产的产品为单一品种时，供应链产品出产循环期是指产品的出产节拍；当供应链节点企业生产的产品品种较多时，供应链产品出产循环期是指混流生产线上同一种产品的出产间隔。由于供应链管理是在市场需求多样化经营环境中产生的一种新的管理模式，其节点企业(包括核心企业)生产的产品品种较多，因此，供应链产品出产循环期一般是指节点企业混流生产线上同一种产品的出产间隔期。它可分为如下两个具体的指标：

供应链节点企业(或供应商)零部件出产循环期，该循环期指标反映了节点企业库存水平以及对其上层节点企业需求的响应程度。该循环期越短，说明了该节点企业对其上层节点企业需求的快速响应性越好。

供应链核心企业产品出产循环期，该循环期指标反映了整个供应链的在制品库存水平和成品库存水平，同时也反映了整个供应链对市场或用户需求的快速响应能力。核心企业产品出产循环期决定着各节点企业产品出产循环期，即各节点企业产品出产循环期必须与核心企业产品出产循环期合拍。该循环期越短，说明整个供应链的在制品库存量和成品库存量都比较少，总的库存费用都比较低；另一方面也说明供应链管理水平比较高，能快速响应市场需求，并具有较强的市场竞争能力。

缩短核心企业产品出产循环期，应采取如下措施：使供应链各节点企业产品出产循环期与核心企业产品出产循环期合拍，而核心企业产品出产循环期与用户需求合拍；可采用优化产品投产计划或采用高效生产设备或加班加点来缩短核心企业（或节点企业）产品出产循环期。其中，优化产品投产顺序和计划来缩短核心企业（或节点企业）产品出产循环期是既不需要增加投资又不需要增加人力和物力的好方法，而且见效快，值得推广。这种方法在一般生产与运作管理的书中都可以找到，此处不赘述。

5. 供应链总运营成本指标

供应链总运营成本包括供应链通信成本、供应链库存费用及各节点企业外部运输总费用。它反映供应链运营的效率。具体分析如下：

(1)供应链通信成本。供应链通信成本包括各节点企业之间通信费用，如EDI、因特网的建设和使用费用；供应链信息系统开发和维护费等。

(2)供应链总库存费用。供应链总库存费用包括各节点企业在制品库存和成品库存费用、各节点之间在途库存费用。

(3)各节点企业外部运输总费用。各节点企业外部运输总费用等于供应链所有节点企业之间运输费用的总和。

6. 供应链核心企业产品成本指标

供应链核心企业的产品成本是供应链管理水平的综合体现。根据核心企业产品市场上的价格确定出该产品的目标成本，再向上游追溯到各供应商，确定出相应的原材料、配套件的目标成本。只有当目标成本小于市场价格时，各个企业才能获得利润，供应链才能得到发展。

7. 供应链产品质量指标

供应链产品质量指标是指供应链各节点企业（包括核心企业）生产的产品或零部件的质量，主要包括合格率、废品率、退货率、破损率、破损物价值等指标。

(二)反映供应链上、下节点企业之关系的绩效评价指标

1. 供应链层次结构模型

在该结构模型中，供应链可看成是由不同层次供应商组成的递阶层次结构，上层供应商可看成是其下层供应商的用户。根据供应链层次结构模型，对每一层供应商逐个进行评价，从而发现问题，解决问题，以优化整个供应链的管理，如图11-12所示。

2. 反映供应链上、下节点企业之关系的绩效评价指标

供应链是由若干个节点企业所组成的一种网络结构，如何选择供应商、如何评价供应商的绩效以及由谁来评价等问题是必须明确的问题。根据供应链层次结构模型，这里提出了相邻层供应商评价法，可以较好地解决这些问题。相邻层供应商评价法的基本原则是通过上层供应商来评价下层供应商。由于上层供应商可以看成是下层供应商的用户，通过上层供应商来评价和选择与其业务相关的下层供应商更直接、更客观，如此递推，即可对整个供应链的绩效进行有效的评价。为了能综合反映供应链上、下层节点企业之间的关系，本书提出了满意度指标，其内容具体介绍如下。

满意度指标是反映供应链上、下节点企业之间关系的绩效评价指标，即在一定时间内上层供应商 i 对其相邻下层供应商 j 的综合满意度 C_{ij}。其表达式如下所示：

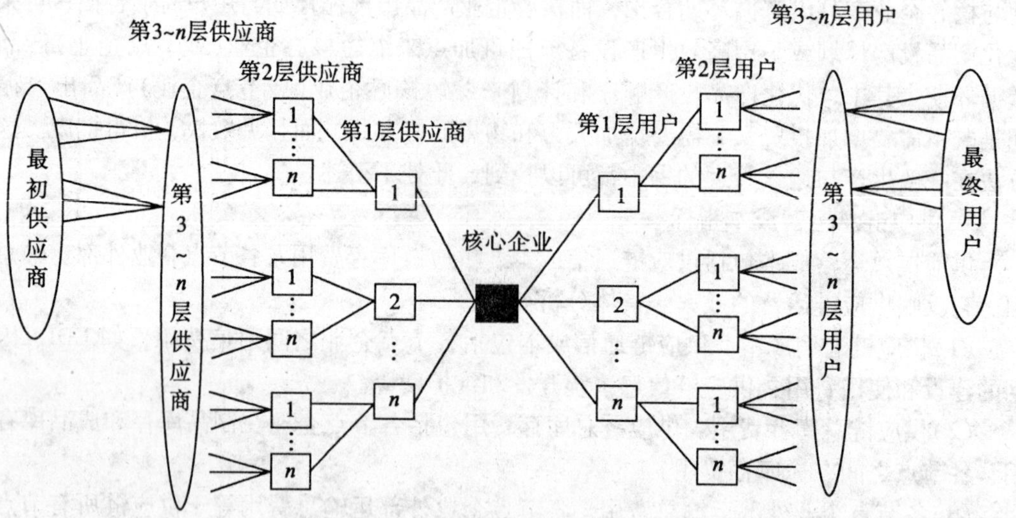

图 11-12　供就链层次结构模型示意图

$C_{ij}=\alpha_j\times$供应商 j 准时交货率$+\beta_j\times$供应商 j 成本利润率$+\lambda_j\times$供应商 j 产品质量合格率

式中 α_j、β_j、λ_j 为权数，且$\frac{\alpha_j+\beta_j+\lambda_j}{3}=1$。

准时交货率是指下层供应商在一定时间内准时交货的次数占其总交货次数的百分比。供应商准时交货率低，说明其协作配套的生产能力达不到要求，或者是对生产过程的组织管理跟不上供应链运行的要求；供应商准时交货率高，说明其生产能力强，生产管理水平高。

成本利润率是指单位产品净利润占单位产品总成本的百分比。在市场经济条件下，产品价格是由市场决定的，因此，在市场供需关系基本平衡的情况下，供应商生产的产品价格可以看成是一个不变的量。按成本加成定价的基本思想，产品价格等于成本加利润，因此产品成本利润率越高，说明供应商的盈利能力越强，企业的综合管理水越高。在这种情况下，由于供应商在市场价格水平下能获得较大利润，其合作积极性必然增强，必然对企业的有关设施和或设备进行投资和改造，以提高生产效率。

产品质量合格率是指质量合格的产品数量占产品总产量的百分比，它反映了供应商提供货物的质量水平。质量不合格的产品数量越多，则产品质量合格率越低，说明供应商提供产品的质量不稳定或质量差，供应商必须承担对不合格的查您进行返修或报废的损失，这样就增加了供应商的总成本，降低了其成本利润率。因此，产品质量合格率指标也与准时交货率密切相关。同样，产品质量合格率越低，就会使得产品的返修工作量加大，必然会延长产品的交货期，使得准时交货率降低。

在满意度指标中，权数的取值可随着上层供应商的不同而不同。但是对于同一个上层供应商，在计算与其相邻的所有下层供应商的满意度指标时，其权数均取相同值，这样，通过满意度指标就能评价不同供应商的运营绩效以及这些不同的运营绩效对其上层供应商的影响。满意度标值低，说明该供应商运营绩效差，生产能力和管理水平都比较低，并且影响了其上层供应商的正常运营，从而影响整个供应链的正常运营，因此对满意度指标值较低的供应商的管理应作为管理的重点，要么进行全面整改，要么重新选择供应商。在整个供应链中，若每层供应商满意度指标的权数都取相同值，则得出的满意度指标可以反映整个上层供应商对其相邻的整个下层供应商的满意程度。同样，对于满意度指标值低的供应商就应当进行整改或更换。

供应链最后一层为最终用户层，最终用户对供应链产品的满意度指标是供应链绩效评价的一个最终标准。可按如下公式进行计算，即：

$$满意度=\alpha\times零售商准时交货率+\beta\times产品质量合格率+\lambda\times\frac{实际的产品价格}{用户期望的产品价格}$$

本章小结

从供应链的结构模型可以看出，供应链是一个网链结构，由围绕核心企业的供应商、供应商的供应商、客户、客户的客户组成，具有复杂性、动态性、面向用户需求和交叉性的特征。一般可将产品分为功能性产品和革新性产品，根据两种产品的特点和供应链管理的需求不同，对应不同的供应链类型，对于功能性产品，应采取有效性供应链，革新性产品应采取有效性供应链。

供应链结构需要一定的流程体系作为支撑，目前研究的最多的是端到端的供应链流程体系，即基于 SCOR 的 5 个供应链基本流程——计划、采购、生产、配送和退货。

供应链绩效评价是评判供应链结构体系，运作效率和供应链整体柔性的基础，供应链绩效评价指标是基于业务流程的绩效评价指标，能够恰当地反映供应链整体运营状况及上下节点企业之间的运营关系。

关键概念

供应链(supply chain)　　供应链管理(supply chain management)
功能性产品(functional product)　　革新性产品(innovative product)
有效性供应链(efficient supply chain)　　反应性供应链(responsive supply chain)

复习思考题

1. 简述供应链的概念及其特征。
2. 简述供应链管理的概念及特点。
3. 简述基于产品的供应链设计策略。
4. 简述供应链设计的基本步骤。
5. 简述 SCOR 模型四层结构定义。
6. 简述反映整个供应链业务流程的绩效评价指标。
7. 选择自己熟悉的一家企业，画出该企业供应链层次结构图。
8. 调查一家推行供应链较为成功的企业，总结该企业在推行供应链过程中的主要措施，结合供应链管理的相关理论，分析其成功的原因。

☞ 案例分析

基于供应链整体优化的P公司物流体系的改善策略

P公司是一家电器生产企业，其主要部件均来自下一级的零部件供应商。供应商根据该公司的需求，按时将生产好的部件单元送到该公司的仓库。由于现在使用的供应商合作时间长，并且拥有良好的质量保证体系，所以，所有的采购品均实现了免检。根据公司的要求，物流部门需要对采购物流成本进行进一步的削减，但是由于该公司应进行了持续不断的改善活动，大家均感到成本削减的余地已经很小。

1. 目的与课题明确

P公司的物流体系如图11-13所示。

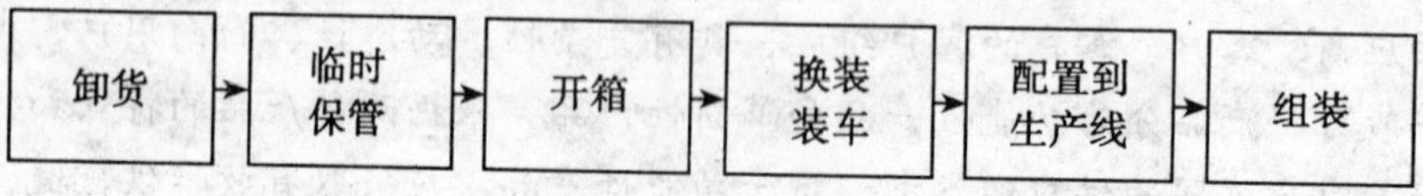

图11-13 P公司的采购物流(本企业费用负担部分)

从图11-13来看，一般来说如果希望降低采购物流成本，似乎除了减少各个环节投入的人员，提高作业效率以外，别无他法。但是，即使如此，改善的余地也是有限的。但是，现在合作的供应商，都是长期合作的伙伴，彼此信任，完全有可能将供应商的生产环节一同考虑进来，通过考虑范围的扩大找出新的实现成本降低的要素。

2. 现场问题的把握

根据以上想法，我们考察了供应商的生产及发货流程，其流程具体如图11-14所示。

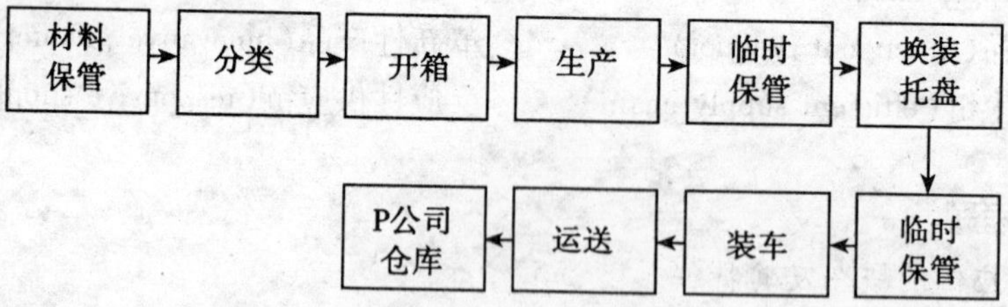

图11-14 P公司供应商的生产及发货流程(该企业费用负担部分)

通过考察，我们发现，该供应商在生产环节后为了适应P公司的需要，需要将产品换装托盘后送至P公司。但是，真的有这种需要吗？根据了解，换装托盘是P公司为了实现仓库内的作业效率化，对所有供应商提出的统一要求。

那么，根据前面介绍的扩大视点范围的想法，将供应商生产后到P公司生产前的整个流程合并后，如图 11-15 所示：

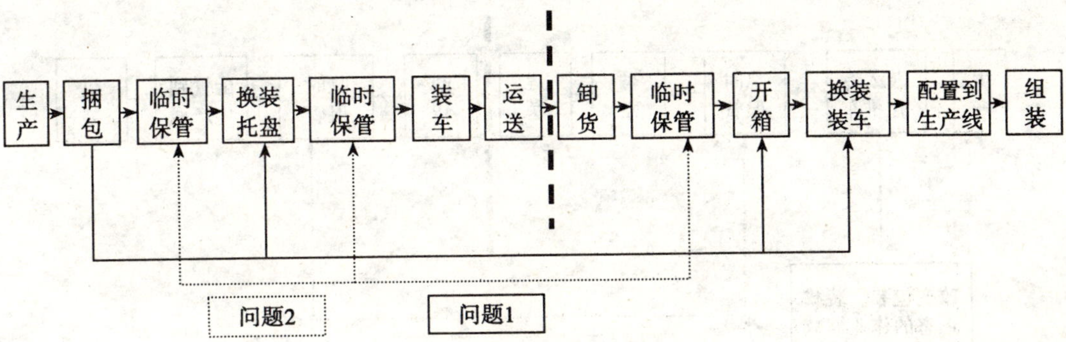

图 11-15 合并流程后发现的问题

通过合并两个工厂的流程，我们可以发现以下两个问题。

(1)为了方便运输，满足客户要求及生产的需要，在整个流程中需要为改变及装载形式而花费四道工序。

(2)在整个过程中出现了 3 次临时保管的环节，不但占用了大量的场地，同时延长了流转周期，使效率低下。

3. 改善的方向

那么，以上问题是如何形成的，并如何解决呢？

(1)换装托盘是基于 P 公司仓库内保管及作业的效率性和便利性而考虑的，对于生产并没有绝对的影响。那么，如果送达的零部件可以迅速配送到生产线上，而不需要在仓库中临时停留，那么这个作业环节完全可以去除。

(2)临时保管是由于等待下一环节的出货指示或换装作业，如果我们可以减少换装环节并实现生产的同期化，那么临时存放环节就有可能省却或缩短存放时间。

因此，我们认为，本次的物流成本降低不止涉及物流一个部门，如要解决本质问题，需要生产部门的配合。即从两家工厂生产的同期化入手解决问题。

改善的主要要点有以下三个方面。

(1)首先通过与公司生产管理部门协调，从两公司生产同期化的角度制定新的生产计划。对供应商提出作业(交货)指令，明确交货时间。供应商则根据 P 公司的生产计划安排生产，及时供给。

(2)供应商在生产时要按照 P 公司的组装顺序生产，交货时的装载顺序，要符合 P 公司的生产线的组装作业顺序要求，这样就可以保证直接配送到生产线上。

(3)由于不需要在仓库做停留，废除现有的换装托盘作业，使用 P 公司提供的专用包装箱和推车(该推车直接配送到生产线)直接装载。

4. 改善的成果

根据以上改善要点，通过 3 个月的努力，改善后的流程如图 11-16 所示。

改善实现了整个流程的环节缩减和作业的简化。主要效果包括以下几个方面。

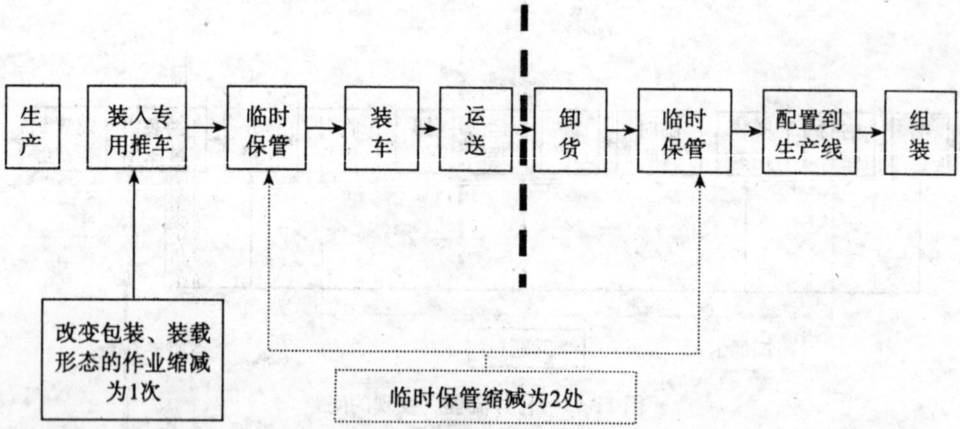

图 11-16 改善后的流程图

(1)通过减少换装作业环节，P 公司内部减少了原有的开箱和换装两个环节，减少了人工投入，年节约成本 2500 万日元。

(2)虽然为了保证生产的安定，现在在供应商处和 P 公司内部，各有一个临时保管的环节作为保证供货的缓冲。由于生产计划的同期化，这样起缓冲作用的库存数量相对较少，并且停留在各自生产车间内，减少了原本需要的作业和存储空间。按照单位面积的租金计算，形成的间接成本降低达到了 1000 万日元。节省出来的空间已用于新增生产设备，间接促进了生产能力的提高。

(3)由于库存点和时间的减少，周转周期从原来的 4 天，缩短为现在的 1 天。由此也在某种程度上减轻了供应商因库存时间长、库存量大造成的资金周转困难。

(4)由于作业环节的减少和库存时间的缩短，流转途中造成的亏损问题也得到了很大的改善。

5. 启示

(1)压缩物流成本绝不止是物流部门一家的事，需要和生产、供应商等协作进行。在日常工作中，我们可以在事先取得企业经营者支持的前提下，积极推进与其他部门、特别是生产管理和营业部门的协作。

(2)在实施成本降低时，应该通过整体的视点来考虑，最终实现供应链整体的最佳成本。不仅可以通过改善实现本企业的物流成本降低，也可以通过帮助供应商实现成本降低，获得更加低廉的采购价格，建立良好的信赖和合作关系。

资料来源：池田笃彦、钱刚：《从供应链整体优化人手，改善物流体系》，《物流教育与培训》2008 年第 4 期。

案例思考：

1. P 公司正面临的问题是什么？
2. P 公司针对其问题的改善方法是什么？

参考文献

[1]白世贞．现代物流管理[M]．北京：人民交通出版社，2005.
[2]蔡淑琴．物流信息系统[M]．北京：中国物资出版社，2003.
[3]查先进．物流与供应链管理[M]．武汉：武汉大学出版社，2003.
[4]邓明荣．现代物流管理[M]．北京：高等教育出版社，2005.
[5]丁立言．张铎．物流基础[M]．北京：清华大学出版社，2000.
[6]董千里．物流企业运作与实务[M]．北京：人民交通出版社，2005.
[7]董雅丽，杜漪．现代企业物流管理[M]．兰州：兰州大学出版社，2005.
[8]冯耕中，李雪燕，汪应洛，汪寿阳．企业物流成本计算与评价[M]．北京：机械工业出版社，2007.
[9]冯耕中．现代物流与供应链管理[M]．西安：西安交通大学出版社，2003.
[10]傅桂林，袁水林．物流成本管理[M]．北京：中国物资出版社，2007.
[11]高本河，缪立新，沐潮．供应链管理[M]．海南：海天出版社，2004.
[12]高钧．仓储管理[M]．南京：东南大学出版社，2006.
[13]侯方森．供应链管理[M]．北京：对外经济贸易出版社，2004.
[14]侯龙文．现代物流管理[M]．北京：经济管理出版社，2006.
[15]胡怀邦．物流管理学[M]．广州：中山大学出版社，2006.
[16]黄中鼎．现代物流管理[M]．上海：复旦大学出版社，2007.
[17]霍红，马常红．物流管理学[M]．北京：中国物资出版社，2004.
[18]蒋长兵．现代物流学导论[M]．北京：中国物资出版社，2006.
[19]蒋长兵．现代物流管理案例集[M]．北京：中国物资出版社，2005.
[20]兰洪杰，施先亮，赵启兰．供应链与企业物流管理[M]．北京：清华大学出版社，2004.
[21]中国就业培训技术指导中心．助理物流师[M]．北京：中国劳动社会保障出版社，2006.
[22]李怀政．全球物流管理[M]．北京：中国物资出版社，2006.
[23]李建成．现代物流概论[M]．北京：中国财政经济出版社，2002.
[24]李严锋，张丽娟．现代物流管理[M]．大连：东北财经大学出版社，2004.
[25]凌乐进，龙建平．物品购储管理[M]．北京：中国物资出版社，2003.
[26]刘斌．物流配送营运与管理[M]．上海：立信会计出版社，2006.
[27]刘刚．供应链管理[M]．北京：化学工业出版社，2005.
[28]刘华．现代物流管理与实务[M]．北京：清华大学出版社，2005.
[29]刘娜．物流配送[M]．北京：对外经济贸易大学出版社，2004.

[30]卢奇．物流管理软件操作[M]．北京：高等教育出版社，2005.
[31]马士华，林勇．供应链管理[M]．北京：高等教育出版社，2006.
[32]茅宁．现代物流管理概论[M]．南京：南京大学出版社，2004.
[33]孟祥茹．物流管理[M]．北京：机械工业出版社，2005.
[34]秦立公．现代物流管理[M]．北京：北京理工大学出版社，2006.
[35]屈冠银．电子商务物流管理[M]．北京：机械工业出版社，2003.
[36]汝宜红．现代物流管理[M]．北京：国防工业出版社，2005.
[37]汝宜红，田源，徐杰．配送中心规划[M]．北京：北方交通大学出版社，2002.
[38]宋华，胡应浩．现代物流与供应链管理[M]．北京：经济管理出版社，2000.
[39]田源．仓储管理[M]．北京：机械工业出版社，2005.
[40]万志坚．现代物流技术应用实务与案例分析[M]．北京：中国物资出版社，2006.
[41]王斌义．现代物流实务[M]．北京：对外经济贸易大学出版社，2003.
[42]王波，刘秋平．采购与供应管理[M]．北京：北京大学出版社，2008.
[43]王国华．物流运营与控制[M]．北京：国防工业出版社，2005.
[44]王健．现代物流概论[M]．北京：北京大学出版社，2005.
[45]王骏．供应链管理[M]．北京：科学出版社，2006.
[46]王世文．物流管理信息系统[M]．北京：电子工业出版社，2006.
[47]王婷．物流操作实务[M]．北京：机械工业出版社，2004.
[48]王文言．仓储管理[M]．厦门：厦门大学出版社，2006.
[49]王之泰．现代物流管理[M]．北京：中国工人出版社，2001.
[50]王之泰．新编现代物流学[M]．北京：首都经济贸易大学出版社，2005.
[51]王转，张庆华，鲍新中．物流学[M]．北京：中国物资出版社，2006.
[52]王自勤．现代物流管理[M]．北京：电子工业出版社，2003.
[53]翁心刚．物流管理基础[M]．北京：中国物资出版社，2002.
[54]徐杰，田源．采购与仓储管理[M]．北京：清华大学出版社，2004.
[55]杨凤祥．仓储管理实务[M]．北京：电子工业出版社，2005.
[56]杨广君．物流管理[M]．北京：对外经济贸易大学出版社，2004.
[57]杨晓雁．供应链管理[M]．上海：复旦大学出版社，2005.
[58]张理．现代企业物流管理．北京：中国水利水电出版社，2005.
[59]张理，李雪松．现代物流运输管理[M]．北京：中国水利水电出版社，2005.
[60]张念．仓储与配送管理[M]．大连：东北财经大学出版社，2006.
[61]张念．现代物流学[M]．长沙：湖南人民出版社，2006.
[62]张强．现代物流管理[M]．北京：北京理工大学出版社，2006.
[63]张庆．物流管理[M]．北京：科学出版社，2006.
[64]张芮，伍蓓．采购运作管理[M]．北京：中国物资出版社，2008.
[65]张涛．现代供应链管理[M]．成都：四川大学出版社，2003.
[66]张远昌．仓储管理与库存控制[M]．北京：中国纺织出版社，2004.
[67]朱道立，龚国华，罗齐．物流和供应链管理[M]．上海：复旦大学出版社，2001.

图书在版编目(CIP)数据

现代物流管理/张建明主编;郑宁副主编.—武汉:武汉大学出版社,2013.8

经济与管理类应用型精品课程系列教材

ISBN 978-7-307-11397-8

Ⅰ.现… Ⅱ.①张… ②郑… Ⅲ.物流—物资管理—教材 Ⅳ.F252

中国版本图书馆 CIP 数据核字(2013)第 171926 号

责任编辑:柴 艺　　责任校对:黄添生　　版式设计:马 佳

出版发行:武汉大学出版社 (430072 武昌 珞珈山)
(电子邮件:cbs22@whu.edu.cn 网址:www.wdp.whu.edu.cn)

印刷:湖北省荆州市今印印务有限公司

开本:787×1092 1/16 印张:16.75 字数:388 千字 插页:1

版次:2013 年 8 月第 1 版　　2013 年 8 月第 1 次印刷

ISBN 978-7-307-11397-8　　定价:30.00 元